町口哲生
Tetsuo Machiguchi

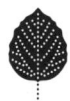

平成最後のアニメ論

教養としての10年代アニメ

ポプラ新書
167

カバー装画　井上智徳
カバーデザイン　福村理恵（株式会社スラッシュ）
本文ＤＴＰ　株式会社言語社

「この講義を受講する者は、深夜枠を中心に週に二〇本以上『アニメ』を視聴しておくこと。なぜかって？

たとえば音楽のトレンドを知るために、月に二曲ほど楽曲をダウンロードしたとして全体を俯瞰《ふかん》するなんて無理でしょ。

ポップス、ロック、R＆B、ヒップホップ、テクノといった多ジャンルの音楽を聴かないと、音楽の傾向など分かるわけがない。

それと同じように、深夜アニメを中心に週に二〇本以上はみないと『アニメ』のトレンドを把握できるわけがないのは自明のこと。

寝る時間？　来世に行ったら寝放題だよ」

――近畿大学　筆者講義の一幕

はじめに

救世主としての新海《しんかい》誠《まこと》

〈君の前前前世から僕は 君を探しはじめたよ〉。

このRADWIMPS《ラッドウィンプス》による印象的な名曲「前前前世」のサビにのせて、二〇一六年に劇場で公開されたのが、新海誠監督の『君の名は。』である。

最終的な興行収入は、二五〇億三〇〇〇万円。また観客動員数は、二〇〇〇万人前後なので、単純計算すれば、日本に居住する者の六人に一人はみた計算となる（リピーターもいるのであくまで計算上の話）。その結果、一七年末、日本の映画の興行収入ランキングで歴代四位を記録するというメガヒット作となった（ちなみに一位は『千《せん》と千尋《ちひろ》の神隠し』、二位は『タイタニック』、三位は『アナと雪の女王』である）。

これは一〇年代（二〇一〇年代のこと）の劇場版アニメのヒットにおける法則、あるいは「常識」をはるかに超えた数字である。

たとえばNHKの番組『発表!あなたが選ぶアニメベスト100』でトップ一〇入りした作品の劇場版のそれと比較すると、二位の『劇場版 TIGER & BUNNY -The Rising-』は七・四億円、三位の『魔法少女まどか☆マギカ 叛逆《はんぎゃく》の物語』(厳密にはこのシリーズ全体が三位)は二〇億円、九位の『ラブライブ! The School Idol Movie』は約二八・六億円。最終興業収入のみを比較すると、それらの約九倍から三四倍である。

なお新海監督の過去作の最高は、〇七年の第八作『言《こと》の葉《は》の庭』の一・三億円であったので、こちらはなんと約一九〇倍である。

また欧米やアジアといった海外でも『君の名は。』は人気を博したが、それは「輪《りん》廻《ね》転生」という概念が時代や地域を越えトレンドになっていることも一因であると思う。宗教人類学を専門とする竹倉史人《たけくらふみと》がいうように、「前世の記憶」というモチーフが、国や民族を越え人類共通の普遍性の高いものだからであろう(ちなみにアメリカでは「前世療法」という精神医学の催眠療法がある)。

これらの事実から、ゼロ年代(二〇〇〇~〇九年のこと)の売れっ子アニメ監督であった宮崎駿《みやざきはやお》（や細田守《ほそだまもる》）のポジションに、一〇年代後半、『君の名は。』によって新海誠が到達したと判断して構わないと思われる。またアニメファン以外の一般の人々を巻き込んだという意味では、九六年前後の『新世紀エヴァンゲリオン』以来の社会現象となった感もある（もっとも謎本の類の出版が相次いだり、評論家を巻き込んだかというとそうでもないが）。

そこで、ここでは新海誠とはどういう監督か、まず紹介してみよう。

一九七三年に長野県で生まれた新海は、中央大学で国文学を専攻した。卒業後、五年間のゲーム開発会社（日本ファルコム）勤務を経て現在はフリー。第四作の『ほしのこえ』まではパーソナルCGアニメ（個人または数人がパソコンを使い制作したアニメ）の第一人者であったが、少人数の集団分業体制をへて、本作では複数の企業に出資してもらう製作委員会方式でアニメーションを制作している。作品の雰囲気は、純文学の村上春樹《むらかみはるき》からの影響が強く叙情的だが、独特の映像表現が斬新かつ美しく、他の追随を許さないものがある。ポスト宮崎駿（や細田守）との呼び声が高いアニメーション監督ともいわれている。

「口コミ」の威力（バズとバイラル・ループ）

本作は、社会現象となったためか、NHKの「クローズアップ現代＋」（以下「クロ現」）でもとりあげられた。本番組は、新海誠監督をはじめ、音楽を担当したRADWIMPSや、視聴者へのインタビューを交えるだけではなく、SNSマーケティングの専門家（いわゆるデータサイエンティスト）の物延秀《もののべしゅう》によりビッグデータが解析されるなど、多角的な視点で分析されていて興味深かった。

同番組のビッグデータの解析によると、公開前の八月一五日からSNSにおける「口コミ」数が急速に上がったという。またその「口コミ」の半数以上がRADWIMPSに関係するものだったということは、『君の名は。』は、楽曲との「相乗効果」(Synergy)によって若者を中心にまず注目を集めたということとなる（相乗効果という意味では、主人公の瀧《たき》の声を担当した神木隆之介《かみきりゅうのすけ》の好感度も個人的には大きいと思う）。たしかに当時、ニコニコ動画を覗《のぞ》いたら、「前前前世」の替え歌や「演奏してみた」のようなN次創作（オリジナルを二次創作するだけでなく、さらに派生的かつさまざまに創作すること）が盛んだった記憶があり、その通りだと思った。

ここでメディア・スタディーズからみた「口コミ」に関して補足を加えてみたい

図1

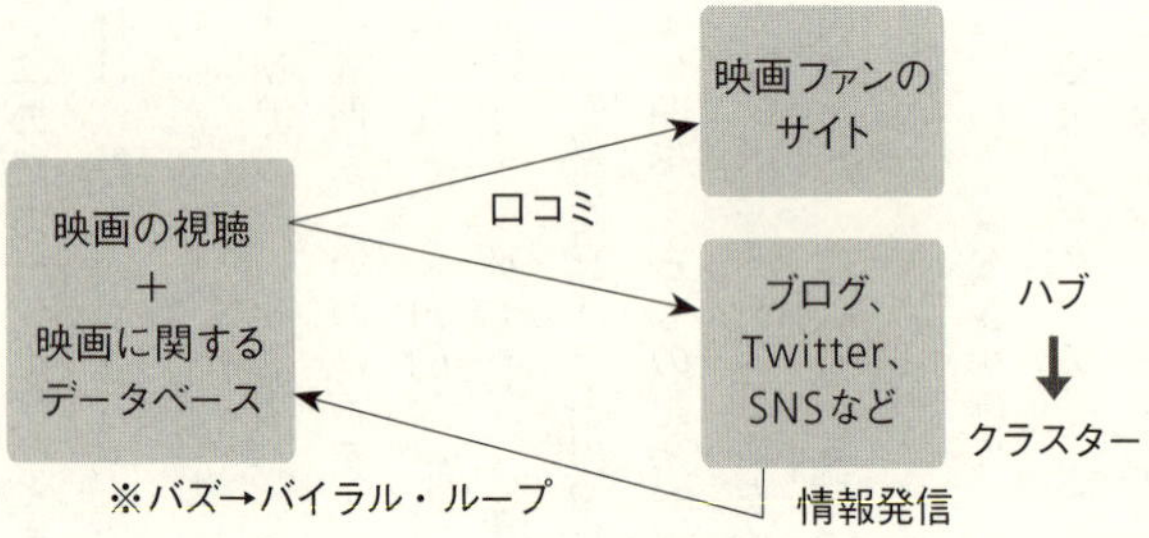

（図1参考）。

一〇年代に入り、「バズる」という動詞がよく使われるようになった。この「バズる」の名詞である「バズ」（Buzz）とは、複数の人間が「うわさ」という記号を媒介として情報などを伝え合う相互作用過程のことを指す。したがっていわゆる「口コミ」のことなので概念的な新しさはないが、ブログ、ツイッターやフェイスブックといったSNSを媒介して情報が伝わる点が、一〇年代の特徴である。

映画ファンの場合、たとえば「ぴあ映画生活」というサイトでは、映画をレビューする「クチコミ満足度ランキング」があり、その投稿したレビューに基づき点数がつけられる。

『君の名は。』に関していえば、映画の感想を書き込んだブログや、「クロ現」で主な分析対象となったツイッターだけでなく、（現実も含め）あらゆるコミュニティでの「口コミ」も映画の人気に影響を及ぼしたのだろう。

この「バズ」は、マーケティングの戦略として注目されたが、コミュニケーション論として考えた場合、このネットワークには情報伝達に特別な役割を果たす人＝「ハブ」（Hub）がおり、相互に接続する「クラスター」（Cluster、集団・群れ）というエリア（本作の場合「文化クラスター」）がある。クラスター同士は結びつき、結果的に映画ファンのコミュニティができあがるわけである。

またマーケティングの戦略に「バイラル・ループ」（Viral Loop）という用語がある。こちらは九七年、アメリカのベンチャーキャピタリスト（Venture Capitalist、ベンチャー企業への投資を行う人）であるスティーブ・ジャーベットソンが「口コミ」を意図的に広め、低コストで効率的に商品の告知を行うことを「バイラル・マーケティング」（Viral Marketing）と呼んだことから派生した概念である。「バイラル」（Viral）とはウィルス性の、という意味なので、情報がウィルスのように伝播《でんぱ》することを指す。「口コミ」から拡がるという意味で、これも決して新しくはないが、いわばSNS相互の「バイラル・ネットワーク」（筆者の造語）と重なり合い「相乗効果」をえるという意味において、一〇年代のSNS、あるいは『君の名は。』分析の際のキーワードたりえるだろう。

輪廻転生という普遍的なテーマに加え、最初はRADWIMPSによる主題歌のサビのインパクトに若者が反応し、同時に『君の名は。』という作品が発見され、これは「名作っぽい」からみに行こう、劇場でみたら「よかった」「感動した」「泣けた」……というように「うわさ」が「うわさ」を呼び（バズり）、ウィルスのようにバイラル・ループして上の世代（親や祖父母の世代）に伝わったことが、『君の名は。』のロングランでの大ヒットにつながったのではないだろうか。いわば日本中が『君の名は。』という「ウィルス」に感染したからこそ、最終的に興行収入ランキングで歴代四位になったとも考えられる。

ヒットの理由（法則）

さてビッグデータの解析後、「クロ現」のスタッフが考えたヒットの理由（法則）は、以下の四点であった。

①圧倒的なリアルさ
②作画監督・安藤雅司《あんどうまさし》の起用
③スピード感
④日本伝統のモチーフ

簡略に説明すると、①の「圧倒的なリアルさ」とは、新海監督が映像で描いたリアルな風景のこと。これは古くからの新海ファンであれば改めて語る必要もない指摘だろう。②は宮崎駿の下で働いていた作画監督を起用したということ（たしかに安藤は高度な技能を備えたアニメーターである）。また③のスピード感とは、作品の総カット数が約一六五〇、一カットが三・九秒なので、切り替えが速いということ。④の日本伝統のモチーフとは、平安時代の『とりかへばや物語』や、小野小町《おののこまち》の和歌を引用しているということである。

たしかにどれも正しい分析だとは思う。

とはいえ初期からみているマニアックな新海ファンとしては、たとえば過去の作品との違いや物語の構造といった重要な部分への言及が皆無だったので、不満が残ったという方もいたのではないだろうか。あるいは古典文学を知悉《ちしつ》している者は、『とりかへばや物語』や小野小町の和歌以外にも数多くの作品との照応関係があるのに、とため息をもらしたのではないかと想像する。

もちろん硬派な報道情報番組であるNHKの「クロ現」で、『君の名は。』の特集が組まれた意義は大きい。なぜなら一〇年代の劇場版アニメが、真面目にテーマとして扱われたからだ。

しかしながら「教養」とは「学問でありかつ、一〇年代後半に生きている現代日本人の文化理念に基づき、それによって養い育てられ、かつ自己を修めることが可能な文化」といった意味で本シリーズを執筆している私の立場からいえば、「浅いな」「深さが足りないな」というのが正直な印象であった。もちろん二五分間しか枠がない地上波のテレビ番組なのだから、やれることは限られているのだが……(ちなみにここから第1章へ向かってもらっても構わない)。

オタク第四世代と関係性消費

さて、私なりの『君の名は。』批評は本編にゆずるとして、ここではアニメを消費

図2

親	第１世代	60年代生まれ	ガンダム作品	物語消費
	第２世代	70年代生まれ		物語消費
	第３世代	80年代生まれ	エヴァンゲリオン	データベース消費
子	第４世代	90年代生まれ	ラブライブ！、Free!	関係性消費
	第５世代	ゼロ年代生まれ		関係性消費？

＊オタク第５世代は、アニメもさることながら、『Fate/Grand Order』（FGO）のようなモバイルゲーム好きが多い印象がある（かつて第３世代の男子が美少女ゲームにはまったように）。基本は「関係性消費」だと思われるが、もちろん「物語消費」や「データベース消費」とも関わってくる。今後はここら辺りの分析がメインになりそうである。

する際の世代やジェンダー（性差）による違いについて考えてみたい。

哲学者の東浩紀《あずまひろき》によるオタクの世代分けにしたがうと、第一世代は一九六〇年代生まれ、以下一〇年単位で下り、一〇年代のオタク文化を担っている第四世代は、九〇年代生まれである（**図2参考**）。ひとつ前の第三世代は、庵野《あんの》秀明《ひであき》監督の『新世紀エヴァンゲリオン』の影響が大きいが、東がいうように、その趣味嗜好はかなり細分化され、たとえばトレーディングカード、メイド喫茶、アニコス（アニメのコスプレ）、フィギュアやゲームといった趣味の拡散がみられた。またネットを使った情報収集やデータベース消費も、後継世代に先行する。

　これらは第四世代にも継承されているが、第四世代のオタク男子や、女性の場合、『ラブライブ！』や『Free!』などにおける複数のキャラクターの関係性に関心を向け消費する人が多い。また親が第一世代なので、『機動戦士ガンダム』を熱く語れる猛者《もさ》もいる。このように、親子でオタクという家庭が増えたことによる「一億総オタク化」が進行しつつあると推察されるが、親が非オタクの場合、先行世代と同じようなディスコミュニケーション（コミュニケーション不全・断絶）が生じる。一〇年代半ば以降には、ゼロ年代生まれの第五世代が頭角を現しており、今後、その消費の仕方がどう変わるかに注視したい。

　なおこれまでどのような消費が行われてきたかというと、オタク男子に限っていえば、二つの消費を行ってきたと考えられている。一つは、評論家の大塚英志《おおつかえいじ》がいう「物語消費」である。これは、個々の作品の背後にある物語の舞台設定や世界観を消費する形式で、第一世代や第二世代のオタク男子に多い。二つ目は、東浩紀がいう「データベース消費」である。こちらは、物語に登場するキャラクターやその属性（たとえばネコ耳やツンデレ）を物語世界から切り離し、集積したデータベースとして消費する形式で、第三世代のオタク男子に多い。

この二つの消費形式は、オタク男子を主としたものであるため、女性の消費者を従とし、ほとんど分析対象にしていない点に問題があると思う（詳しくは巻末の文献を参考に）。またゼロ年代以降、第四世代の場合、登場人物単体ではなく、複数のキャラクターの関係性に関心を向ける人が多く、いわば「関係性消費」が主流となったと思われる。これは、複数のキャラクターの関係性、つまり「絆《きずな》」や「絡《から》み」に関心を向ける消費の形式で、広義のオタク女子や第四世代のオタク男子にみられるものだ（N次創作という再生産を含むので正確には「関係性消費・再生産」）。

ここで注意したいのは、この三つの消費の形式は、作品によって相違すること、また個々人の趣味嗜好によっても異なることである。つまりアニメを消費する際、私たちは多種多様な読みを行っており、この三つの重なる部分で作品を読解するのが最適解であろう（**図3参考**）。

本書の方針

さて本書は、一〇年代のアニメをとりあげ「教養」で論じるものであり、本書はそ

図3

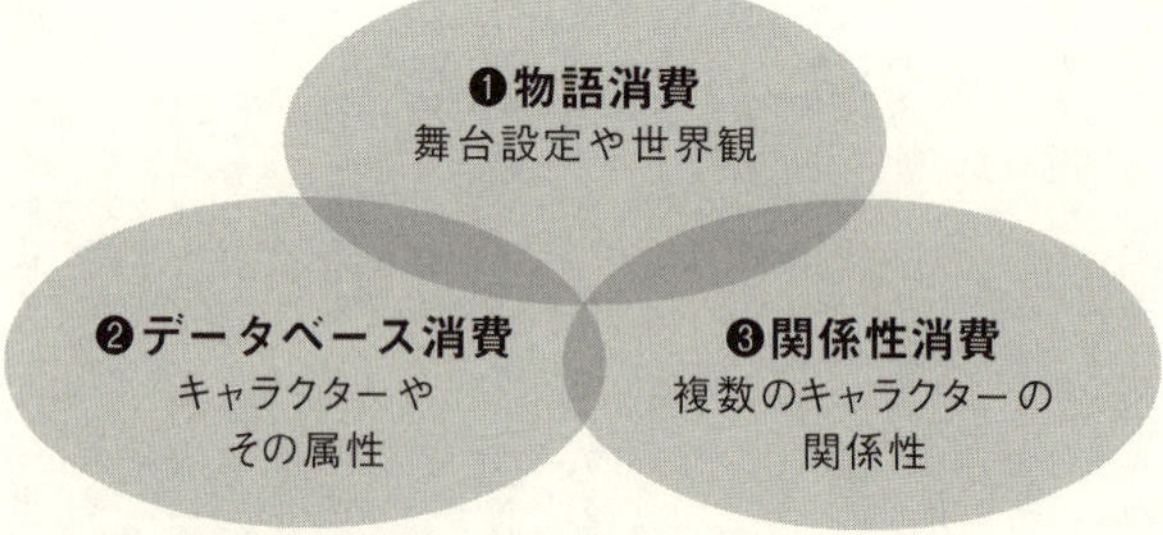

＊この３つの消費形式は、作品によって相違するし、個々人の趣味嗜好によっても消費の仕方は異なる。ただし、世代ごとに傾向は存在する。
❶60年代生まれの第１世代や70年代生まれの第２世代のオタク男子に多い。
❷80年代生まれの第３世代のオタク男子に多い。
❸全世代のオタク女子、90年代生まれの第４世代のオタク男子（ラブライバーなど）に多い。第５世代も同様だと推測する。

の集大成という位置づけである。

　教養とはなにかに関しては、前々著の「はじめに」、および上記の「学問でありかつ」以下の文章で述べた。要するにアニメはそれ自体が教養（文化）であり、同時に教養（学問）で分析するに足るものというのが、この「教テン」シリーズを通じての私の基本姿勢であり、本書もこれに準じている（「教テン」という呼称については、あとがきを参照）。

　また私は前々著で日本の商業アニメーション、すなわちアニメは単なる娯楽ではなく、英語でいう「インフォテインメント」（Infotainment）＝情報娯楽であると指摘した。

これは「情報」(Information) と「娯楽」(Entertainment) の合成語で、情報をえることが楽しみとなるようなテレビ番組を指している。これをアニメ論に転用することで、アニメを情報と娯楽の二側面から分析できる。つまり、①情報の部分は教養(学問)で分析し、②娯楽の部分は、視聴者が作品をどのように受容したかを研究するオーディエンス・スタディーズ(受け手がどのように番組を解釈したかを分析する研究)のアプローチが想定できるとした。そして私は①の情報に着目し、アニメの情報(≒文化)をいかに教養(学問)によって解析していくか、そのノウハウを示すとした。この方針も本書で継承する(以上の詳しいことは前々著四〜一七頁を参考に)。

他方前著では、アニメは「エデュテインメント」(Edutainment) ＝教育娯楽であるとも述べた。これは「教育」(Education) と「娯楽」(Entertainment) の合成語で、本来は遊びながら学ぶ体験型の学習を指す場合が多い。これをアニメ論に転用することで、「娯楽」でありながら、従来それとは関係がないとされてきた「教育」として機能するようなアニメ論をも目指すとした。この方針も本書で引き継ぐ

（以上の詳しいことは前著九〜一一頁を参考に）。

ではこれまでの方針に加え、本書の新しい方針を披露しよう。

今回の追加方針は、文化人類学者（かつマンガ家）の都留泰作《つるだいさく》が一五年に提唱した「世界観エンタメ」から着想を得ている。都留がいう「世界観」とは、文化人類学ルーツのもので、「色々な民族集団の文化的価値観や宗教観に基づくそれぞれの物の見方やコンセプト、そのグランドデザイン」のことを指す。そして「世界観エンタメ」とは、「キャラよりも、いわゆる『設定』に凝ったタイプのエンタメ」のこととされている。ここで慧眼《けいがん》な読者は、この「世界観エンタメ」を、大塚が述べていた「物語消費」、つまり個々の作品の背後にある物語の舞台設定や「世界観」を消費する形式への先祖返りだと思ったかもしれない。

もしそうだとしたら、東浩紀による「データベース消費」、すなわち物語に登場するキャラクターやその属性を物語世界から切り離して集積したデータベースを消費する形式や、筆者が主にオタク第四世代の新しいアニメの消費スタイルを分析して抽出した「関係性消費」よりも以前の話ではないのか、目新しさがないのではないか、という声が聞こえてきそうだ。

実際、私も最初はそう考えていた。

ところが、一〇年代（とくに一〇年代後半）のアニメをながめたとき、「『設定』に凝ったタイプのエンタメ」が増加傾向にあることに気がついた。また私が今回とりあげる七作品は、そのほとんどが「世界観エンタメ」に当てはまる。そこで、もしこれらの物語の「世界観」を、読者の有する「世界像」につなぐことができたら、読者に資するのではないかと考えた。以上の思考プロセスをへて、「世界観」という切り口から改めてアニメを論じるのもありだと考え直したのである（詳しくは第4章参照）。

だが、じつは私が本書でいうところの「世界観」は、文化人類学が定義するそれではなく、ドイツの哲学者ヴィルヘルム・ディルタイの世界観学を批判的に継承したものである。ここら辺りは少々込み入った話なので、別稿で論じたいが、要するに本書は、「世界観エンタメ」改め「世界観アニメ」を、「データベース消費」や「関係性消費」の文脈でも捉え、同時にその作品の「世界観」を、読者の有する「世界像」（Weltbild、対象性もしくは客観性を有する意識）に結びつけるという試みである。

いいかえると、皆さんが個々にもっている「世界像」になんらかの刺激を与え刷新した後、新たな「世界像」をもっていただきたいということである。ここでいう新たな「世界像」とは、私たちがこの世界を新たな視点から捉え、客観的に概念化し直した際の全体像のことであり、かつそうした世界像をえるための方法論のことである。これらを会得することで私たちは、現実の「一〇年代の世界像」を「組み立て直」することが可能となるし、これから生まれる二〇年代のアニメをも新しい視点で楽しむことができるはずだ。これを「再構築された世界像」(「組み立て直された世界像」「変革された世界像」)と名づけておこう。もっと簡単にいえば本書では、これから紹介する七つのアニメを通して、皆さんが当たり前に思っている常識や倫理観に揺さぶりをかけていくことになる(**図4参考**)。

とにかく楽しみながら「インフォテインメント」「エデュテインメント」、そして「再構築された世界像」として「世界観アニメ」を学ぶこと。これがこれから二〇年代にかけてのアニメ論やアニメ視聴の王道になることを願ってやまない。

本書の構成

以上のような観点から本書では、一〇年代アニメを語る上で重要なポイントとなる「世界観」を軸に七作品をとりあげ論じることとする。なお作品の傾向から三部に分

図4

アニメは**インフォテインメント**（情報娯楽）
教育に活かした場合、**エデュテインメント**（教育娯楽）

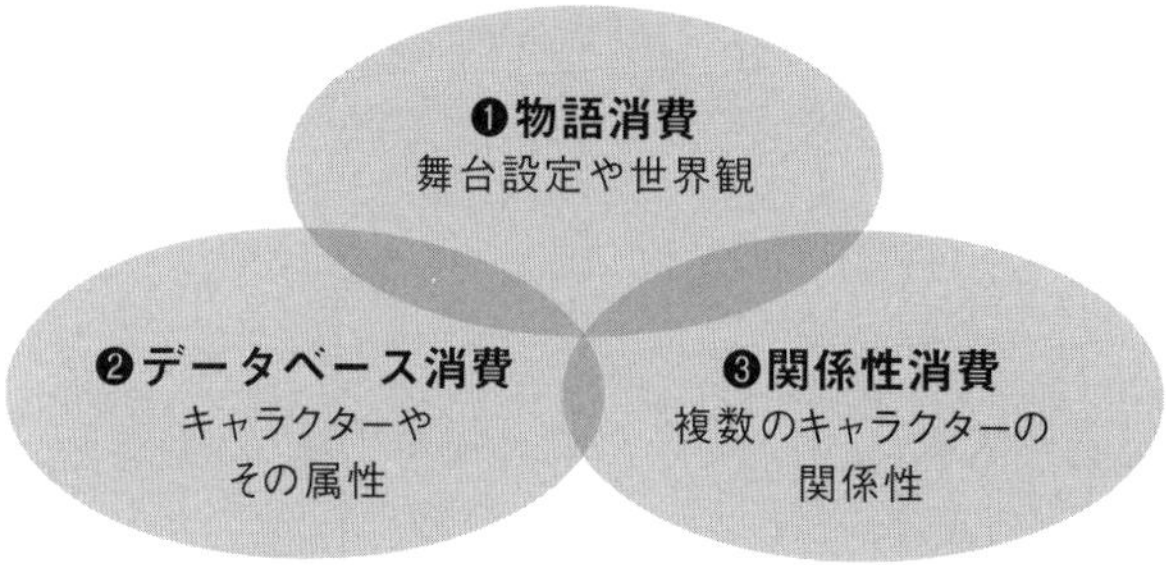

↓

世界観アニメ

物語の「世界観」（正）×読者の有する「世界像」（反）
＝「再構築された世界像」（合）

新たな次元のアニメ論（視聴）へ

＊正・反・合：ヘーゲルの弁証法由来。ある命題（正）と矛盾する反対命題（反）。この２つが対立することで止揚《しょう》（総合）され、総合命題（合）へ至る。それぞれテーゼ、アンチテーゼ、ジンテーゼという。

けたので、読者の興味ある／得意なパートから読み進めても構わない。

〈第１部　あの世とこの世〉

第１章では（「はじめに」で言及した）二〇一六年に劇場公開された、新海誠監督の九作目である『君の名は。』をとりあげる。まずジャン＝ルイ・ボードリーの映画論を参考に、アニメは「夢」を再現する装置であるという説を冒頭におき、夢の装置としての『君の名は。』を内在的に読み解いていく。またこの作品は三幕構成をなすが、とりわけ三年前の世界を生きるヒロインの三葉《みつは》が、基準点（基準時間）の世界を生きるもう一人の主人公・瀧と入れ替わるという設定が優れている。そこでこの設定を念頭におきつつ、作品の構造を、作中のキーアイテムである「組紐《くみひも》」とメビウスの帯をキーワードにしながら分析する。ついで文学テクストからの引用として、主に『とりかへばや物語』、および小野小町と在原業平《ありわらのなりひら》の和歌との照応関係を探る。他方、『君の名は。』に現れた夢の意味を理解するためには、日本の古代・中世における夢の描かれ方を理解する必要性があると考える。そのため、数多くの古典をひも解きながら、「夢見のシステム」を開示していこう。相手を思えば相手の夢に現れる、あるいは同じ夢をみることができる。これは『君の名は。』に限ったことではなく、日本古来の夢見の特徴なのである(ここが本章の肝心かなめである)。さらにこれまでの新海作品との対比を行い、本作が「セカイ系」(本編で詳述)への回帰ではなく、それを時空間の観点から脱構築(組み立て直)したものであることと、単なる恋愛話ではなく、コミュニケーションのつながりをモチーフにしたものであることを明らかにする。最後は、糸守湖《いともりこ》のような隕石《いんせき》が落下した湖が存在するか否かを考え、湖の破壊シーンで私が連想したことをコメントする。

第2章は「隠《かく》り世《よ》」(あの世)つながりで、一四年に第一期、一七年から一八年にかけて第二期がテレビ放映された『鬼灯《ほおずき》の冷徹』である。まずさまざまな学問や評論において、現代はあらゆる「境界」(たとえば生と死との境界)の必然性が失われた時代であると考えられている。それだからこそ(逆説的ではあるが)、「新たな境界」の設定により時空を区切ろうとする文化的な試みが、宗教学、民俗学や昔話研究で行われている。この動向を私は「再境界化」と呼んでおり、その文脈に本作を位置づける。また本作は主人公の鬼灯を中心に、複数のキャラクターの関係性が描かれており、「関係性消費」を前面に押し出した作品としても捉えられる。その楽しみを消費することはもちろん結構なことだが、同時に本作で描かれる死後の世界には、記紀が伝える黄泉《よみ》の国と、『往生要集《おうじょうしゅう》』で体系化された地獄のシステムが併存するので、図表を使いながら解析を試みる。さらにキャラクター論として、鬼灯は「生ける屍《しかばね》」でありかつ、「一角獣」の象徴的意味を重ねたもの、また閻魔《えんま》大王は伝承によると最初に死んだ「人間」なので、私たちの苦しみを日々贖《あがな》う行為者、つまり「共苦的存在」なのだという論を展開する。他方、本作には多数の「鬼」が登場する。そこで数多くの古典や昔話を引用しながら、その「鬼」を六種に整理して分類を行う（ここが本章の肝となる）。また「鬼」のエンタメ化というのは、本作に限らず、過去さまざまなテクストで「再生産」されてきたので、具体例をあげながらその理由を考える。そして最後は『東京喰種トーキョーグール』や『デビルズライン』など他の作品との比較を行い、鬼と、それとはルーツの異なる吸血鬼・ゾンビ・グールなどとのイメージの重ね合わせが、どのような構造のもとに成立しているのかを解析する。これは「鬼学」あるいは「鬼スタディーズ」の試みである。

〈第2部　かわいいと怖い〉

第3章は一七年にテレビ放映された『メイドインアビス』をとりあげる。この作品はかわいいキャラクターを登場させながらも、恐ろしい世界を描いた「冒険ファンタジー」ものなので、まず恐怖とはなにかに関して、ホラーアニメを視聴する際の楽しみ方と関連させて思案してみる。しかる後に、本作の基本的な設定や見取り図を示し、それらに基づいて舞台である大穴「アビス」、およびそこに生息する原生生物や残存する遺物がどういうものかを考える。ところで「冒険ファンタジー」ものには一定のパターンがある。それを明示したのがアメリカの神話学者ジョーゼフ・キャンベルであるので、彼の分析した英雄譚《たん》と本作との異同について整理してみる（ここが本章の読みどころである）。そして大穴「アビス」における「アビスの呪い」という現象から「呪い」とはいかなるものかを検討し、それを導きの糸として、地下世界についてはは「地球空洞説」や「アガルタ」と、「黄金郷」については歴史上の実際のものと比較してみた。さらに大穴「アビス」の「奈落《ならく》の底」で待つ「母親との一体化」というモチーフに関しては、精神分析学を使いながら解釈し直す。またそれと関連して「アビスの呪い」を受けた「穢《けが》れ」は、共同体を清浄な状態にするため祓《はら》い清められる必要性があるとの見方から、その際になにが「撫物《なでもの》」（穢れを吸収させる人形）としての機能を担うか推察してみた。なお本章ではキャラクターとはなにかに関しても論じており、「間キャラクター態」という聞き慣れない用語が出てくる。これは私がいう「関係性消費」論とリンクした用語なのでしっかり理解してもらいたい。

第4章はこれまたかわいいキャラクターが登場する作品、すなわち一七年にテレビアニメ化されるや否や、ネットを中心として話題を集めた『けものフレンズ』である。まず本書のはじめにで提示した「世界観アニメ」を、ある種の弁証法の企《くわだ》てとして再把握してみよう。その後『けものフレンズ』のマンガ版とアニメ版とを比較して差異を指摘し、「可能世界」論とリンクさせた後、舞台である旧「ジャパリパーク」の地図を参考に、登場人物であるかばんとサーバルの辿《たど》ったルートに隠された意味について考える。また議論を明確にするため、本作を前半と後半に分ける。まず前半のキーワードは、動物擬人化、オスの滅亡、人類の発祥、「火」の使用と「文字」の発明、「道具」の発明の五つである。これらは主に遺伝学、生物学や人類学を援用して検討するが、ここが本章の要訣《ようけつ》であるので、本作の第七話をなるべく視聴しておくことをお勧めする。他方、後半は第一一話をめぐる議論が主である。具体的には旧「ジャパリパーク」にそびえ立つ「サンドスター火山」の謎について、文明崩壊の問題とリンクさせて考えてみる。そして最後は本作に多数登場する「アニマルガール」とはなにかに関して、量子物理学と遺伝子工学を援用し検討する。ここら辺りは少々難解かもしれないが、じっくり読めば理解可能なように記した。

〈第3部　戦争と宇宙〉

第5章は一七年にテレビ放映され、主人公のキャッチフレーズ「幼女の皮をかぶった化物」が話題となった『幼女戦記』をとりあげる。まず「幼女」は、日本のポップカルチャーの場合、通常「萌《も》え」の対象である。ところが、本作の場合、「萎《な》え」の対象である（と思われる）サラリーマンの男が死んだ後に、幼女として転生し、「帝国」の魔導師ターニャ・デグレチャフとして敵の国家と戦うという設定である。そこで最初にこの新たな次元の「萌え」について考えてみる。それを導入として、本作の転生後の世界を分析するが、まず舞台である「帝国」と現実世界のドイツとの違いを明示した上、本作に登場する創造主「存在X」に対する主人公の態度を、イギリスで行われた理神論争や、ニーチェの無神論と関係させて内在的に論じる。ついで転生前に主人公が読んでいたシカゴ学派の本に関して紹介するが、この著書が主人公の人生観にどのような影響を与えたかを議論の中核とする。そして本作の戦争を理解する上で外せない「絶対戦争」「総力戦」（「全面戦争」）といったキー概念をきちんと整理し、それらの概念がターニャの戦争へのアプローチなどにいかなる影響を与えているかを検討する。最後は「大戦間もの」（通常は「末期戦もの」）というジャンルが近年、ネット小説で増えつつあるので、その中で本作が占める位置を論じた。

第6章は一五年から一七年にかけてテレビ放映された『機動戦士ガンダム　鉄血のオルフェンズ』である。「ガンダム」シリーズは六〇作近くあり、一〇年代に限定しても本作を含めテレビ放映されたものが七作ほど存在する。そこで導入部ではNHKで放映された『発表！全ガンダム大投票』の結果を参考にして、本作の支持層に関して解析する。その後、『鉄血のオルフェンズ』の世界を図表を使いながら整理し、第一期のプロットからみえてくる本作の特徴を、①貧困問題と少年兵の存在、②任侠《にんきょう》精神、③滅びの美学の三つであることを指摘し、それぞれ個別に論じる。第5章までで疲れ切った頭を切り替える意味もあり、ここでは『機動戦士ガンダム00《ダブルオー》』との比較をラフに展開した。もちろん視聴していなくても理解はできるが、この作品もなるべく視聴しておいた方が無難だと思われる。第二期に関しては、ネタバレを避けるためプロットの整理が中心だが、主人公らが属する「鉄華団《てっかだん》」は最終的に「旧勢力」に屈したか否かについて、ヘーゲルがいう「理性の狡知《こうち》」（理性のずる賢さ）という概念を援用しつつ、歴史には「アイロニー」がつきものであるという観点で再考してみたい。最後は主な「ガンダム」シリーズをとりあげ比較し、本作の位置づけを行う。比較要素は多々あるが、論を明確にするため、各々の作品で採用された「紀年法《きねんほう》」、作品の設定にリアリティがあるか否か、作品が生まれた政治的・社会的な背景はいかなるものか、の三点で比べてみた。

第7章は二〇一四年から二〇一五年にかけてテレビアニメ化された『シドニアの騎士』をとりあげる。導入部では、原作者である弐瓶勉《にへいつとむ》の過去作『ＢＬＡＭＥ！《ブラム》』と『ＢＩＯＭＥＧＡ《バイオメガ》』を「ポストハードＳＦ」（造語）と位置づけた。そしてその延長線で本作を読み解くが、視聴していない方が多数いそうなので、図表を参考にプロットを整理した。そして「遠い未来学」（造語、太陽系が破壊された以降の二四世紀が舞台なので「遠い」を付けた）の試みとして、地球外生命、「融合個体」、「中性」、人工生命の四点に関して、それぞれ宇宙生物学、進化生物学、魚類行動生態学、サイボーグ工学などを援用し縦横無尽に論じた。理系の教養（学問）が主体ではあるものの、文系の方にも理解しやすいように具体例をあげたので、その例を念頭において読み進めてほしい。

なお本書の特筆事項は前々著および前著と同じであるが、確認のために、三点ほど明記しておく。

第一に、印象を語ることはできるだけ慎《つつし》み、教養（学問）を参照しつつ今一度作品（≒文化）を組み立て直すことに主眼を置く。アニメ論を執筆するということは、その作品に内在する可能性に着目し、そのアニメを生き直すことだからである（この「組み立て直し」→「生き直し」というコンセプトは、アメリカの比較文学者ガヤトリ・C・スピヴァクの「学び直し」という概念から示唆を受けたもの、前々著二三〇〜二三一頁および前著あとがきを参考）。

第二に、論の展開上仕方がない場合を除き、ネタバレはなるべく避ける。これは作品をみていない方の楽しみを保証するためである。

第三に、新書というメディアなので、一般読者の存在を考える。したがってジャンル批評を適宜《てきぎ》導入しつつ分かりやすく作品を論じていく。

本書の「おわりに」において、今回はアニメの周辺文化というか、ジャンルは異なるもののファンは重なるかもしれないボーカロイドとバーチャルＹｏｕＴｕｂｅｒを、教養（学問）でいかに分析するかの方法論を展開した。また「あとがき」では、一〇年代アニメの総括および二〇年代アニメに向けての展望（期待）を私なりに記している。興味のある方は本文を飛ばしておわりに・あとがきへ向かうルートを取っていただいて構わない。そしてしかる後に本文を読み進めてみてほしい。

※文中の注意事項
『教養としての10年代アニメ』、ポプラ新書、２０１７年（前々著と表記）
『教養としての10年代アニメ 反逆編』、ポプラ新書、２０１８年（前著と表記）
以上の二作は本書を理解する上で参考になる。これを機に通読をお勧めしたい。

平成最後のアニメ論／目次

はじめに　4

救世主としての新海誠／「口コミ」の威力（バズとバイラル・ループ）／ヒットの理由（法則）／オタク第四世代と関係性消費／本書の方針／本書の構成

第1部　あの世とこの世　39

第1章　『君の名は。』夢の民主化と「ディス」しないコミュニケーション　40

夢の装置としてのアニメ／三幕構成と作品内の時空間／とりかへばや物語／小野小町と在原業平／「彼方《かなた》」（未来）からやって来る夢／夢見のシステム／セカイ系の「脱構築」／「ディス」しないコミュニケーション／糸守湖はどこにあるのか

第2章　『鬼灯の冷徹』生死の境界が喪われた時代に現れた鬼たち　74
「再境界化」するアニメ／関係性消費としての『鬼灯の冷徹』／黄泉の国／地獄／図像からみた鬼灯／損な役回りの閻魔大王／多様化する「鬼」／烏天狗《からすてんぐ》警察／獄卒《ごくそつ》としての「鬼」／桃太郎の「鬼」退治／「鬼」のエンタメ化1／「鬼」のエンタメ化2／「鬼」×吸血鬼、ゾンビ、グール

第2部　かわいいと怖い　121

第3章　『メイドインアビス』ハードな世界観と一〇年代のキャラクター論　122
ホラーアニメの恐怖／かわいい×怖い／大穴「アビス」／冒険ファンタジーと英雄譚／アビスの呪い／「アビス」と「地球空洞説」／黄金郷にはなにが眠るのか／「穢れ」と「祓い」、そして「撫物」／キャラクターとキャラ／一〇年代は「間キャラクター態」の時代／一〇年代のキャラクターの傾向

第4章 『けものフレンズ』アニメが描く、サピエンス全史から人工生命まで 160

世界観アニメの弁証法／マンガ版とアニメ版／「動物擬人化」とオスの絶滅後の世界／人類の発祥の地／サーバルは「火」ではなくかばんを怖れた／「文字」、そして「認知革命」／「ヒト」とはなにか／サンドスター火山の謎／廃墟と文明崩壊／アニマルガール／バイオニック生命体

第3部 戦争と宇宙 197

第5章 『幼女戦記』「萌え」の新境地と大戦間ものブーム 198

「萎え」の向こう側にある「萌え」／『幼女戦記』の世界観／「大ドイツ主義」と『幼女戦記』／「存在X」と「理神論」（懐疑と怒り）／「存在X」と「無神論」（超人《ちょうじん》と顔芸）／シカゴ学派／「絶対戦争」と「総力戦」／「北方ノルデン戦線」と「西方ライン戦線」／「総力戦」と企業戦士／大戦間もの

第6章　『機動戦士ガンダム 鉄血のオルフェンズ』
一〇年代ガンダムが辿り着いた祈りとしてのアニメ　231
一〇年代の「ガンダム」シリーズ／『鉄血のオルフェンズ』の世界観／第一期からみえてくる特徴／貧困問題と少年兵／「鉄華団」にみられる任俠精神／散華《さんげ》（滅び）の美学／第二期からみえてくる戦争の形／歴史のアイロニー（理性の狡知）／「ガンダム」が描いた世界1／「ガンダム」が描いた世界2

第7章　『シドニアの騎士』　ポストハードSFの誕生と遠い未来学　270
ハードSFを超えた弐瓶作品／ポリゴン・ピクチュアズと3DCG／『シドニアの騎士』の世界観／「地球外生命」と「系外惑星」／「ガウナ」という「地球外生命」／新たな段階の生命＝「融合個体」ツムギ／柔軟に「性転換」する「中性」イザナ／「ガイノイド」としてのテルル／三種類の「人工生命」

おわりに　302
アニメと周辺のネット文化／DTMとしての初音《はつね》ミク／初音ミクの論じ方1／初音ミクの論じ方2／生誕一〇周年でなにが変わったのか／VTuberの歴史／VTuberの論じ方1／VTuberの論じ方2、そして……
あとがき――教テンアニメ、そして二〇年代へ　328
主な参考・引用文献、補足　340

第1部　あの世とこの世

第1章　『君の名は。』夢の民主化と「ディス」しないコミュニケーション

夢の装置としてのアニメ

夢。

私たちはときどき夢をみる。中には毎日みる方もいるかもしれない。

この夢という心的現象は今日、私たちが「過去」に経験したものが、なんらかの変形を伴ってみるものだ、と一般的には考えられている。

たとえば大好きな人と口喧嘩をしたとする。その夜、その人が夢に出てきて「もう行くね」というセリフを吐いて改札口の向こうに消えてゆく（悪夢）。あるいは逆に自宅を出たら、ばったりその人と出くわし、抱擁《ほうよう》を繰りかえすかもしれない（吉夢《きちむ》）。

このような夢をみて、朝目覚めると、茫然《ぼうぜん》自失の体をなすことはしばしばあること

だろう。

　ところで夢のメカニズムを、オーストリアの精神分析学者ジークムント・フロイトは、『夢判断』において説き明かした。フロイトによると、私たちの心は、意識・前意識・無意識の三層構造からなるという。そして夢の材料は、意識における「昼の残《ざん》滓《し》」、前意識における「夢の思考」、無意識における「記憶痕跡《こんせき》」の三つであり、それらが圧縮・移動・翻訳・二次加工の四つのプロセスをへて「歪曲《わいきょく》」され、夢として形作られるという。

　要するに、意識・前意識・無意識のレベルが相互に関係し合って、全体としてシミュラークル（まがいもの）を生み出すのが夢であると、フロイトは考えたわけである。ここでは夢のベクトルが「過去」に向かっていることを憶えておいてほしい。

　ではこうした「過去」に経験したものがなんらかの変形を伴ってみる夢は、時代を越えた人類共通のものといえるのだろうか。

　答えは「否」である。

　たとえば、夢は「未来」からやって来る、相手を思えば相手の夢に自分が登場することができる、よい夢は奪うことができる、同じ夢をみることができる等々、さまざまな夢見の形がいにしえから伝承されている。

ここで慧眼《けいがん》な読者は、「これって『君の名は。』もそうではないの?」と気づいたのではないかと想像する。

私がこの作品をはじめて視聴した際にまず考えたのは、主人公の瀧《たき》とヒロインの三葉《みつは》がお互いに入れ替わりつつ夢をみて、その夢の世界が現実化してゆく過程を描いた作品ではないか、ということであった。

なぜそう思ったかといえば、『君の名は。』のプロットが、まさに二人のみる「夢」を軸に展開していくからである。しかし、批評的な意味でさらに興味深かったのは、このアニメ自体が「夢見の装置」として機能しているのではないかと思えた点である。つまりこの作品をみていると、私たちの現実にこの作品世界の夢が浸透し、その境界が曖昧《あいまい》になっていくような感覚に陥るのである。

フロイトの『夢判断』から影響を受け、フランスで映画研究を行っていた人物に、ジャン=ルイ・ボードリーがいる。彼によると、映画は「シミュラークル(注、まが

© 2016「君の名は。」製作委員会

いものという意味だが、ここでは夢）を生み出す装置」であるという。ボードリーの指摘を拡大解釈して述べると、アニメもそうではないか、と私は思う。なぜなら私たち視聴者の「欲望」（たとえば「萌《も》え」）を組織化するという意味では、映画よりアニメの方が強烈だと考えているからだ。

つまり映画あるいはアニメという装置は、「眠りの最中の心的装置を再現」したもので、視聴者によって知覚された映像は過剰に備給《びきゅう》（リビドーまたは欲動のエネルギーが特定の対象または観念に投入）されるので、その結果、夢の感覚的なイメージと同じ身分を（アニメの場合、おそらく映画以上にそれを）獲得するのだと考えうる。

要するに夢を再現した映画あるいはアニメという装置を通じて、私たちはシミュラークルとしての夢をみているということである（劇場で居眠りするのは、その夢があまりにも心地よいからという俗説もある）。

ではこの夢の装置としての『君の名は。』を通じて、まずは作中作外、さまざまなレベルの夢の世界を解き明かしてゆこう。

三幕構成と作品内の時空間

新海誠《しんかいまこと》監督の第九作にあたる『君の名は。』は、東京で高校生として暮らす少年・瀧と、飛騨《ひだ》の山奥・糸守町《いともりまち》で同じく高校生ながら、実家の宮水《みやみず》家が神社であるため巫《み》女《こ》を務める少女・三葉、この二人の身に起きた男女の入れ替わりと、一二〇〇年ぶりに地球に接近するティアマト彗星《すいせい》（この彗星は実際には存在せず）をめぐる出来事を描いたものである。興味深いのは、途中から展開に一ひねりが付け加えられ、三年前の世界を生きる三葉が、基準点（基準時間）、つまり現代の瀧と入れ替わるという設定だろう。要するに視聴者は同期した時間に二人が入れ替わっていると勘違いし（ミスリードされ）、途中から二人の間にある時間のズレを知ることとなるわけである。

では以下、論を明確にするため、まず作品の構造から考えてみたい。

『君の名は。』は、序破急の「三幕構成」（Three-act Structure）を基本にしていると思われる。これはハリウッド映画に多いパターンで、シド・フィールドやロバート・マッキーが脚本術として確立したものである。この三幕構成を基盤に、次のような要素が付加されている（前著一三〇～一三二頁参考）。

①設定
A．イントロダクション：導入。映像で主人公、ジャンル、背景などを提示。ナレーションを入れる場合もある。
B．引き金となる出来事：主人公の置かれた状況が変化し、これを機にリアクションを起こす。
C．第一の転換点：主人公の状況が良い方向か悪い方向に転換する。
②対立
A．中間点：物語がどんどん進行するため、主人公は引き返せなくなる。
B．第二の転換点：必ず不幸な出来事が起こる。
③解決
A．クライマックス：第二の転換点をへて、物語がエンディングに向けて大きく盛り上がり、問題の解決が図られる。
B．エンディング：ほとんどがハッピーエンド。恋愛映画の場合、男女が愛を確認したりする。

まず第一幕の「設定」をみてみよう。瀧と三年前の三葉が入れ替わり、お互いが違和感を覚えつつも徐々に惹かれ合うのが「イントロダクション」。瀧が三葉と入れ替わっていたとき、祖母の一葉《ひとは》、妹の四葉《よつは》と三人で、「隠り世《かくよ》」（あの世のことで対義語は「現《うつ》し世」、第2章で説明するが、天上にある高天原《たかまがはら》、海上にある常世《とこよ》の国、地下にある黄泉《よみ》の国の三つを総称）である山の上のご神体へ口嚙《くちか》み酒《ざけ》を捧げた際、「あんた今、夢を見とるな？」と一葉に問われたのが「引き金となる出来事」（口嚙み酒とは、穀物などを口の中で嚙み、吐き出したものを利用して造る酒のこと）。そして瀧が三葉と入れ替わっていないときに、憧れを抱いている奥寺《おくでら》先輩とデートをするも失敗するのが「第一の転換点」といえるだろう。なぜならこの日以降しばらく、瀧と三葉の入れ替わりは起こらないからである（**図1-1参考**）。

次の第二幕の「対立」は、瀧が、奥寺先輩と友人の司《つかさ》とともに、三葉の故郷である飛騨を訪れるのが「中間点」で、ティアマト彗星の落下により宮水神社を中心とした糸守町が壊滅していたという事実を知るのが「第二の転換点」に相当するだろう。ここで彗星の落下が三年前の出来事であったことを瀧は知るわけである。

そして第三幕の「解決」は、瀧が「隠り世」である山の洞窟《どうくつ》で口嚙み酒を飲み干し

図1-1　『君の名は。』の三幕構成

設定	対立	解決
A. 瀧《たき》と3年前の三《みつ》葉《は》が入れ替わり、次第に惹かれ合う。	A.瀧が奥寺先輩と友人の司《つかさ》とともに、三葉の故郷である飛騨《ひだ》を訪れる。	A. 瀧が口噛み酒を飲み干した結果、再び3年前の三葉と入れ替わり、壊滅から救うために奔走《ほんそう》する。
B.口噛《くちか》み酒《さけ》を捧げた際、祖母の一葉《ひとは》による問い「あんた今、夢を見とるな？」	B.彗星の落下により3年前に糸守町《いともりまち》が壊滅した事実を瀧が知る。	B.三葉が三葉としてそれを継承し、数年後2人は……。
C.瀧が奥寺《おくでら》先輩とデートをするも失敗、入れ替わりが起こらなくなる。		

た結果、再び三年前の三葉と入れ替わり、糸守町を壊滅から救うために奔走《ほんそう》するのが「クライマックス」、そしてネタバレしない程度で語れば、三葉が三葉としてその意志を継承し、数年後二人は……というのが「エンディング」にあたる。新海監督作としては珍しくハッピーエンドとなっている（後述するが、この点で本作は『秒速5センチメートル』や『言《こと》の葉《は》の庭』のエンディングと好対照であろう）。

このように整理してみると、『君の名は。』は三幕構成をきれいに踏まえているように思えるが、丁寧に読み込んでみると、じつはそこに巧みな「一ひねり」が加えられていることが分かる。

皆さんは、ドイツの数学者アウグスト・メビウスが考案した「メビウスの帯」（Möbius strip）というものをご存じだろうか。

「メビウスの帯」は、一本の帯の片方の端を一八〇度ひねり、他方の端に貼り合わせた形の帯である。これと、本作のカギを握る瀧が腕に巻いた「組紐《くみひも》」（瀧が三年前に三葉から渡されたもの）とはその形や機能が似ている。どちらも捻《ねじ》れているものの、ほどいたら一本の帯（紐）になるからだ。そしてこの「メビウスの帯」／「組紐」が物語の構造をなしている、と私は考えている。簡略に図示してみよう（**図1-2参考**）。

図1-2　『君の名は。』の構造

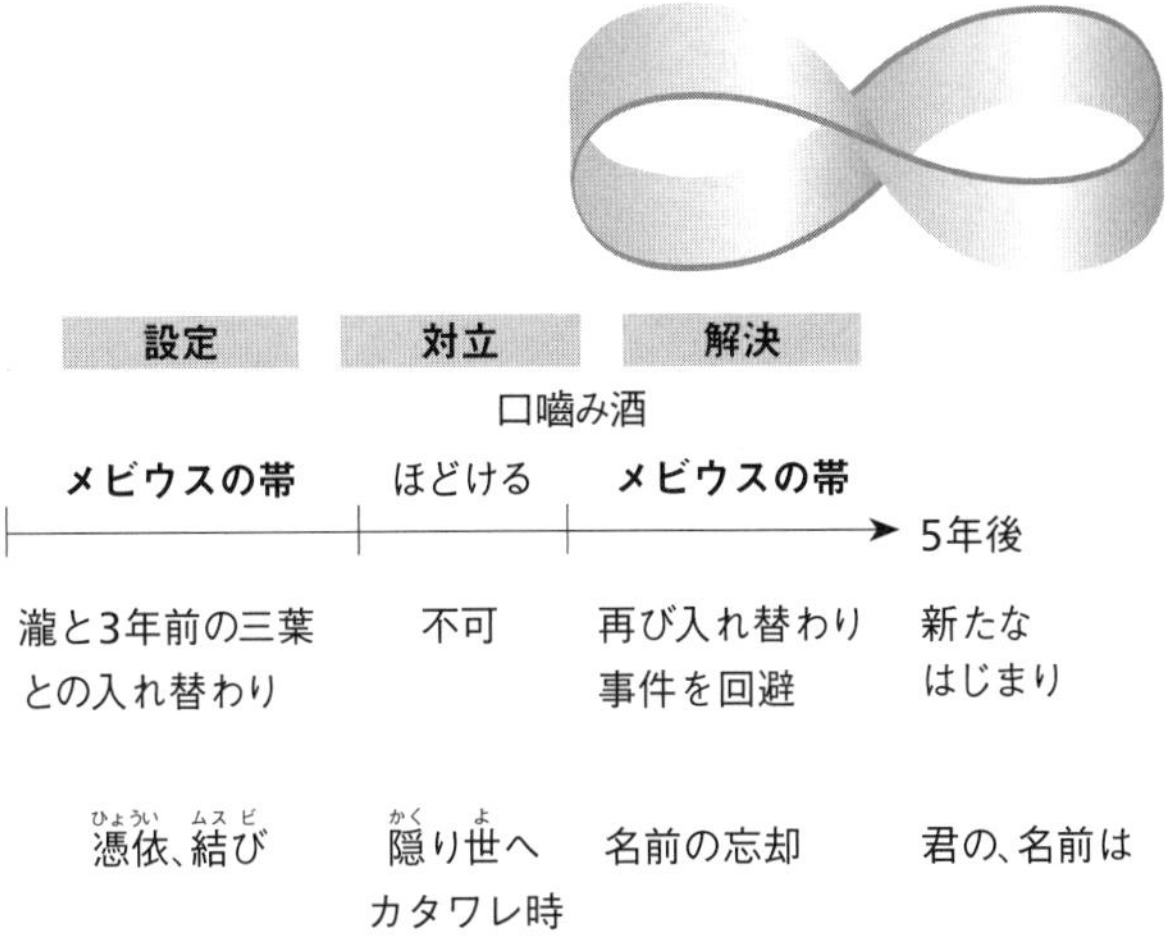

鑑賞した方の中にも、印象に残っている方が多いかもしれないが、三葉の祖母・一葉が、「隠り世」である山の上のご神体へ口噛み酒を捧げに行く途中で、三葉と入れ替わっている瀧に向かって、次のセリフを吐く。

> よりあつまって形を作り、捻れて絡まって、時に戻って、途切れ、またつながり。それが組紐。それが時間。それがムスビ。

この祖母のセリフは、一義的にいえば、物語の時間が「捻れて絡まって」いるにもかかわらず、三葉と瀧との関係が「途切れ、またつなが」っていることを端的に示している。しかもそれだけでなく、物語の空間さえも「捻れて絡まって」いるにもかかわらず、最後は「ムスビ」に至ることを言外に仄《ほの》めかしている。つまり時間だけでなく空間をも切り結ぶということで、この作品の時空間＝物語の構造を端的に示したセリフと考えられるのだ。この祖母のセリフが本作のすべてを語っているだろう。

とりかへばや物語

この物語の構成上の「ひねり」について分析を深めるために、私たちはここで一度、この作品がいかなる引用から成り立っているかを把握しておく必要がある。『君の名は。』は、新海誠が脚本も担当したオリジナル作である。すでに多くの論者や文学ファンなどが指摘していることではあるが、さまざま作品からの引用があり、それを発見する楽しみ（快楽）を私たちに提供する。とりわけ古典文学好きにはたまらないだろう。

まずこの作品の企画段階でのタイトル名は『夢と知りせば（仮）男女とりかへばや

物語』だったという。したがって平安時代後期、院政時代に書かれた『とりかへばや物語』をモチーフにしていることは確かだ。

『とりかへばや物語』は、作者不明の物語である。

すなわち、権大納言《ごんだいなごん》で大将を兼任する男が悩みを抱えていた。北《きた》の方《かた》（正妻）が二人いて、それぞれの子どもの、若君の方は人見知りで女の子っぽく、逆に姫君の方はいたずら好きで男の子らしいからだ。そこで「若君と姫君を取り替えたい」と望み、若君を裳着《もぎ》（女子の成人式）させて、春宮《とうぐう》の尚侍《ないしのかみ》とする一方、姫君を加冠《かかん》（男子の成人式）させて、侍従《じじゅう》とした。要するに反対の性別役割を演じさせることとしたわけである。注意したいのは性（セックス）ではなく、性別（ジェンダー）が変わった点であり、いわゆる異性装を行ったトランスジェンダーの話であることだろう。

この物語を読んでみて興味深いのは、権大納言であった父親や女君が、自分たちの身の上は「前世の報い」（作中では「前《さき》の世の物の報い」）だと考えている点である。つまり輪廻《りんね》転生、この世に存在するすべての生き物は流転《るてん》し続けるという仏教的世界観を有し、「前世」でなにかが起こったから、「今世《こんせ》」では反対の性別役割を演じざるをえないのだと認識している点である。これは平安時代後期、院政期ならではの世界観ではあるが、それとともに『君の名は。』の主題歌であるＲＡＤＷＩＭＰＳの「前前前世」のテーマと響き合うだろう。

それはさておき、『君の名は。』の引用先の話に戻ろう。
私の読みでは、以下の文学作品との照応関係があると考えている。

①平安時代（国風文化）の古典詩：小野小町と在原業平の和歌
②室町時代（北山文化）の御伽草子《おとぎぞうし》：『転寝《うたたね》草紙』
③明治時代の文学：泉鏡花《いずみきょうか》の『春昼《しゅんちゅう》』

小野小町《おののこまち》と在原業平《ありわらのなりひら》

このうち本文では、①の和歌のみをとりあげよう。
まず小野小町は、六歌仙《ろっかせん》の一人で、「夢の歌人」と称されるほど夢をテーマとした和歌を詠んでいる。『古今《こきん》和歌集』には、一八首の和歌が収録されているが、そのうち六首が夢に関連したものである。たとえば有名な歌。

思ひつつ ぬればや人の 見えつらむ 夢としりせば さめざらましを

(好きな人のことを考えながら寝たら、夢の世界で会うことができた。夢と分かっていたら目覚めなかったのに)

この歌の「夢としりせば さめざらましを」は反実仮想（事実とは反対のことを仮想する和歌の技法）であるので、余計に女性の恋心が切実に伝わってくるが、『君の名は。』では三葉の思いと重なると思う。

他方、瀧の思いはどうであろうか。この点を考える上では、同じ六歌仙の一人、在原業平の和歌を参照すべきだろう。たとえば『古今和歌集』の歌（よみ人知らずとあるが、おそらく彼の歌）。

かきくらす 心の闇に 惑ひにき 夢現《ゆめうつつ》とは 世人《よひと》さだめよ

(恋する心の真っ暗闇に困惑している。夢であったか現実であったか皆さんが判断してください)

「夢—現」という対義語を使い、逢瀬《おうせ》が夢であったか現実であったか悩むという体の歌であるが、これは瀧の思いと重なってみえてくる。拡大解釈をすれば、瀧が三葉との逢瀬は「隠り世」のことであったか「現し世」の出来事であったかを悩んでいるという案配にもなるだろう。

新海監督はインタビューの中で、「夢というのはずっとモチーフとして考えていたんですが、その中で引っ掛かったのが、小野小町の『夢と知《ママ》りせば　覚《ママ》めざらましを』という……和歌なんです。そこからもう少しひねって、夢の中で出会うところから、夢の中ですでに自分ではない相手としてもう出会っているというところに落とし込んでいきました（傍点は筆者）」とある。

『古今和歌集』や当時の私家集をひも解くと、夢をテーマとした作品は数多くある。たとえば式子内親王《しょくしないしんのう》や俊成卿女《しゅんぜいきょうじょ》の歌もそうで、上記二人の歌と合わせて読んでみると、①夢の中なら逢える、②恋すると相手の夢の中に現れる、③逆に自分の夢の中に相手が現れる、といったパターンが抽出される。

これらの三点が、新海監督がいう「夢の中で出会うところ」にあたる。そこから一ひねりを加え、新海が「夢の中ですでに自分ではない相手としてもう出会っている」と語るのは、要するに男女が入れ替わっているということである。このひねり具合は『とりかへばや物語』経由の設定であろう。このひねりが単なる三幕構成にはない構成上の妙を生み出していると思われる。

　これらの引用先と、タイムリープものの SF（たとえば筒井《つつい》康隆《やすたか》原作の『時をかける少女』と共通する）とが分離＝接合してできあがったのが、『君の名は。』である、というのが私なりの読みである。

※付言：②の室町時代の御伽草紙『転寝草紙』（作者不明）。物語は石山寺の座主《ざす》の妹である姫が、夢の中で斎院《さいいん》からの手紙と思って開いたら、男の筆跡で和歌が記されているという筋で、その和歌は「思ひ寝に見る夢よりも はかなきは 知らぬうつつの よその面影」（貴女のことを考えながら寝たときにみた夢よりもはかないのは、現実では知らない貴女のまだみぬ面影です）というもの。新海監督はこの歌も念頭においたのではないかと、私は考えている。また③の泉鏡花の『春昼』。これは神奈川県逗子《ずし》郊外の岩殿寺《がんでんじ》を訪れた作者が、住職から若い男が資産家の美しい妻に焦がれ死にしたという話を聞く。どうやら男女は同じ夢をみていたらしい、という話である。その他、男女の入れ替わりをモチーフにした小説に、山中恒《やまなかひさし》の『おれがあいつであいつがおれで』、マンガに、押見修造《おしみしゅうぞう》の『ぼくは麻理のなか』がある。

この機会にこれらを一気読みしたらいかがだろうか。

「彼方《かなた》」(未来)からやって来る夢

ここからは、先ほどの引用先の話も踏まえた上で、本作の中核をなすキーワード「夢」について詳しく分析していこう。『君の名は。』に現れた夢を理解するためには、日本の古代・中世における夢がいかなるものだったかを考える必要がありそうだ。

なぜなら冒頭で述べたように、現在私たちがみる夢は一般的に「過去」に経験したものがなんらかの変形を伴ってみるとされているが、『君の名は。』の夢は、日本の古代・中世における夢と同じように、相手を思えば相手の夢に登場できる、あるいは同じ夢をみることができるというもので、ベクトルが過去というよりむしろ「彼方」(未来)に向いており、そちらからやって来る体のものだからだ(以下、少し詳しくなるが、ご勘弁のほどを)。

まず古代の夢で注目すべきは、『古事記』の崇神記《すじんき》や安康記《あんこうき》に掲載された「神牀《かむとこ》」である。これは神を祀《まつ》る床《とこ》で、夢の神告《しんこく》(「夢の辞《ことば》」「夢の訓《おしえ》」「夢の教」などと呼称)を受けるため潔斎《けっさい》し(清め)た寝床のことである。したがって往時《おうじ》においては、王にとって夢をみる力が、古代の王権を維持するための要素であったことが分かる。

あるいは（もしイメージしにくいのなら）、厩戸皇子《うまやどのおうじ》（聖徳太子《しょうとくたいし》）が夢をみるために作った聖所である夢殿《ゆめどの》を想起すればいい。夢殿はもともと、斑鳩宮《いかるがのみや》の寝殿の傍らにあった屋で、天平《てんぴょう》期（七三九年頃）に現在地（東院伽藍《とういんがらん》）に移ったが、皇子はここで夢をみていた。ただしこれは「神牀」というより「禅定《ぜんじょう》」（仏教的な瞑想《めいそう》）に近く、ここで仏典の注釈書である『三経義疏《さんぎょうぎしょ》』を記したという。したがって重要なことは、夢をみることが公的行為から私的行為へ変わったことだろう。

じつは古代において夢は「ユメ」ではなく、「寝目」と記して「イメ」と読んだ。これは睡眠中の目という意味である。『万葉集』では「伊目」「伊米」と表記され、倫理学者の古川哲史《ふるかわてつし》によると、九六首ほど夢に関する歌が収録されているという。「ある人を思うと相手の夢の中に現れる」という、先の小野小町の和歌に流れ込むような歌が多いが、「白たへの　袖《そで》折り反《かえ》し　恋ふればか　妹《いも》が容儀《すがた》の　夢にし見ゆる」（白妙《しろたえ》の袖を折り返すと、恋する彼女の姿が夢にみえる）という歌では、袖を反すと相手の夢に現れるという俗信が存在したことが分かり興味深い。

ともあれ奈良時代には、個人的な人倫関係の詠嘆《えいたん》に夢がモチーフとして使われており、これが平安時代、小野小町の「夢としりせば さめざらましを」の和歌などに継承されていき、やがて『君の名は。』における瀧と三葉の夢に結実すると考えることができる。「夢の民主化」はこうして果たされたわけだ。

※付言：日本に現存する最古の説話集である景戒《けいかい》の『日本霊異記《りょういき》』（平安初期）には、「幽体離脱」の夢の話が掲載されている。『君の名は。』をみたとき、この説話との照応関係があると思えてならなかった。男女の入れ替わりとは、「幽体離脱」した「魂」が相手の身体に入ったことであると考えることもできそうだ。いわば「器」としての身体という観点で論じることも可能であろう。

夢見のシステム

さてまた平安時代から中世にかけては、「参籠通夜《さんろうつや》」という夢をみることを目的に寺社に籠《こも》る風習があった。

有名な場所は、長谷寺《はせでら》、石山寺や清水寺であるが、他にも六角堂、根本中堂、春日《かすが》社、東大寺、興福寺、住吉社、熊野、伊勢など畿内を中心に「参籠通夜」が行われた（文献が貴族や僧侶《そうりょ》のものなので、他の地域のそれは不明。またその様子は絵巻物の『石山寺縁起《いしやまでらえんぎ》』『粉河寺縁起《こかわでら》』などに描かれている）。仏堂の場合、外陣《げじん》（一般参詣者《さんけい》が坐《ざ》す東西の室）が祈りの場で、身分が高い人が「参籠通夜」を行った場合、局《つぼね》（小部屋）が与えられ、中には内陣《ないじん》（本尊《ほんぞん》を安置してある中央部）の縁の下で行う「床下《ゆかした》参籠」もあったという。要するに、仏堂の外陣・局、内陣の床下が、夢を乞《こ》うための空間であったわけである。

では平安時代から中世における夢は、どういう機能を果たしていたのだろうか。菅《すが》原 孝標女《わらのたかすえのむすめ》の回想録である『更級日記《さらしな》』を導きとして説明を試みよう。

周知のように『更級日記』は、菅原孝標女が一三歳のときに、父親の赴任《ふにん》地であった上総《かずさ》から帰京する旅からはじまり、その後の宮仕《みやづか》え・結婚・夫との死別などを日記形式で執筆したものであるが、古典好きには夢関連の記事が多いことで名高く、一一例ほど出てくる。

「参籠通夜」の例をあげると、菅原孝標女の母が、ある僧侶を使者に立て、娘の代わりに長谷寺で三日間籠もり、将来がどうなるか夢で示すように祈願する。そこで僧侶が高貴な女性の夢をみたところ、寺に奉納《ほうのう》する鏡に倒れ伏して号泣している人影が映っていた、という話である。

この話のポイントを整理すると、①長谷寺は観音《かんのん》信仰で有名、②夢見をする人の身体は「器・入れ物」（依《よ》り代《しろ》）、③夢は日中の残滓や欲望（過去）から生まれるのではなく、彼方（未来）からやって来る、等々である。もっとも興味深い点は、本人ではなく他人に依頼して代わりに夢をみてもらえたことだろう。

じつは平安時代から中世にかけて、私が知る限り、有名な『蜻蛉《かげろう》日記』、『枕草《まくらのそう》子《し》』や『今昔《こんじゃく》物語集』をはじめ、『曾我《そが》物語』『古今著聞集《ちょもんじゅう》』『百錬抄《ひゃくれんしょう》』『玉葉《ぎょくよう》』『看問《かんもん》日記』『建内記《けんないき》』『夢記《ゆめのき》』等々に夢の話が掲載されている。また『平家物語』などの軍記物や、（当然の事ながら）慶滋保胤《よししげのやすたね》の『日本往生《おうじょう》極楽記』などの往生伝にも夢の話が掲載されているが、些事《さじ》に拘《こだわ》らず、それらを総合して語るなら、夢は神仏・死者からのメッセージで、「夢語り」「夢解き」「夢あわせ」や「夢祭」といった「夢見のシステム」が形作られていたことが分かってくる。図で示すと**図１‐３**の通りである。

この図を参考にまとめると、夢見をする人は「参籠通夜」などを通じて、神仏や死者からメッセージを彼方（未来）から受け取る。当時は浄土《じょうど》教の影響が強かったので、阿弥陀来迎《あみだらいごう》、すなわち阿弥陀如来《あみだにょらい》が西方から雲に乗って迎えに来るというイメージだろう（ＩＴの用語でいえばクラウド）。

そして夢のメッセージを解読してもらうため、霊能力にすぐれた巫女、修験者《しゅげんじゃ》や陰《おん》

図1-3　古代・中世の夢見のシステム

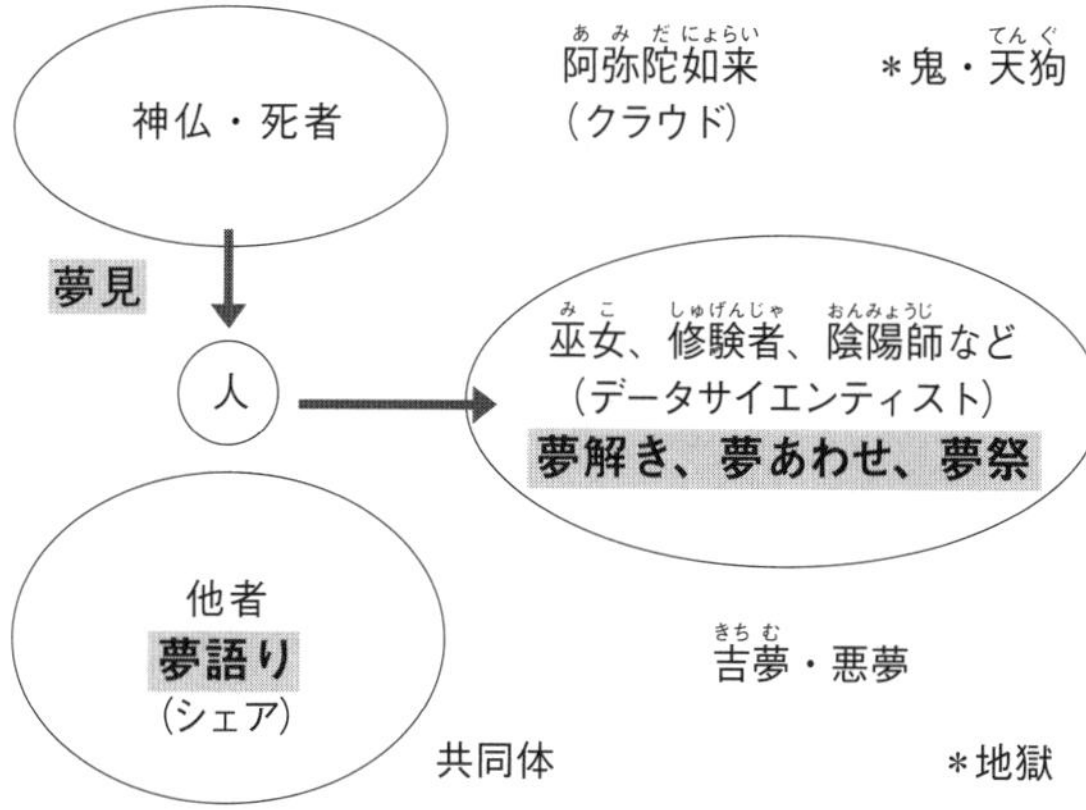

陽師《みょうじ》、いわば当時のデータサイエンティストたちに「夢解き」をしてもらう。その際行われた「夢あわせ」は、その夢の内容から吉凶《きっきょう》を判断すること。また「夢祭」は、悪夢を見たときに災いが起こらないように祈ることである。

他方、悪夢はしばしば鬼や天狗《てんぐ》の仕業と考えられたので、源信《げんしん》の『往生要集《ようしゅう》』で体系化された恐ろしい地獄への忌避《きひ》があったと思われる（第2章参考）。『平家物語』に記された清盛《きよもり》の妻・平時子《たいらのときこ》がみたという夫（清盛）が無間《むげん》地獄に落とされる悪夢が有名だろう。

興味深い点は、ある人（ハブ）がみた夢を他者に語る「夢語り」というシステムによって、夢の情報が共有（シェア）されたことである。当然宮廷内外では藤原北《ふじわらほっ》家《け》や院を中心とした勢力争いがあるので、利害関係がある連中がグループ（クラスター）を作り、お気に入りの巫女、修験者や陰陽師に「夢解き」をしてもらったのだろう。そしてそれらのグループ同士が対立しながらも結びつき、結果として「夢見のコミュニティ」みたいなものが宮廷周辺に形作られていたと考えられる。

そうすると「吉夢」を奪おうする不埒《ふらち》な輩《やから》が出てくるが、私の知る範囲では『宇治《うじ》拾遺《しゅうい》物語』と『沙石集《しゃせきしゅう》』にその手の話が掲載されている。

以上の例から、夢という心的現象は、今日の私たちが考えているような「過去」に経験したものがなんらかの変形を伴ってみるものではなく、「彼方」に存在するものに由来し、（多くは）「未来」からやって来る「予知夢」みたいなものだと、長い間、日本人は考えていたことになる。この点で『君の名は。』は、その正統な後継といえるだろう。明治以降の近代的思考にのみ囚《とら》われて考えると、本作の歴史的かつ文学的な意義を取り損なうので注意したい。

※付言：これまでの夢研究は、古川哲史、西郷信綱《さいごうのぶつな》、酒井紀美《さかいきみ》がおのおの単著を著しているので、巻末の

文献を参考にしてほしい。「参籠通夜」に関しては、フランスを代表するアナール学派の歴史家ジャック・ルゴフの『中世の夢』などを援用して「聖所での夜籠もり《インキュベーション》」という文脈で語る場合が多い（西郷、酒井）。しかしながら私は、①エルヴェ・ド・サン・ドニによる夢操作の研究、②カール・グスタフ・ユングのいう元型《げんけい》、集合的無意識、③可能世界論、とくにデイヴィッド・ルイスの可能相対主義、と分離＝接合が可能な研究領域だと考えている。機会があれば論じてみたい。なお夢の中でみた連歌《れんが》の上の句に続けて句を付けようという「夢想連歌」（法楽《ほうらく》連歌）が、鎌倉時代半ばからはじまり、室町〜江戸初期に大流行した。その上の句を詠んだのが、地蔵菩薩《ぼさつ》、文殊《もんじゅ》菩薩、春日《かすが》明神《みょうじん》、北野《きたの》天神《てんじん》、石清水八《いわしみずはち》幡《まん》神などで、阿弥陀仏や観音でないところが興味深い。

セカイ系の「脱構築」

夢についてとりあげるのはこの辺にして、ここからは、本作とこれまでの新海誠監督による作品との対比を行いたい。というのも、本書は一〇年代のアニメ論なので、『君の名は。』がジャンル批評の文脈、また新海作品群の中でどういうポジションを占めるかを問うことは、避けて通れない課題であるからだ（**図1-4参考**）。

まず本作は、ゼロ年代前半に注目された「セカイ系」への回帰とみることができると思う。「セカイ系」とは、「きみとぼくという小さな関係性が、世界の危機やこの世の終わりといった抽象的大問題に直結する作品群」を意味し（前々著一一〜一二頁参考）、新海作品でいえば、第四作の『ほしのこえ』（〇二）と第五作の『雲のむこう、約束の場所』（〇四）といった初期作が該当する。

とりわけ『ほしのこえ』は、携帯メールをモチーフとし、地上と宇宙に離れた中学生のノボルとミカコとの超遠距離恋愛の話。トレーサーという人型有人探査機（ロボット）が登場するSF設定ながら、言葉では伝えにくい感情を映像と音で見事に表現し、新海誠の名を世に知らしめた出世作であるが、評論の世界では、谷口流《たにぐちながる》の『涼宮《すずみや》ハルヒの憂鬱《ゆううつ》』、高橋《たかはし》しんの『最終兵器彼女』、秋山瑞人《あきやまみずひと》の『イリヤの空、UFOの夏』などとともに、セカイ系の代表としてゼロ年代の論壇《ろんだん》では語られた。

こうした定義を『君の名は。』に当てはめてみると、「きみとぼくという小さな関係性」は三葉と瀧との関係が、また「世界の危機やこの世の終わりといった抽象的大問題」はティアマト彗星による糸守町の破壊（の危機）が当てはまる。そのため、セカイ系への回帰だと指摘するわけである。

ただし時間と空間の観点から考え直してみると、『ほしのこえ』と『君の名は。』は

図1-4　新海作品一覧

作品	内容	ジャンル
①『**遠い世界**』（1997）	1分28秒、2D短編アニメ。	
②『**囲まれた世界**』（1998）	30秒、3D短編アニメ。	
③『**彼女と彼女の猫**』（1999）	一人暮らしの女の子と猫の短編作品。事実上のデビュー作。	
④『**ほしのこえ**』（2002）	地上と宇宙に離れた2人の超遠距離恋愛の話。新海誠の名を世に知らしめた出世作。	セカイ系
⑤『**雲のむこう、約束の場所**』（2004）	日本が南北に分断統治されたという設定で、もう1つの戦後を描いた初の長編作品。	セカイ系
⑥『**秒速5センチメートル**』（2007）	主人公は遠野貴樹《とおのたかき》で、彼を取り巻く3人の女性との魂の彷徨《ほうこう》を描いた3本の短編からなる連作アニメ。	ディスコミュニケーション
⑦『**星を追う子ども**』（2011）	少女アスナは地下世界アガルタから来たという少年シュンに出会うが、突然姿を消してしまう。その後、少年シンと教師モリサキが現れる。そこに開かれるアガルタへの扉。3人は伝説の地へ旅立つ。	基本はファンタジー＋設定に若干のオカルト的要素
⑧『**言《こと》の葉《は》の庭**』（2013）	靴《くつ》職人を目指す高校生タカオは、きまって雨の日は自主休校し、日本庭園で靴のスケッチに励んでいた。そこで出会ったのは年上の女性ユキノ。2人は逢瀬《おうせ》を重ねるが……。	ディスコミュニケーション

大きく異なる。

すなわち『ほしのこえ』の場合、直線的な時間ながら、ミカコが地球から離れていくことで、最終的にメールが届くのに八年七ヶ月かかる。つまり空間が離れるにしたがって、二人の間に流れる時間に「差延《さえん》」（ズレ）が生じていくわけである。対する『君の名は。』の場合、三年前に存在する三葉が、「基準点」（基準時間）の瀧と入れ替わるという設定である。しかもその時間は直線的に流れるのではなく、メビウスの帯のように、「捻れて絡ま」っているので、三葉と瀧との関係は「途切れ、またつなが」るわけである。そういう意味で一見セカイ系への回帰とみせて、時空間の観点からそれを「脱構築」（組み立て直）していることが了解できるだろう。

「ディス」しないコミュニケーション

つぎに第六作の『秒速5センチメートル』（〇七）および第八作の『言の葉の庭』（一三）と比較してみよう。

まず『秒速5センチメートル』の主人公は遠野貴樹《とおのたかき》で、彼を取り巻く三人の女性との魂の彷徨《ほうこう》を描いた三本の短編からなる連作アニメである。すなわち「桜花抄《おうかしょう》」（一幕）では、小学校卒業と同時に親の都合で離れ離れになった貴樹と篠原明里《しのはらあかり》との再会が、「コスモナウト」（二幕）では、高校生の貴樹に想いを寄せる澄田花苗《すみだかなえ》との関係が描かれ、最後の表題作（三幕）では、東京でシステムエンジニアとして働く貴樹が、水野《みずの》という女性と付き合った末に別れ、彼も会社を辞めるという流れである（以上、三幕構成）。

この作品のテーマは一言でいえば、二人の間のディスコミュニケーション（対人関係におけるコミュニケーション不全を意味する和製英語）といえる。これは『言の葉の庭』とも共通する。

『言の葉の庭』は、靴《くつ》職人を目指す高校生のタカオが、雨の日に自主休校した日本庭園で年上の女性ユキノと出会い、逢瀬を重ねるという話で、心の揺れを見事に映像で表現した評価が高い作品であるが、年齢差のギャップもあり、それが相互の不理解、つまりはディスコミュニケーションにつながっている。

では『君の名は。』はどうであろうか。

こちらの三葉と瀧との関係は、そもそも入れ替わりがテーマなので表裏一体であり、いわば二人三脚で糸守町を壊滅から救うために奔走する。つまりディスコミュニケーションどころか、密接で切り離せない関係である。ラストで新たなはじまりを予感させるのは、コミュニケーションが「途切れ」たかのようにみせかけて、最後は「つなが」るように取り計らったからだと考えうる。

このラストシーンは、以前からの新海ファンの評判は決して良くない。「初恋は実らない」派の私も最初みたときは、「これは製作委員会方式の要請による日和見《ひよりみ》主義だ」とさえ思った。

しかしながら、これまでの分析をへた今では、物語のテーマや構造からの必然的な帰結だと認識を新たにすべきだと私は考えている。三葉と瀧とのコミュニケーションは断続的につながっているのだから（なお新海監督自身はＲＡＤＷＩＭＰＳによる挿入歌「なんでもないや」で結末を決めたという）。

※付言：『言の葉の庭』では、『万葉集《まんようしゅう》』に収録された相聞歌《そうもんか》（恋人や夫婦の間で詠みかわされた歌）である「雷神《なるかみ》の 少し響《とよ》みて さし曇り 雨も降らぬか 君を留《とど》めむ」（雷が鳴り曇ってきたので雨が降らないかしら。そしたら貴方《あなた》を引き留められるのに）が重要な意味を表している。『万葉集』全体は「ますらをぶり」（賀茂真淵《かものまぶち》）といわれるように、男性的な歌風であるので、映画を視聴した当時（女性の歌ながら）これを使うより、『古今和歌集』以降の「たをやめぶり」＝女性的な和歌から引用すべきだと思っ

た。なぜならこの作品では、新海作品の丁寧な作画、四季や空の巧みな表現、間《かん》ショット（無人ショット、風景や静物などをシーン転換の間に入れるショット）の多用などによって奥行きがあり、映像芸術としてみても非常に女性的な繊細さがあったからだ。それゆえ私は、「映像が『たをやめぶり』なら、国風文化の文学作品から引用した方がよいのでは？」と、素朴な疑問を抱いたのである。ところが『君の名は。』における、小野小町の和歌「夢としりせば さめざらましを」の参照で納得した。要するに『言の葉の庭』と『君の名は。』は、同じ遺伝情報を有する「一卵性双生児」のような作品であり、本作こそが前作の応答だったとも考えられるわけである。このような再発見ができるのも、新海作品の魅力のひとつであると、私は考えている。

糸守湖はどこにあるのか

いよいよ本章も終わりが近い。最後に分析するのは、糸守町を襲うティアマト彗星という災害と、私たちが経験したかの震災について、である。

おさらいになるが『君の名は。』は、瀧と三葉の身に起きた男女の入れ替わりがモチーフであると同時に、一二〇〇年ぶりに地球に接近したティアマト彗星（実際には存在しない虚構の彗星）をめぐる出来事を描いた物語でもある。

たしかに作品内では糸守町は壊滅から救われたのだが、「可能世界」（Possible Worlds）、つまり現実世界は「無数の可能世界のひとつ」という哲学や論理学の考えを援用するなら、糸守町が壊滅した世界もありえるという論理的な答えがえられる。つまり無数の可能世界のひとつにおいて、(瀧と三葉には申し訳ないが)ティアマト彗星の落下により宮水神社を中心とした糸守町が壊滅した世界も現に存在すると考えることも可能だろう。

ところで、彗星や小惑星といった宇宙にある天体が、地球など他の天体に衝突することを「天体衝突」という。その際、隕石《いんせき》の落下を伴う場合は、「隕石衝突」(隕石落下)と称され、衝突された側の天体には「クレーター」(衝突クレーター)が形成されることも多々ある。また隕石を研究する学問は「隕石学」(Meteoritics、メテオリティクス)といわれるが、隕石からは、太陽系の形成や地球上の生命の起源などに関する謎を解き明かすための多くの情報を引き出せるので興味深い。

『君の名は。』の舞台である糸守町には、一二〇〇年前に隕石が落下してできたという糸守湖がある。これはクレーターに水が貯まってできた湖で、長野県の諏訪湖《すわこ》がモデルといわれているが、実際の諏訪湖は隕石が落下してできた湖ではない(写真をみるとたしかによく似ているが)。

では糸守湖のような湖は存在しないのか。答えは「否」である。じつは世界には、隕石落下により形成されたクレーターに、水が貯まってできた湖が存在する（ここでのクレーターに関する議論は第3章にもいきてくるので憶えておいてほしい）。

カナダのケベック州にあるピングアルイト、通称ニュー・ケベック・クレーターがそれである。直径は約三キロメートル、お椀の形のクレーターで、その内部は満々と水が湛えられた湖となっている。また同じカナダのモントリオールには、クリアウォーター・レイク・クレーターという双子のような二つのお椀型の湖がある。直径は二二キロメートルと三二キロメートルなので、かなり大規模な「天体衝突」が起こったと考えられる。

ここで『君の名は。』のクライマックスにおいて、ティアマト彗星が衝突した場面を思い起こそう。彗星は大気圏に突入した後、いくつかのパートに分かれ、そのひとつが再び糸守町を襲う。その大爆発により町は消滅し、巨大なクレーターができあがった。

惑星物理学が専門の松井孝典《まついたかふみ》によると、隕石の衝突速度は音速（摂氏〇度で秒速三三一・五メートル）を超えた秒速一五キロメートル（時速五万四〇〇〇キロメートル）以上だという。したがって圧力波は高密度の衝撃波となり、それによって大爆発が起こる。

この衝撃がどれほどのものかは、一三年、ロシアのチェリャビンスク州で起きた隕石落下を思い起こせば想像に難くないだろう（知らない人はYouTubeの動画をご参考に）。いずれにせよその大爆発が、隕石の体積の一万倍以上もの容量の地表物質を吹き飛ばし、そのあとには巨大なクレーターができあがるわけである。『君の名は。』のティアマト彗星による糸守湖の破壊のシーンは、この科学的事実をおさえてみるなら、かなりリアルに映像で再現していたと思う。

本筋に戻ろう。私がこのクライマックスのシーンをみながら連想したのは、一一年に起きた東日本大震災における津波のことである（おそらく多くの視聴者も連想したはずだ）。この意味でいうと、本作には「ハードサヴァイヴ系」（筆者の造語、圧倒的な力に対する人間の無力感を表象した作品群、前々著二〇八〜二一一頁参考）の要素もあると考えうる。

作中で瀧が三年前の彗星衝突事件そのものを忘却していたように、私たちの社会もまた震災の記憶が風化しつつある。この記憶の忘却というテーマを言外に語ったのではないかという推理を許容する意味においても、『君の名は。』は、一〇年代アニメを語る上ではずせない作品だと考えている。

※付言：糸守湖のモデルとされる長野県の諏訪湖の湖畔には、諏訪神社（上・下社）が存在する。諏訪神社の祭神である須波神《すわのかみ》は、もともと須波の鎮守神《ちんじゅがみ》であったが、大和《やまと》政権からは「蛇を象徴動物とする水神」として信じられたという。その原因は「御神渡《おみわたり》」、つまり冬の厳冬時に諏訪湖が氷結し、夜中に気温が下がると氷に亀裂が入る。翌日さらに気温が下がると、その亀裂の部分の氷が盛り上がり、水面に竜蛇《りゅうだ》のような氷列ができるという自然現象にあるらしい。それはともかく、諏訪神社→宮水神社、水神への祈りという二点で考え直すと、やはり東日本大震災の犠牲者への哀悼《あいとう》を感じる。このように謎が多いとされる諏訪信仰の文脈で本作を考えるという読み方も可能であると思われる。私には少し難しい課題なので、今回は議論を展開しなかった。

第2章

『鬼灯の冷徹』
生死の境界が喪われた時代に現れた鬼たち

「再境界化」するアニメ

「隠《かく》り世《よ》」（あの世）つながりで、本章では『鬼灯《ほおずき》の冷徹』をとりあげる。

今日、私たちの世界ではあらゆる「境界」の必然性が喪失していると思われる。私がいう「境界」とは、国と国とを分断する「国境」や「壁」といった強固なものではない。

たとえば本作に関係する「あの世」と「この世」の「境界」を考えてみよう。

記紀、すなわち『古事記』と『日本書紀』が伝

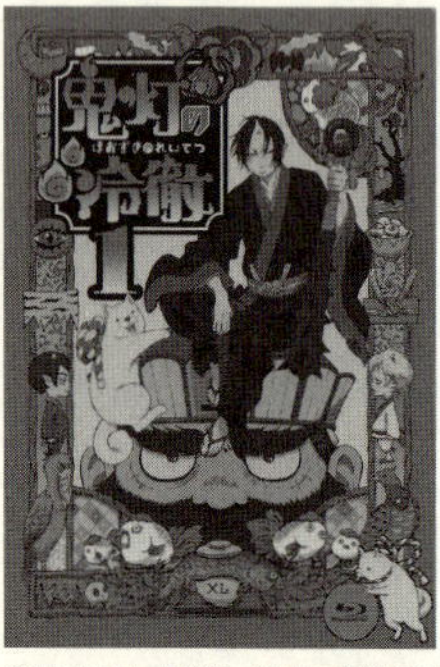

©江口夏実・講談社／鬼灯の冷徹製作委員会

える日本の古代において、生と死を分離する境界は「黄泉比良坂《よもつひらさか》」と呼称された。この坂の彼方《かなた》には、死後の世界である「黄泉《よみ》の国」が広がっていた。また仏教の伝来とともに、生前に悪行を働いた者が落ちる「地獄」が信じられ、地獄絵をみることにより往時《おうじ》の人々は極楽浄土《じょうど》を願った。

ところが現代の日本人は、「黄泉の国」や「地獄」の存在を絵空事と受け取る人が大多数であると思われる。

私自身もそうであるが、死後の世界が伝承された通りだとは思われない。五分五分の中途半端な信仰心といったところである。

しかしながら逆説的ではあるが、それだからこそ「新たな境界」の設定によって時空を区切ろう、少なくとも日本人のいにしえの信仰心を明らかにしようとする文化的な試みが、学問の分野、すなわち宗教学、民俗学や昔話研究で行われている。この傾向を「再境界化」と、私は呼んでいる。「再境界化」とはたんに「境界」を作るわけではなく、これまでの「境界」を攪乱《かくらん》し、内部から揺さぶりをかけ「新たな境界」に置き換えるイメージをもっていただけたらいいと思う（たとえば柳田國男《やなぎたくにお》の民俗学は、日本社会のもろもろの民俗を「新たな境界」＝柳田民俗学として体系化したという案配)。

そしてその試みは、映画、マンガ、アニメ、ラノベなどポップカルチャーの分野でも当然起こってくるはずで、「あの世」と「この世」との境界を引き直し、現代に「地獄」の世界を構築し直したという点において、『鬼灯の冷徹』は注目に値するだろう(この逆説は、アメリカの社会批評家モリス・バーマンがいう世界の「再魔術化」と響き合った現象だと考えている。「再魔術化」とは、現代社会は、科学技術の発展の結果、魔術から脱した合理的社会だからこそ、逆に魔術化するという意味。たとえば科学的思考をしているはずの現代人が、新しい魔術ともいえる占いやオカルトに心のよりどころを求める心性は、この「再魔術化」のゆえだと考えられる)。

そこで本章では「再境界化」、つまり境界の再設定という文脈で、宗教学、民俗学や昔話研究を援用しながら『鬼灯の冷徹』を分析していこうと思う。

関係性消費としての『鬼灯の冷徹』

本作は、江口夏実《えぐちなつみ》によるマンガが原作である。

アニメは、一四年に第一期、一七年から一八年にかけて第二期がテレビ放映された。

監督は、第一期が『君に届け』や『となりの怪物くん』で名高い鏑木《かぶらぎ》ひろ、第二期は『暁《あかつき》のヨナ』や『カブキブ！』で知られる米田和弘《よねだかずひろ》である。二人とも堅実なアニメ作りを行っているが、とりわけ絵巻物や地獄絵を参考にしたフラット（平面、二次元的）な画を背景に、その前面で生き生きとキャラクターが躍動しており、ファンからの評価が高い。

また原作は一話完結であるが、アニメ化にあたって二話を一話にまとめるなど、シリーズ構成者・後藤《ごとう》みどりの仕事もさえをみせている。江口へのインタビューによると、「複数のエピソードを使って脚本化するとき、……私の方から修正・提案を出すことも」あったらしく、それゆえ原作ファンも納得する作品に仕上がったのだろう。

さて、世界にはさまざまな地獄観があるが、本作の舞台は「日本の地獄」をベースにしており、「獄卒《ごくそつ》」（地獄で亡者《もうじゃ》を責めるもの）を担当する住人を主に描いたブラック・コメディである（したがって裁かれる亡者はおおむねモブキャラ）。

原作第一巻の冒頭から引用すると、「戦後の人口爆発、悪霊（貞子《さだこ》とか）の凶暴化、あの世は前代未聞の混乱を極めていた」とある。そうした状況下で（優柔不断な）閻《えん》魔《ま》大王に代わって地獄を統率しているのが、本作の主人公たる閻魔大王第一補佐官の鬼灯である。また彼とともに、女癖が悪く、いつも喧嘩相手になる中国の神獣《しんじゅう》・白澤《はくたく》。鬼退治の昔話で有名な桃太郎とそのお供である犬・猿・雉《きじ》。新人の獄卒である唐瓜《からうり》と茄子《なすび》。第二期から登場する座敷童子《ざしきわらし》の一子《いちこ》と二子《にこ》などが脇を固めている。もちろん彼ら以外にも神話・昔話・民話・古典・怪談ものなどで描かれたあらゆる「もの」が出演している（本章で言及する範囲でいえば、お岩《いわ》さん、八岐大蛇《やまたのおろち》、一寸法師《いっすんぼうし》、舌切り雀《すずめ》、分福茶釜《ぶんぶくちゃがま》など）。しかもキャラクターは国内の「もの」に限定されず、ヨーロッパ（「EU地獄」）のサタンやベルゼブブ、ギリシア（「ギリシャ冥界《めいかい》」）のハデス、エジプト（「エジプト冥界」）のアヌビス神やトト神なども登場する。

　この件に関する江口のインタビューによると、氏は学生時代から水木《みずき》しげるの妖怪マンガをはじめ、鳥山石燕《とりやませきえん》、河鍋暁斎《かわなべきょうさい》や葛飾北斎《かつしかほくさい》の絵画などに傾倒していたという。また（これは想像だが）マンガを描きながら、世界の冥界のことを本格的に調べたのではないかと思われる。

　それはさておき本作では、主人公の鬼灯を中心に、特別なテーマや物語が展開されるというよりは、複数のキャラクターの日常、愛や憎しみなどの関係性が描かれている。この点では、前著第五章でとりあげた『デュラララ!!』と双璧《そうへき》であり、したがって「関係性消費」の文脈でまず楽しむ作品であるといえるだろう。

黄泉の国

『鬼灯の冷徹』は死後の世界を描いた作品だが、現実の私たち生きた人間にとって、死後の世界とはそもそもいかなるものだったのだろうか。その存在は有史以来、世界各地で信じられてきた。

その理由は多々あろうが、ドイツの哲学者マルティン・ハイデガーの『存在と時間』を援用するなら、次のように答えることができるだろう。すなわち、私たち人間は〈死へ臨む存在〉、つまり死を避けられない存在としての自覚（〈先駆《せんく》的覚悟性〉）をもって実存しており、かつ歴史的に伝承された「運命」、つまり「民族」（Volk、民衆）としての「共同―運命」を自らのうちに担っているからである、と。

これを噛み砕いていうと、まず私たち人間は他の動物とは相違して、死を免れることが不可能な存在ということを認識している唯一のものである。また各人は一人で孤立しているわけではなく、家族（血縁）や地域社会（地縁）といった共同体の庇護のもとで成長していく。したがって（再びハイデガーらしくいうなら）、私たちは家族や地域社会といった共同体（この世）の運命をも担っているので、宗教や民俗信仰のようなものに自己同一化し、共同体の向こうにあると考えられる死後の世界（あの世）を望むのだ、ということである。

このような死後の世界をめぐる考えには、日本独自の展開があった（**図2‐1参考**）。

先述したように、記紀が伝える日本の古代において、生と死を分離する境界は「黄泉比良坂」と呼称され、この坂の彼方（地下）には、死後の世界である「黄泉の国」が広がっていた。他方、天上にあるのが「高天原《たかまがはら》」、海上にあるのが「常世《とこよ》の国」で、これら三つの世界が存在したとされた。

「黄泉の国」は死者が赴く汚れた世界、「高天原」は天照大神《アマテラスオオミカミ》が治める神々の清い世界、「常世の国」は祖霊《それい》が集まる地である。要するに死後の世界には三つの種類がある、と記紀が記す古代の人々は考えたわけである。

たとえば『鬼灯の冷徹』にもキャラクターとして登場する、伊邪那岐命《イザナギノミコト》と伊邪那美命《イザナミノミコト》。彼らの『古事記』に記載された逸話は有名である。

すなわち伊邪那岐命は、死んだ妻である伊邪那美命にもう一度会いたくなり、「黄

図2-1　日本神話の死後の世界（他界）

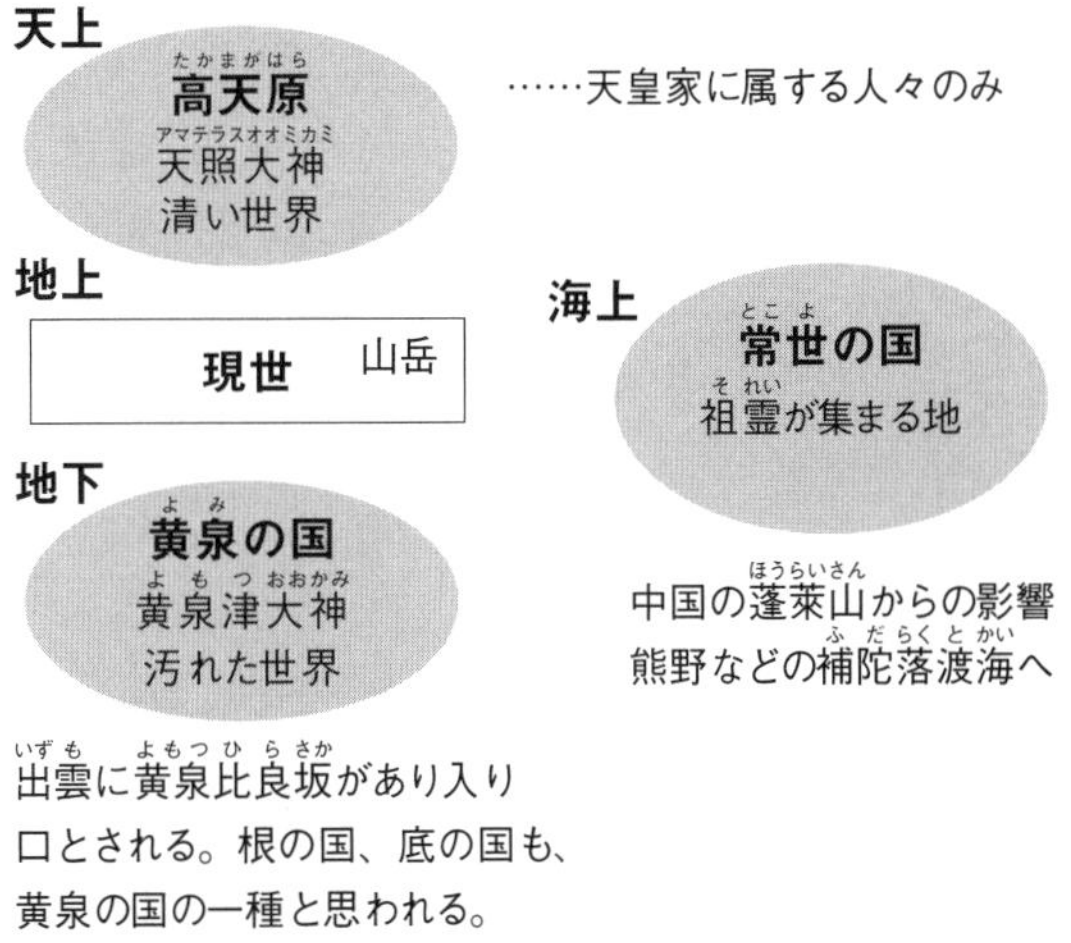

泉の国」を訪問する。伊邪那美命は「黄泉の国」の神に相談するから、その間自分の姿をみないようにと告げるものの、こらえ性のない伊邪那岐命は約束を破ってしまう。そこには腐り果てた妻の姿があった、という話である。

他方、神話学に限らず考古学の分野でも、そうした信仰形態があったことが証明されている。考古学者の辰巳《たつみ》和弘《かずひろ》によると、海沿いにある洞《どう》窟《くつ》遺跡（古代には墓の機能があった）から出土した船形の木棺《もっかん》や、装飾古墳の壁画に描かれた霊船《れいせん》や馬には「常世の国」を望む古代人の想いが込められているという。つまりこれらの事実から、仏教伝来以前の日本人には、「黄泉の国」を厭《いと》い、「常世の国」に憧れる信仰があったと考えられる。

これら神話学や考古学の知見をもって『鬼灯の冷徹』の死後の世界をみてみると、その世界観の重層性に気づかされる。つまり本作は、単なる「地獄」を描いた作品ではなく、それにプラスして日本に古くから伝承されてきた「黄泉の国」が二重になった結果、重層的な死後の世界を活写した作品といえるわけである。

地獄

では、本作の重要なモチーフとしての「地獄」はどうであろう。『鬼灯の冷徹』をより深く読み解くためには、仏教の世界観を把握しておく必要がある。些末《さまつ》にならぬように配慮して整理してみよう（**図2 - 2参考**）。

仏教の重要な概念として「輪廻《りんね》転生」がある。すなわちこの世に存在するすべての生き物は、欲望に惑わされた「業《ごう》」によって、善悪の果報《かほう》（因果応報）を受けて「天道・人道・阿修羅《あしゅら》道・畜生《ちくしょう》道・餓鬼《がき》道・地獄道」からなる六道《りくどう》に流転《るてん》し続けるという。このうち善を行った者は、「天道・人道・阿修羅道」に転生する。他方、悪を行

図2-2　仏教における死後の世界

善を行った者→天道・人道・阿修羅《あしゅら》道へ転生

悪を行った者→畜生《ちくしょう》道・餓鬼《がき》道、そして**地獄道**へ転生

八大地獄　（罪）

等活《とうかつ》	…殺生《せっしょう》
黒縄《こくじょう》	…偸盗《ちゅうとう》
衆合《しゅごう》	…邪淫《じゃいん》
叫喚《きょうかん》	…飲酒《おんじゅ》
大叫喚	…妄語《もうご》
焦熱《しょうねつ》	…邪見《じゃけん》
大焦熱	…犯持戒人《はんじかいじん》
無間《むけん》	

八寒《はちかん》地獄

頞部陀《あぶだ》
尼剌部陀《にらぶだ》
頞哳吒《あせちだ》
臛臛婆《かかば》
虎虎婆《ここば》
嗢鉢羅《うはら》
鉢特摩《はどま》
摩訶鉢特摩《まかはどま》

＊偸盗は盗み、妄語はうそ、邪見は仏教の教えと相反する考え、犯持戒人は尼僧《にそう》への強姦のこと。なお無間地獄へは上記７つの罪を犯した者が落ちるという。

＊八大地獄は等活から大焦熱まで縦横１万由旬《ゆじゅん》（一説では１由旬は7㎞）で、無間地獄のみ縦横２万由旬あるという。八寒地獄の大きさは不明だが、同様かと思われる。

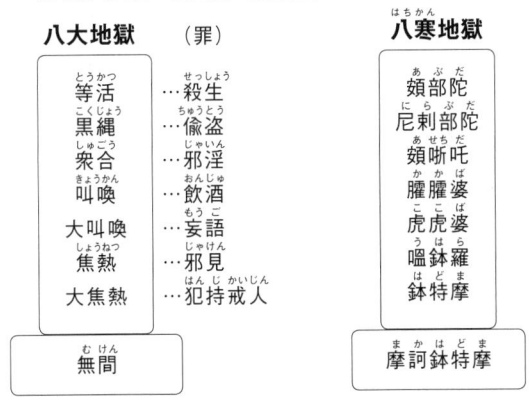

った者は「畜生道・餓鬼道・地獄道」に転生し罰を受けるが、もっとも厳しいのが「地獄」であるとされている。

「地獄」の思想は、平安時代にはかなり定着していたようで、薬師寺《やくしじ》の僧侶《そうりょ》である景戒《けいかい》が記した『日本霊異記《りょういき》』には、奈良時代、行基《ぎょうき》を讒言《ざんげん》（告げ口）した罪によって地獄に落ちた学僧・智光《ちこう》が、酷熱《こくねつ》の苦しみを受ける説話などが記載されている。

そして以上のような「地獄」の思想を体系づけたのが『往生要集《おうじょうようしゅう》』であり、これは九八五年に天台宗《てんだい》の僧侶であった（恵心僧都《えしんそうず》）源信《げんしん》が記したものである。『往生要集』は、中国やインドの仏典からの引用が多く、そこら辺りの解説は、インド哲学や仏教学の第一人者である中村元《なかむらはじめ》による解説書に譲《ゆず》りたいが、この『往生要集』が語る「地獄」のシステムによって、『鬼灯の冷徹』の舞台である「地獄」はほぼ形作られたといっていいだろう。

『鬼灯の冷徹』の原作であるマンガにこの「地獄」のシステムが詳述されているので、本書で解説するのは野暮《やぼ》であるが、とりあえず、次の三点を押さえておけば問題ないだろう。すなわち、①炎熱《えんねつ》によって罪を贖《あがな》わせる「八大地獄」以外に「八寒《はちかん》地獄」が存在すること、②前者は等活《とうかつ》・黒縄《こくじょう》・衆合《しゅごう》・叫喚《きょうかん》・大叫喚・焦熱《しょうねつ》・大焦熱・無間《むげん》という八つの地獄からなり下に行くほど恐ろしいこと、③八大地獄は正方形でそれぞれ一六の小地獄が付属しており、八×一六、合計一二八もの小地獄をもつ規模の大きな地獄だということ、である。

そしてこの「地獄」において私たち亡者は、鬼に金棒《かなぼう》で叩かれたり、針の山に登らせられたり、釜ゆでになったり……、まさに幼少期に見聞きしたような地獄がそこにはあり、残酷に殺されては甦《よみがえ》ることが未来永劫《えいごう》繰り返されるのである。じつに恐ろしい世界観をもった作品である。

図像からみた鬼灯

舞台に関する言及はこれくらいにして、本作のキャラクターたちをみていこう。男性キャラクターのうち注目すべきはもちろん、主人公の鬼灯である。

鬼灯は、閻魔大王の第一補佐官であるが、生前は丁《ちょう》という名の少年であった。丁は神代《かみよ》の時代（日本神話における神武《じんむ》天皇の前までの時代）に雨乞《あまご》いの儀式の人身御供《ひとみごくう》として命を落とすが、その恨みが空中を浮遊する鬼火《おにび》（正体不明の火の玉）を集め、それが少年の亡骸《なきがら》と一体化することで「鬼灯」という鬼神《きしん》になったという設定をもつ。

このように鬼灯は、平安時代の古典文学に現れたる物の怪《もののけ》、中世の怨霊《おんりょう》や御霊《ごりょう》、近世の無縁仏《むえんぶつ》や幽霊の一種と捉えることができるが、肉体を宿している点でいえば、日本版のゾンビと考えることも可能であろう。

この場合のゾンビというのは、人肉を食す、嚙むと他人も感染するというジョージ・A・ロメロ監督『ナイト・オブ・ザ・リビングデッド』(六八)以降のゾンビ映画定番のそれではない。ゾンビとは、元々ハイチの伝承にある「生ける屍」(Living Dead)のことで、ブードゥー教(民間信仰の一種)の呪術師によって働く労働者だった(映画『ホワイト・ゾンビ』『私はゾンビと歩いた』を参考)。つまり本来のゾンビは呪術によって蘇《よみがえ》るものであり、おそらく少年・丁は、密教の行者《ぎょうじゃ》、陰陽師《おんみょうじ》か修験者《しゅげんじゃ》の呪術により鬼灯として新たな生を受け、「生ける屍」の鬼神となったのだろう。

ブードゥー・ゾンビは、人間を襲うことは稀《まれ》であるが、本作において鬼灯は、仕事場が地獄なので亡者に仮借《かしゃく》のない折檻《せっかん》を加える。また日本の物の怪、怨霊や御霊と比較するなら、此岸《しがん》(この世)で恨みを抱く生者に災いを与えるのではなく、あくまで彼岸《ひがん》(あの世)で亡者に責め苦を与える点が異なる。このように考えると、じつに興味深いキャラクターである。

またこのキャラクターを、ドイツ出身のエルヴィン・パノフスキーが体系化した「イコノロジー」（図像解釈学、Iconology）の観点で読むなら、やや丸顔のしかめっ面に、エルフのようにとがった耳も十分キュートである。しかし、私にとってなによりも興味深いのは、センター分けの髪の毛の間、すなわち額《ひたい》に生えた「一本の角」である。

一本の角をもつ鬼神（獣）。

鬼灯は日本版の「一角獣」のような風貌《ふうぼう》である。この一角獣はインドを原産としてあちらこちらにその伝承が伝わっている。とはいえやはり、有名なのはヨーロッパの図像としてである（日本では『今昔《こんじゃく》物語集』天竺《てんじく》編に記載）。ここでは一三年、日本でも公開されたフランス国立クリュニー中世美術館所蔵のタペストリー『貴婦人と一角獣』を参考に、鬼灯の角に込められた意味を考察してみよう（作品はネットで画像検索してください）。

この絵は、女性と一角獣が併置して描かれている。一角獣はキリスト教以前に伝わっているので、その象徴は多義的である。しかしキリスト教絡みでいうなら、描かれた女性は処女とされているのでマリアを、彼女の横にいる一角獣はキリスト（救世主）を象徴すると、「イコノロジー」の常識では考えられている。つまり一角獣は、処女を守る獣＝救世主として形象化されているわけである。

またドイツ文学者の杉橋陽一《すぎはしよういち》によると、一角獣は同時に中世の騎士道と親和性をもっており、たとえば悪党に貴婦人が誘拐《ゆうかい》される騎士小説では、彼女を救済する騎士とともに、一角獣も獅子《しし》奮闘《ふんとう》するという。一角獣の性格はきわめて凶暴であり、勇敢に敵に立ち向かうが、女性の前ではおとなしいとされる。たしかに『貴婦人と一角獣』の図像をみていると、前脚を女性の膝にそっと乗せ愛犬のような仕草をみせている。

この知見を本作に敷衍《ふえん》するなら、鬼灯というキャラクターには、表向きの容赦のなさとは裏腹の「温和さ」（やさしさ）があるのでは、との想像が働く。これは恋愛中の女の子がよくいう「私だけにみせる姿」であろう。実は、鬼灯は女性ファンからの圧倒的な支持をえている。それは（ユング風にいえば）集合的無意識が働いた結果、鬼灯＝救世主・騎士といった意味に重ね書きされたキャラクター消費がなされたからだとも考えられるのではないか。

鬼灯がつねにキャラクター投票で第一位なのも、額に生えた「一本の角」の象徴的意味を、ファンたちが無意識に読み込んでいるからかもしれない。

　ちなみに、鬼灯が熱い支持を集めるほかの理由としては、①笑顔を見せないクールな性格（男性版むひょキャラ、つまり無表情キャラクター特有の性格）、②仕事が的確で人望が厚い（ゆえに理想的な中間管理職）、③「金魚草」という観賞用ペットを育てるなどの少々変わった趣味を有すること、などがあげられるだろう。

※付言：一二世紀半ば、醍醐寺《だいごじ》の座主・実運《じつうん》の『玄秘抄《げんぴしょう》』に、死者の霊魂を肉体に戻す呪法が記載されている。仏教では、私たちの記憶や意識を運び輪廻転生を繰りかえす想いを「識《しき》」という。この「識」が肉体から分離したとき死を迎えるわけだが、それを肉体に封印して蘇らせる呪法がある。これを「延命法招魂《しょうこん》作法」、別名「去識還来《きょしきげんらい》法」という。この呪法を念頭におくと、密教の行者など呪法に知悉《ちしつ》した者が、少年・丁の「識」と「鬼火」とを（おそらく量子力学的に）重ね合わせ、その「識＝鬼火」を少年の亡骸と一体化させたとも解釈できる。

損な役回りの閻魔大王

　鬼灯と関係するキャラクターのうち、閻魔大王の造形もよく考え込まれているので分析してみよう。

　閻魔大王は、（本作のファンには常識ではあるが）冥途《めいど》に君臨する十王《じゅうおう》（一〇人の王）の一人である。具体的には秦広《しんこう》王・初江《しょこう》王・宋帝《そうてい》王・五官《ごかん》王に次ぐ五番目の裁判官で、その後は変成《へんじょう》王・太山《たいざん》王（泰山王）・平等《びょうどう》王・都市《とし》王・五道転輪《ごどうてんりん》王が仕事を担う。十王については、『鬼灯の冷徹』第一期第一〇話Aパート（原作、第二二話）にて、数え歌風に紹介しているので参考にしてほしいが、これも実際の冥府の設定を引用しているものなので、一一世紀前半までに中国で成立したとされる『十王経《じゅうおうきょう》』、日本では先の『往生要集』や日蓮《にちれん》の『十王讃嘆抄《さんたんしょう》』を参照するといいだろう（**図2-3参考**）。

それらの史料によると、人間が死ぬと閻魔大王は直ちに三人の鬼（奪魂鬼《だっこんき》・奪精鬼《だっせいき》・縛魄鬼《ばくはくき》）を派遣する。死者は彼らにしたがい、死出《しで》の山を越えて冥府へ赴く。その後、初七日に秦広王の庁に引き立てられるが、七番目の泰山王までは七日ごとに引き渡される。七日×七王、いわゆる四九日である。その後は、一〇〇日目に平等王、一周年に都市王、三周年に五道転輪王に手渡され、この間に死者全員の輪廻転生すべき世界が決定されるわけである。

ちなみにここには仏教学上の謎がある。つまり、閻魔大王と五道転輪王はインド由来であるが、他の八王の起源についてはまったく不明なのだ。ただし、十王の姿が描

図2-3　死後の旅

私たちの死
↓
閻魔《えんま》大王により死者を3人の鬼（奪魂鬼《だっこんき》、奪精鬼《だっせいき》、縛魄鬼《ばくはくき》）が迎えに行く
死出の山

秦広《しんこう》王	初7日	善を行わなかったことを責める	この後、三途《さんず》の川	不動明王《ふどうみょうおう》
初 江《しょうこう》王	14日目			釈迦如来《しゃかにょらい》
宋帝《そうてい》王	21日目			文殊菩薩《もんじゅぼさつ》
五官《ごかん》王	28日目	罪を計る秤《はかり》	行き先がほぼ決定	普賢《ふげん》菩薩
閻魔大王	35日目	罪を映し出す浄玻璃《じょうはり》の鏡		**地蔵《じぞう》菩薩**
変成《へんじょう》王	42日目			弥勒《みろく》菩薩
太山《たいざん》王	49日目	または泰山《たいざん》王	49日	薬師《やくし》如来
平等《びょうどう》王	100日目			観音《かんのん》菩薩
都市《とし》王	1周年			勢至《せいし》菩薩
五道転輪《ごどうてんりん》王	3周年			阿弥陀《あみだ》如来

*❶ 三途の川には懸衣翁《けんえおう》・奪衣婆《だつえば》という老夫婦がおり、六文銭《ろくもんせん》をもたない者が来た場合、衣類を剝《は》ぎ取ることになっていた。『鬼灯の冷徹』における懸衣翁がアイドルオタクなのは、実際の民間信仰において奪衣婆に比べて目立たないためだと考えられる。

❷ 三途の川の河原は「賽《さい》の河原」と呼ばれ、親に先立って死んだ子が親不孝の報いを受ける場。『鬼灯の冷徹』にも登場した。

❸ 鎌倉時代の本地垂迹《ほんじすいじゃく》説により、十王はそれぞれの本地仏と関係が設定された。『鬼灯の冷徹』の「賽の河原」で地蔵菩薩（衆生《しゅじょう》を救う仏）が出てくるシーンがあるのは、これを念頭に置いたものだと思われる。

かれた『十王図』および『鬼灯の冷徹』の図像をみると、十王は中国の官人《かんじん》風の衣装（道服）を着ているので、道教の冥府思想に由来するとも考えられている。

それはともかく、『鬼灯の冷徹』における閻魔大王は、鬼灯からよくボコられる。だが、これを単なるギャグと考える向きは、閻魔大王の本質を捉えそこなっていると思われる。

閻魔大王は、もともとインドのヤマという地獄の王であるが、ヴェーダ神話によると、最初に死んだ「人間」として天国への道を発見したという。やがてメソポタミアから地獄の思想が伝来すると、ヤマは死後の裁判官とされ、また地獄の主宰者となる。つまり閻魔大王は、元をただせば「人間」であるし、裁判によって他者に苦しみを与えるので、その罪を理由として一日に三回、獄卒や亡者たちに捕らえられ、熱く焼けた鉄板の上に寝かされる。さらに、鉄の鉤《はり》で口をこじあけられ、ドロドロに溶解した銅を口の中に注ぎ込まれるという。

本作における閻魔大王同様に、じつに損な役回りなのである。

たとえば『鬼灯の冷徹』第一期第一〇話。まずAパート（原作二二話）では、十王の晩餐《ばんさん》にて、鬼灯が閻魔大王にビフテキを口でキャッチするように要求したり、食物をこぼしていたのをみて盆で叩いたりする。あるいはBパート（原作二七話）では、鬼灯が閻魔大王のダイエットのためジムでしごきを行い、腕立て伏せを強制したりするし、日常生活でも投げたり腹にパンチを食らわせたりする。これらの暴力は閻魔大王の本質をよく考えたら、故のないことではないのである。

　閻魔大王は、鬼灯の地獄の官吏としての素質を見抜き、自ら補佐官に抜擢《ばってき》したが、同時に自らよって立つ存在を証明しようとする。それは最初に死んだ「人間」としてのアイデンティティあるいは応答責任であり、私たちの苦しみを日々贖う行為者としての心意気であろう（要するに、彼にとって鬼灯からしごきを受けることは、最初に死んだ人間として罪と罰を引き受けることなのだろう）。

　本作における閻魔大王の役回りを見ていて、私は哲学者の田中吉六《たなかきちろく》がかつて、資本制社会における労働者の主体性を「受苦的能動性」と呼んだことを思い起こした。田中によると、人間の主体性は、人間的な「受苦」をエレメントとしてはじめて形成されてくるという（たとえば勉強や仕事は苦しい。しかしそれは人間の成長に不可欠である、といったように考えること）。そうした「受苦的存在」の象徴として、私は閻魔大王を捉えている。

多様化する「鬼」

キャラクター分析はこの辺にして、今度は「鬼」そのものについて考えてみよう。私は本章の冒頭で、現代は「境界」の必然性が失われた時代と書いたが、『鬼灯の冷徹』の場合、鬼について語ることが「再境界化」を考える上で非常に重要であると考えている。

まず（本作の登場人物の白澤、すなわち女癖が悪く、いつも鬼灯の喧嘩相手になる中国の神獣が語るように）中国で「鬼」とは死者の魂の帰ってきた形、つまり「幽霊」のことを指していた。これを訓読したのが「おに」である。和名では「於爾《おに》」と表記するが、平安時代中期に源順《みなもとのしたごう》が著した最初の辞書『倭名類聚鈔《わみょうるいじゅしょう》』によると「鬼ハ物ニ隠レテ顕《あら》ハルルコトヲ欲《ほっ》セザル故ニ、俗ニ呼ビテ隠《おん》ト云《い》フナリ」とあり、「於爾」は「隠」（読みはおぬでも可）が訛《なま》った発音という説がある。これが正しいかどうかは諸説あるが、「鬼」という漢字が使われる以前から日本独自の民俗学的な信仰として「おに」が存在したのはたしかであろう。

では「おに」という読みをもつ日本の鬼とはなにか。

この「鬼」は広い意味で語るなら、歌人の馬場《ばば》あき子《こ》がいうように「王朝繁栄の暗黒部に生きた人びとであり、反体制的破壊者というべき人びと」。つまり記紀に描かれた征服すべき先住民の土蜘蛛《つちぐも》、辺境の蛮族《ばんぞく》とされた蝦夷《えみし》や俘囚《ふしゅう》、猿田彦《さるたひこ》が祖といわれる天狗《てんぐ》（飛行の術は道教由来）、雷神としての菅原道真《すがわらのみちざね》などがカテゴライズされる。

ちなみに文献上最も古い記述が残るのは『出雲国風土記《いずものくにふどき》』で、「目一つの鬼来りて佃《たつく》る人の男《をのこ》を食《くら》ひき」と、一つ目の鬼が人肉を食した記事がある。また『日本書紀』で有名なのが、白村江《はくすきのえ》の戦の際に亡くなった斉明《さいめい》天皇の喪の儀式をみる朝倉山《あさくらやま》の鬼であろう。

このように風土記や記紀の文献を読むと、どうやら七世紀後半から中国の「鬼」と日本の「おに」が一体化していったようである。

鬼に関する研究書は民俗学者のものを中心として膨大な数がある。そこで些末《さまつ》にならぬように、古代から中世にかけての「鬼」を分類してみよう（**図2-4参考**）。

①ぬし神系の鬼
②山伏《やまぶし》系の鬼や天狗

③仏教系の鬼
④人鬼《じんき》系の鬼
⑤復讐を遂げるために変身した鬼
⑥近代化の過程で鬼文化に組み込まれた来訪神《らいほうしん》

②③④の鬼は、本作の中核に関わるので後述する。そこではじめに、その他の鬼について概略してみよう（鬼女もいるが、一一四頁の「黒塚《くろづか》」の項目で後述）。

まず①のぬし神系の鬼。

「ぬし神」とは、祝福にやって来る土地神《とちがみ》（祖霊や地霊《ちれい》）のことである。具体的には、国津神《くにつかみ》の代表とされる出雲国の大国主《おおくにぬし》、大国主と神屋楯比売《かむやたてひめ》との間に生まれた言代主《ことしろぬし》、葛城山《かつらぎさん》の神である一言主《ひとことぬし》などが該当する。

このうち一言主は、『古事記』の雄略記《ゆうりやくき》に登場する。すなわち雄略天皇が葛城山へ鹿狩りに赴いたとき、天皇一団と同じ恰好をしたグループと出会う。天皇が名を尋ねると「吾《われ》は悪事も一言、善事《ぜんじ》も一言、言い離《はな》つ神。葛城の一言主の大神《かみ》なり」と答えた。そこで天皇は恐縮し、武具や衣服を一言主に献上する、という話である。

図2-4　鬼の多様性と本作との関係

分類	概要	代表例	『鬼灯の冷徹』
①**ぬし神系の鬼**	祝福にやってくる土地神《とちがみ》が鬼化	一言主《ひとことぬし》など	×
②**山伏《やまぶし》系の鬼や天狗**	修験道《しゅげんどう》の山伏は、しばしば鬼あるいは天狗とみなされた	奈良の香山《かうせん》(春日奥山《かすがおくやま》)の僧侶が関わった天狗など	烏《からす》天狗
③**仏教系の鬼**	邪鬼《じゃき》は東アジア、夜叉《やしゃ》や羅刹《らせつ》は古代インド由来	邪鬼、夜叉、羅刹、地獄の獄卒《ごくそつ》、牛頭《ごず》、馬頭《めず》など	大多数はこの系統
④**人鬼《じんき》系の鬼**	賤民《せんみん》や盗賊など	桃太郎が鬼退治で倒した鬼ヶ島の鬼など	桃太郎とお供の犬・猿・雉《きじ》
⑤**復讐を遂げるために変身した鬼**	無念のうちに他界し鬼化	崇徳《すとく》天皇など	×
⑥**近代化の過程で鬼文化に組み込まれた来訪神《らいほうしん》**	恐ろしい客人《まれびと》としての神	ナマハゲなど	なまはげ
※ **鬼女《きじょ》**	人を喰《く》らう鬼女	安達ヶ原《あだちがはら》	×

*『鬼灯の冷徹』に登場する鬼は、③を基本に②④⑥。

*皇室に関係する鬼：『鬼灯の冷徹』第1期第9話Bパート(原作17話)に言及された有名な話をとりあげておこう。記紀によると、高天原を追放された須佐之男命《スサノオノミコト》(素戔嗚尊)は出雲国の鳥髪《とりかみ》に降り立つ。その場所は年に一度、娘を食べる鬼＝八岐大蛇《ヤマタノオロチ》(『古事記』では八俣遠呂智)がやって来る場所で、とある夫婦の末娘の櫛名田比売《クシナダヒメ》が食べられてしまうという。そこで一計を案じ八塩折《やしおり》の酒で酔わせて八岐大蛇を退治する。これは「鬼」(須佐之男命)が「鬼」(八岐大蛇)を退治した話だが、天照大神に「草那藝之大刀《くさなぎのたち》」(天叢雲剣《あめのむらのくものつるぎ》)を献上したように「皇室に関係する鬼」でもあるだろう。また『鬼灯の冷徹』で、桃太郎が「俺 スサノヲの武勇伝って好きなんスけど」と述べるように、須佐之男命は「日本神話の英雄としての鬼」だといえる。

ところが歌人の馬場あき子が指摘するように、大和政権の拡充とともに「ぬし神」は衰亡し「鬼化」する。

それを伝えるのが『今昔物語集』巻第一一「役《え》の優婆塞《うばそく》、呪《じゅ》を誦持《じゅぢ》して鬼神をつかひたる語《ものがたり》」(第三)である(『日本霊異記』も参考)。ここでは、一言主は修験道の開祖とされる役小角《えんのおづの》に使役される鬼神となり、呪術によって捕縛されるまでポジションが低下している。ちなみに、役小角が伊豆国に配流《はいる》されたのは一言主が朝廷に讒言したためと伝えられている。これは要するに、天照大神を中心とした「天津神《あまつかみ》」が、一言主など土着の土地神=「国津神《くにつかみ》」を駆逐《くちく》した結果、立場が急速に低下し鬼化したのだろう。

つぎに⑤の復讐を遂げるために変身した鬼。

これは先の菅原道真や、平将門《たいらのまさかど》とともに三大怨霊に数えられる崇徳《すとく》上皇の逸話が有名だろう。崇徳上皇は一一五六年の保元《ほうげん》の乱後、讃岐《さぬき》に配流され、かの地で無念のうちに他界する。恨みを抱いての死であるので怨霊となるが、『保元物語』によると、生前に「善なる行為を六道のうち地獄・餓鬼・畜生という三悪道に投げ込んで、日本国の大悪魔にならむ」と誓ったという。その結果、生きながら天狗、すなわち鬼になったわけである。作者にとって崇徳上皇は畏《おそ》れ多いためか、『鬼灯の冷徹』には登場していない。

最後に⑥の近代化の過程で鬼文化に組み込まれた来訪神。

これは、東北の年中行事であるナマハゲが代表である。民俗学を研究する稲雄次《いねゆうじ》によると、ナマハゲの正体は「小正月の訪問者としての歳神《としがみ》が、正月と盆とが同質的要素を備えた頃、男鹿《おが》半島の祖霊である地主ガミ信仰をも擁《よう》して変化した」ものであるという。それが鬼と誤解されだしたのは明治時代以降で、それより古い面には角も牙《きば》もないらしい。また武帝《ぶてい》や異邦人《いほうじん》が男鹿半島にやって来てナマハゲとなったという伝説があるので、恐ろしい客人《まれびと》としての神＝ナマハゲとなったわけである。

これは意外な事実であり、読者の中にもナマハゲを鬼の一種と考えていた人も多いのではないかと想像する。

実際、『鬼灯の冷徹』第一期第一〇話Bパート（原作第二七話）の終盤、大寒地獄の鬼としてナマハゲ（作中では「なまはげ」）が出てくるシーンがある。図像をみると角と牙を備えたナマハゲなので、明治時代以降のそれの形象化である。とはいえこのナマハゲはマンモスにまたがる謎の妖怪扱いなので、恐ろしい客人としての神という側面をもった存在のようでもあった。作者の直観力に脱帽した。

さて『鬼灯の冷徹』に登場する鬼をきちんと理解するため、今度は②③④の鬼について解説してみよう。

烏《からす》天狗警察

まず②の山伏系の鬼や天狗。

道教と仏教が融合した山岳《さんがく》宗教である修験道の山伏は、しばしば鬼あるいは天狗とみなされた。『今昔物語集』第二〇巻の第一から第一二までには、この手の説話が記載されている。

たとえば、円融《えんゆう》天皇が加持祈禱《かじきとう》のために召した奈良の香山《かうせん》（春日《かすが》奥山）の僧侶は、山中で天狗を祀《まつ》っており、それを知った天皇が僧侶を追い出すという話（第四）がある。これは民俗学者の柳田國男の初期における山人《さんじん》論ともリンクするが、山に暮らす山人や漂泊民《ひょうはくみん》もまた鬼あるいは天狗の末裔《まつえい》と考えられてきた。つまり山岳において修行する中、僧侶は山に暮らす山人や漂泊民と関わり、ある種の「アジール」（聖域）みたいな場を作っていたのだろう。

じつは天狗の初出は『日本書紀』の舒明《じょめい》天皇の巻である。すなわち干《かん》ばつのため飢《き》饉《きん》が起こる中、大きな星が東から西に流れ、雷に似た大きな音がする。学僧であった僧旻《そうみん》は「これは流れ星ではない。天狗である。その吠《ほ》える声が雷に似ているだけ」と答えた、という話である。これは、古代中国において天狗が天帝のお付として仕えた狐《きつね》と見立てられていたことの反映だろう。なにより見逃せないのは、天狗が飛行術を会得している点である。つまり修験道の開祖とされる役小角もまた、『日本霊異記』には飛行したという記事があり、その飛び立つさまは「天翔《あまかけ》る鳳凰《ほうおう》」のようであったとある。

これらの知識を踏まえて『鬼灯の冷徹』をみるなら、天狗に相当するものとして、源《みなもとのよしつね》義経が属する烏天狗警察が存在する。

第一期第四話のAパート（原作の第七話と第二〇話を合体）によると、この組織は亡者というより、おもに獄卒や妖怪を取り締まる機関である。つまり憲兵隊として獄卒や妖怪の監視・監督を行うわけだ。

※付言：ところで烏天狗警察に義経が就職できたのは、鞍馬山《くらまやま》で武術を教えた僧正坊《そうじょうぼう》が、究極の判官《はんがん》び

いきを行ったためである。いわく、「あんな美少年だった牛若《うしわか》が兄貴（注、頼朝《よりとも》のこと）の反感を買って自害!?　かわいそうっ　烏天狗警察へ入れてあげなさいっ」。興味深いのは、義経が「生前からの夢である力士《りきし》」へ転職したいと希望するところだろう。じつは平安時代、相撲節会《すまひのせちえ》という宮中の七夕《たなばた》の行事に付属した年中行事が存在した。これは桓武《かんむ》天皇が七九二年に行った兵制改革である健児《こんでい》の制（平民でなく郡司《ぐんじ》の子弟を採用）の訓練に相撲が採用されたことが契機であり、八二一年には相撲節会が宮中行事となったという。諸国の力自慢が二〇組四〇名ほど選ばれ、歌合《うたあわせ》のように技を競った。とはいえ一一七四年が宮中行事としての相撲節会の最後なので、義経の時代には宮中では相撲はとられてなかった。いわば無い物ねだりみたいな話で、個人的に思わず微笑んだ。

獄卒としての「鬼」

つぎは③の仏教系の鬼。

これは具体的には、邪鬼《じゃき》、夜叉《やしゃ》、羅刹《らせつ》にプラスして、地獄の獄卒、牛頭《ごず》・馬頭《めず》など数種類に及ぶ。

読者の中にも、寺院を訪れて仏像群を拝観する際、仁王《におう》像や四天王《してんのう》像の足下に踏まれた「邪鬼」をみたことのある人がいるかもしれない。「邪鬼」は、中国・朝鮮半島などに伝わる人間に対して悪をまき散らす鬼の総称であり、仏法を犯す邪神として懲《こ》らしめられているため、苦悶《くもん》の表情をみせる。四天王のうち多聞天《たもんてん》（毘沙門天《びしゃもんてん》）の足下にいる鬼を、特別に「天邪鬼《あまのじゃく》」と呼ぶという説がある。

それに対して、「夜叉」と「羅刹」はインド由来の鬼である。

まず「夜叉」（ヤクシャ）は、もともとヒンドゥー教における財宝の神クベーラの眷族《けんぞく》とされる鬼神であり、仏教では八部衆《はちぶしゅう》の一人にして、毘沙門天の眷族として北方を守護する正法の守護者とされている。また「羅刹」（ラークシャサ）は、古代インドの鬼霊説にて恐れを抱かれた鬼類であり、日本では一般的には「悪鬼羅刹《あっきらせつ》」や「阿防羅刹《あぼうらせつ》」という複合語で使われる。

前者の「夜叉」は後世には、醜《みにく》い容貌で人間の血肉を食らう悪魔とされるので、「夜叉」と「羅刹」は一般に恐ろしい鬼類と認識されていたようだ（たとえば『太平記《たいへいき》』巻三四に亡き後醍醐《ごだいご》天皇の夢をみた武士の話があり、その際の表現が「怒りの目尻は逆さまに裂《さ》け、ひげは左右に分かれ、夜叉や羅刹のような悪鬼」のようだったとある）。

地獄の獄卒とされるのは、主にこの「夜叉」と「羅刹」であるが、変わり種として牛の頭で人間の胴からなる「牛頭」と、馬の頭で人身の「馬頭」という獄卒が存在する。たとえば先述の『往生要集』の衆合地獄の描写にも「多くの鉄の山があり…牛頭・馬頭等の獄卒が手に手に武器をとり、駆けて山に入る」と記述されている（同書によると、一八種類の鬼による獄卒がいるという）。

ここで本作のファンはニヤリとしたかもしれないが、『鬼灯の冷徹』にはキャラ立ちした地獄の門番として「牛頭」と「馬頭」が出てくる。興味深いのは、両者とも「メス」という設定であることだ。

たとえば第一期第五話Aパート（原作第九話）では、白澤が「牛頭」の角、鬼灯が「馬頭」の蹄《ひづめ》が必要となり、天国・地獄・現世の境にある地獄の門を訪れる。案の定、二人はばったりと出会いすぐさま喧嘩になるが、女性の胸に関する口論が行われ、そこに「牛頭」と「馬頭」が現れるわけである。

鬼灯曰く「男性が女性に求める一般的な理想像をまとめると『牛』になると思うんです」。以下の談義が、妙に記憶に残る逸話であった。

※付言：『今昔物語集』には、「羅刹」や「牛頭」に関する説話が多くある。たとえば第一二巻「肥後国《ひごのくに》の書生羅刹の難《なん》を免《まぬか》るる語」、第一三巻「下野《しもつけ》の僧古仙洞《こせんどう》に住む語」、第一七巻「鞍馬寺に籠《こも》りて羅刹鬼の

難を遁《のが》るる僧の語」、同巻「但馬《たじま》の古寺に於《お》いて毘沙門牛頭鬼を伏し僧を助くる語」などがそうである。また第二〇巻には地獄と関係したエピソードがあり、とくに「讃岐国《さぬきのくに》女、冥土に行きその魂還《かえ》りて他の身に付く語」と「橘《たちばなの》磐島《いわしま》使《つかい》を賄《まかな》ひて冥土に至らざる語」辺りがお薦めである。これを機会に是非。

桃太郎の「鬼」退治

最後は④の人鬼系の鬼。

これは賤民《せんみん》や盗賊などのことで、酒呑童子《しゅてんどうじ》、あるいは昔話として伝わる桃太郎が鬼退治で倒した鬼ヶ島の鬼が名高いだろう。ここでは些末にならぬように配慮して、『鬼灯の冷徹』にも登場する桃太郎とそのお供である犬・猿・雉（作中ではシロ、柿助《かきすけ》、ルリオ）について考えていきたい。

じつは桃太郎の鬼退治は、室町時代の終わり頃に今日伝わる形ができあがったと考えられている（作者は細川幽斎《ほそかわゆうさい》説がある）が、浦島太郎《うらしまたろう》や一寸法師と異なり（意外にも）『御伽草子』には収録されなかった。文字化されたのが江戸時代初頭で、中期には黄表紙《きびょうし》や錦絵《にしきえ》などによって世間に広まり、明治時代には国定教科書に載り、戦後の民主化とともに童話になった。

桃太郎に関しては、日本民俗学の祖である柳田國男の「桃太郎の誕生」以来、民俗学者を中心としてさまざまな分析がなされてきた。興味深い説を紹介してみよう。

一．古代中国において桃は生命の象徴

二．犬・雉・猿は、十二支の金気《かなけ》の方角（西）を形成

三．黍団子《きびだんご》はこの世の竈《かまど》の飯《めし》

まず一は、中国の大連《だいれん》民族学院（大学）国際言語文化研究センター長である王秀《おうしゅう》文《ぶん》の指摘である。

王によると、中国では桃は崑崙山《こんろんさん》の主人である西王母《せいおうぼ》が有する果物で、不老長寿の効果があると信じられてきた。したがって桃は生命の象徴であり、女性の生殖力と結びついているという。たしかにお婆《ばあ》さんが回春《かいしゅん》して桃太郎を生んだという異説があるし、桃の呪力により鬼退治をしたとも解釈できるのでうなずけるだろう。

ついで二は、民俗学者の吉野裕子《よしのひろこ》による、古代中国由来の五行説を援用した指摘である。吉野によると、桃は「金」気の果実で「酉」の象徴であり、また犬は十二支《じゅうにし》でいえば「戌《いぬ》」、雉は「酉《とり》」、猿は「申《さる》」に相当し、「金」気の方角（西）を形作るとい

図2-5　五行説の基本

五行	木	火	土	金	水
五星《ごせい》	歳星《さいせい》(木星)	熒惑《けいわく》(火星)	鎮星《ちんせい》(土星)	太白《たいはく》(金星)	辰星《しんせい》(水星)
五時《ごじ》	春	夏	土用《どせい》	秋	冬
	〜	〜	〜	〜	〜
五果《ごか》	李《すもも》	杏《あんず》	棗《なつめ》	桃	栗
五方《ごほう》	東	南	中	西	北
十二支《じゅうにし》	寅《とら》・卯《う》・辰《たつ》	巳《み》・午《うま》・未《ひつじ》	なし	申《さる》・酉《とり》・戌《いぬ》	亥《い》・子《ね》・丑《うし》

↓

桃太郎

猿・雉・犬

＊五行説は中国の哲学思想。日本に伝わったのは６世紀頃で、陰陽道《おんみょうどう》とともに社会生活を縛る俗信となった。五行説によると、宇宙空間のあらゆるもの（上記以外に、季節や色）は五行の変化によって生成するという。なお今日も、太陽系の「惑星」名や「土用のウナギ」などが巷間《こうかん》に流布《るふ》しているが、実は五行説由来のものである。

う。つまり吉野は、同じ「金」気の動物を家来とすることで鬼退治は成功したと解釈したわけである（五行説によると、万物は木・火・土・金・水の五つの元素からなり、惑星・四季・方角などあらゆるものが対応するという。**図２-５参考**）。

これに対して日本の神話や昔話の研究を専門とする古川《ふるかわ》のり子《こ》は、犬は英雄を導くもの、雉は出入り口を開けるもの、猿は太陽を迎えるもの、ということを神話や昔話の分析を通じて導き出している。その古川が指摘したのが、三の「黍団子はこの世の竈の飯」という説である。

古川によると、私たちは生まれて三度「竈の飯」を食べるという。最初が「産飯《うぶめし》」という「この世の竈の飯」で、これによりあの世からこの世に転生する。ついで「嫁《よめ》の飯」という「婚家《こんか》の竈の飯」を食べ、最後は「枕飯《まくらめし》」という「あの世の飯」を食して旅立つ。

古川はこの説を応用して、桃太郎は「産飯」という「この世の竈の飯」に相当する黍団子により、この世自体を味方につけ、鬼ヶ島という異界（あの世）に旅立つ。そして桃太郎が異界から帰還できたのは、黍団子（竈の飯）を食したからである、と指摘している。

以上の三例のように、桃太郎の昔話は一見単純だが、深い意味を有していると読み込むことが可能だ。ただし『鬼灯の冷徹』を分析するにあたって問題となるのは、むしろ桃太郎に退治された鬼の方であろう。

たとえば『鬼灯の冷徹』第一期第一話Aパート（原作第一話）で、鬼灯が「何で鬼ヶ島で勝てたんでしょう この人」と桃太郎に問うと、「イヤア正直あの時 鬼 ベロッベロに酔ってて」と答える場面がある。たしかに昔話にも「鬼は酒盛りの最中」うんぬんとあり、これはそれをコメディタッチにセリフ化したものである。

酒宴《しゅえん》を開いていたということは、桃太郎に出てくる鬼は、多数で集まり酒を愉《たの》しむような仲間意識の強い鬼と推察される。ゆえに、「絆《きずな》」で結ばれた盗賊など人鬼系の鬼ではないか、と私は考えている。勝った桃太郎が鬼から宝物（奪った財宝）をもらい受けるのも、その傍証《ぼうしょう》となるだろう。

それに関連して、鬼ヶ島は、（諸説あるが）島ではなく山、すなわち吉備国《きびのくに》（岡山県総社《そうじゃ》市東部）にある鬼ノ城《きのじょう》が築かれた「鬼城山《きのじょうさん》」ではないかという説がある。これは桃太郎に登場する鬼のモデルといわれる百済《くだら》の王子・温羅《うら》という大男が居城としていたためである。

もし鬼ヶ島が「鬼城山」だったと考えるならば、鬼ヶ島の鬼は、源頼光《みなもとのよりみつ》らが倒した「大江山《おおえやま》」を拠点とし、しばしば京へ出没した鬼の酒呑童子に近い存在だ、という結論も導き出せるだろう。大江山は、丹後国《たんごのくに》の大江山という説と、山城国《やましろのくに》と丹波国《たんばのくに》の境の大枝山《おおえやま》という説があるが、いずれにせよ山を根城《ねじろ》にした盗賊などの人鬼系の鬼であり、頼光らは山伏に変装して大江山に行き、神変奇特酒《しんぺんきどくしゅ》（眠り薬入りの酒）を使って退治したのである。

※付言：昔話研究は柳田國男からはじまり、その門弟の関敬吾《せきけいご》がそれを継承・発展させてきた。桜井徳太郎《さくらいとくたろう》がいうように「各地でかたられている数多くの昔ばなしは、一見ばらばらであって」も「いくつかの要素に分解し比較検討すると、互いに似かよったところが少なくない」。では「桃太郎」はどうかというと、基本的に柳田が名付けた「小子譚《ちいさこばなし》」（幼児から成長する話）に分類される。このカテゴリーには、『鬼灯の冷徹』第一期第一一話Aパート（原作第二六話）に登場する「一寸法師」が含まれる。また第二期から登場する（東北地方にみられる）「座敷童子」もそうだ。なお本作でも言及される「舌切り雀」や「分福茶釜」は「動物援助譚《たん》」という範疇《はんちゅう》に入る。

「鬼」のエンタメ化1

そろそろまとめに入りたい。最後の論点は二つあり、一つは「再境界化」の時代における『鬼灯の冷徹』のもつ意義、もう一つは「鬼」のエンタメ化とその広まりである。

先述したように、日本の鬼は広義では「王朝繁栄の暗黒部に生きた人びとであり、反体制的破壊者というべき人びと」のことである。したがって先住民の土蜘蛛、蝦夷や俘囚、天狗、菅原道真なども「鬼」の範疇に入った。また「鬼」を分類すると、六通り、すなわち①ぬし神系の鬼、②山伏系の鬼や天狗、③仏教系の鬼、④人鬼系の鬼、

⑤復讐を遂げるために変身した鬼、⑥近代化の過程で鬼文化に組み込まれた来訪神、と整理できた。これらは記紀や『風土記』をはじめ、古代から中世にかけての『今昔物語集』や『宇治拾遺物語』といった説話文学、『保元物語』『平家物語』といった軍記物に伝承されており、それらに伝えられた「鬼」を、『鬼灯の冷徹』に関係する範囲に限定して紹介した。

ではなぜ「鬼」はさまざまなテクストにおいて「再生産」(Reproduction)されてきたのだろう。

それは各時代それぞれの支配的なイデオロギー、あるいは文化的な文脈があり一概に語ることはできない。とはいえ「意味」というものは、各時代におけるテクストの生産者と、読者や視聴者の間の絶えざる対話の中で編み出されるものであり、それが安定した「意味のカテゴリー」(共通認識)として理解されてゆく。したがって、一〇年代に生きる私たち読者や視聴者が『鬼灯の冷徹』というテクストと対話しながら、その意味をさまざまに解釈することで、安定した意味のカテゴリー(共通認識)を生み出していくわけである。

あらゆる境界の必然性が失われたこの時代。

それだからこそ『鬼灯の冷徹』のような鬼や地獄をモチーフとした作品（エンターテインメント）により、「新たな境界」の設定が行われ、結果として（少なくとも）私たちファンの時空は、「あの世」（地獄）と「この世」（現世《げんせ》）という具合に区切られ、フィクションではあるが、地獄の世界を疑似体験できるのだと思われる。境界の再設定という文脈においてこの作品のもつ意義は大きいだろう。

さて鬼は、江戸時代に戻ると、鳥山石燕、河鍋暁斎や葛飾北斎の絵画などの題材となったが、世阿弥《ぜあみ》が大成した能楽《のうがく》にも登場し、とくにこの時代に人気を博した。能楽の演目に「五番目物《ごばんめもの》」と呼ばれるものがあることをご存じだろうか。

これは人間以外の異類が登場する作品のことで、「切能物《きりのう》」とも呼称され、能の最後に演じられることが一般的だった演目である。作品として、鬼退治の『土蜘蛛』『紅葉狩《もみじがり》』『大江山』、鬼や畜類の霊が出没する『殺生石《せっしょうせき》』『昭君《しょうくん》』『鵜飼《うかい》』『鵺《ぬえ》』、天狗や妖精が出てくる『鞍馬天狗』『猩々《しょうじょう》』『是界《ぜが》』などがあるが、貴人や女菩薩が主人公の『融《とおる》』『当麻《たえま》』、祝言性《しゅうげんせい》が強い『石橋《しゃっきょう》』なども「五番目物」に含まれている。

また文学でも鬼が登場する作品がある。

とくに上田秋成《うえだあきなり》の読本『雨月《うげつ》物語』に所収されている「青頭巾《あおずきん》」が有名だろう。すなわちあるとき、快庵《かいあん》という徳の高い僧侶がおり、諸国行脚《あんぎゃ》の途中で寄った下野国《しもつけのくに》のある家で宿を求めると、下男《げなん》の間で「山の鬼が来た」と騒動が起きる。主人に訊《き》くと、その里にある寺の住職が死体を食べる鬼となり、その住職と勘違いされたという。そこで快庵は、その鬼を教化して本心に立ち返らせる約束をして、という話である。

「鬼」のエンタメ化2

このように美術や文芸の世界では、室町時代から江戸時代にかけていわば「鬼のエンターテインメント化」が進んだが、当然のごとく今日、『鬼灯の冷徹』以外のマンガやアニメでも鬼のキャラクターが登場する。

「鬼」系のキャラクターとして、古いところでは、『うる星やつら』（八一～八六）のラム（設定は正確には鬼ではなく「鬼」型宇宙人）。最近では、『Re:ゼロから始める異世界生活』（一六）に登場するラムとレムの姉妹を筆頭に、『ぬらりひょんの孫』（一〇～一二）の牛鬼《ぎゅうき》、『終わりのセラフ』（一五）の阿朱羅丸《あしゅらまる》などが人気が高いだろう。ちなみに『銀魂《ぎんたま》』（〇六～）の主人公・坂田銀時《さかたぎんとき》の名は、鬼退治の金太郎《きんたろう》こと坂《さか》田金時《たきんとき》からである。それ以外でも脇役を中心として数多くの「鬼」系のキャラクターが存在する。

　また作品では、『鬼灯の冷徹』以外に、フリーホラーゲーム『青鬼《あおおに》』を原作とした『あおおに〜じ・あにめぇしょん〜』（一六〜一七）という異色作もあるが、夢枕獏《ゆめまくらばく》の小説を原作としたアニメ『黒塚 KUROZUKA』は、現代における鬼のエンタメ化を考える上ではずせない。なぜならこの作品は、能楽の『黒塚』からはじまり、長唄《ながうた》の『安達ヶ原《あだちがはら》』、歌舞伎《かぶき》・浄瑠璃《じょうるり》の『奥州《おうしゅう》安達原』の流れに位置づけられる作品であるし、『進撃の巨人』の監督である荒木哲郎《あらきてつろう》によるアニメ化で、映像のクオリティも高いからだ（アニメ版は〇八年、それほど評論されてないのは地上波で放映されなかったためだろう）。

　なおタイトルの「黒塚」とは、福島県二本松《にほんまつ》市にある「鬼女《きじょ》」（鬼婆《おにばば》）の墓、またはその「鬼女」にまつわる伝説のことである。物語は以下のように展開する。すなわち、「鬼女」の黒蜜《くろみつ》は安達ヶ原で人を喰《く》らっていたが、そこに源義経がやって来て、いつしか男女の関係になる。彼女には恐るべき秘密が隠されていたが……。

「鬼」×吸血鬼、ゾンビ、グール

『黒塚 KUROZUKA』の「鬼女」の黒蜜は、不老不死の「吸血鬼」だったという設定である。じつはこのように、ゼロ年代後半から一〇年代にかけてのアニメにおいては、鬼だけでなく、吸血鬼やゾンビのエンタメ化も進んでいる。

「吸血鬼」の起源は、ヨーロッパのバルカン半島にあるといわれ、一七世紀以前からその存在は知られていた。それがブラム・ストーカーの『吸血鬼ドラキュラ』によって小説化された結果、数多くの小説や映画で「吸血鬼」が活躍するようになった。『黒塚 KUROZUKA』において、日本独特の「鬼女」(鬼婆)がじつは「吸血鬼」であったという設定に違和感がないのは、「鬼女」(鬼婆)が人を喰らっていたためであり、生き血を吸う「吸血鬼」と類縁の存在だからだろう(和製のゴシック文化の一作品という観点も重要)。

それと同じように『東京喰種トーキョーグール』や『デビルズライン』といったマンガ原作のアニメ作品でも、日本伝統の「鬼」と「ゾンビ」(グール)や「吸血鬼」のイメージが重ね合わされている(『屍鬼《しき》』も含まれるだろう)。

まず石田《いしだ》スイのマンガ原作である『東京喰種トーキョーグール』は、森田修平《もりたしゅうへい》を監督に迎え、第一期が一四年、第二期が一六年にアニメ化され、大変人気がある作品である（新編は一八年にアニメ化）。フィギュアスケートの羽生結弦《はにゅうゆづる》選手もファンを公言しているので、一般的にも認知されているだろう。

物語は、現代の東京を舞台に、人間の姿をしながら人肉を喰らうことで生きる「喰種」（グール）をテーマにしている。本作が魅力的なのは、主人公の大学生・金木研《かねきけん》が「喰種」の臓器を移植されたことにより「半喰種」となり、葛藤しながらも戦うところと、喰種がその身体から発する「赫子《かぐね》」という捕食器官をもつというユニークな設定だろう。この「赫子」の形状は「喰種」個々により違う。「赫子」のバラエティが、戦いを苛烈《かれつ》にし、結果としてすぐれたアクションドラマに仕上がっていると思う。

それはともかく、「グール」の起源は、アラビア半島にあるといわれ、『千夜一夜物語』にも登場している。また人間やその死体を食する怪物として、アメリカの小説家ハワード・フィリップス・ラブクラフトの小説、および神話体系のクトゥルフ神話にも頻繁に登場する。

先述したロメロ監督の『ナイト・オブ・ザ・リビングデッド』では、怪物を最初「ゾンビ」ではなく「グール」と呼んでいたという誕生秘話があるように、ハイチを起源とする「ゾンビ」と混同されがちであるが、主に死体を食べるので、人間を襲うことはまれとされている。いずれにせよルーツが異なる怪物がこの作品でも重ね合わされている。

他方、花田陵《はなだりょう》のマンガ原作である『デビルズライン』は、中野英明を監督として一八年にアニメ化された。

こちらは現代日本を舞台に、吸血欲を有する「鬼」をテーマとした作品である。警視庁公安五課で「鬼」の犯罪を取り締まっている主人公の安斎結貴《あんざいゆうき》は「人間」と「鬼」とのハーフであり、捜査の最中に出会った大学院生・平《たいら》つかさと……という話である。一見地味ながら、「ONL」という施設や「CCC」という鬼の抹殺《まっさつ》を企てる組織など、謎が散種《さんしゅ》されておりとても興味深い作品であるが、この作品でもバルカン半島をルーツとする「吸血鬼」と日本独特の「鬼」がオーバーラップしている。

ここからは私なりの構造分析となるが、こうしたイメージの重ね合わせのやり方は、ちょうど電子ネットワークの構造に似ていると考えている（**図2-6参考**）。

電子ネットワークはレイヤー構造といって、基層の通信層の上にアプリケーション層が乗った二重構造を有している（コンピュータなどの通信機能を階層構造で分割したOSI参照モデルでは七層構造だが、ここでは単純化する）。この場合、基層の通

図2-6　「怪物」のレイヤー構造

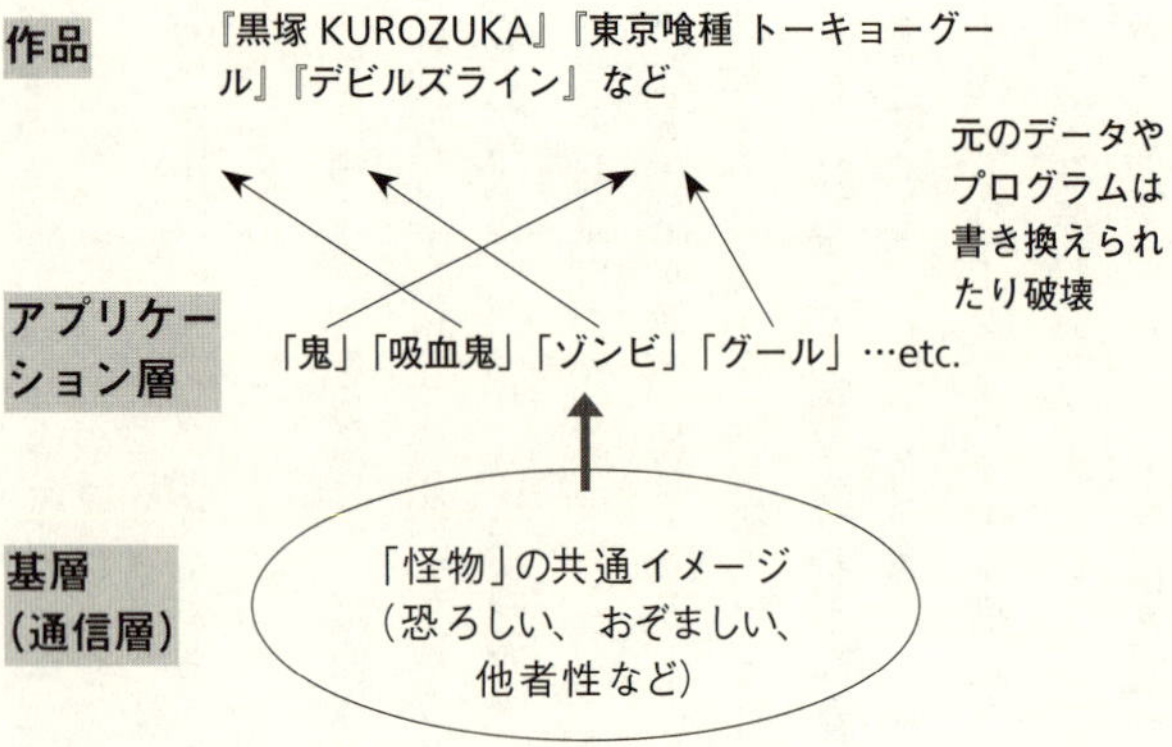

信層が「怪物」の共通イメージ（恐ろしい、おぞましい、他者性など）で、その上に「鬼」「吸血鬼」「ゾンビ」「グール」といった多様なアプリケーション層が乗っかり、それらが「マルウェア」（Malicious Software、いわゆるコンピュータウィルスやボットのほか、ワームやトロイの木馬）に感染したイメージである。要するに、元のデータやプログラムは書き換えられたり破壊されたりしているわけだ。もちろんこの「マルウェア」は、クラッカーにあたる作者と編集者によって綿密に計算されたものだが。

　ところでコンテンツツーリズムの第一人者である岡本健《おかもとたけし》が一七年、「ゾンビ学」

を提唱している。「ゾンビ」を定点としてポップカルチャーを切り分け、学際的に「ゾンビ」を扱っていくコンセプトで、大変意義深い試みだと思う。

著者も大賛成なのだが、本章で日本独特の「鬼」を軸に議論を進めたように、「鬼学」(Oniology) あるいは「鬼スタディーズ」(Oni Studies) のような総合的な学術研究も行うことができそうである。なぜなら日本には宗教学、民俗学や昔話研究の分野における膨大な知の蓄積があるからだ。このようなデータベースを参考にしつつ、そのデータをポップカルチャーを読み込むための「教養」(学問) とする。本章がその導きになることを願ってやまない。

※付言：吸血鬼やゾンビのエンタメ化という文脈で、一八年の秋アニメ (一〇月放映開始) で注目された作品は、『ゾンビランドサガ』と『となりの吸血鬼さん』であろう。前者は、事故で亡くなったさまざまな出自の少女七人が、ゾンビとして蘇り、佐賀県のローカルアイドルとして活動するという話で、ゾンビ文化とアイドル文化との組み合わせがなされている。他方後者は、人間の少女が吸血鬼 (見た目は少女) に救われ、吸血鬼の家に同居するという話で、その吸血鬼は人間の血を吸うのではなく、通販で血液を購入し栄養源にするという平和主義者である点が興味深い。なお両作品ともかわいいキャラクターが「怪物」として設定されているので、本書の第2部における「かわいいと怖い」のテーマともオー

バーラップするだろう。

第2部

かわいいと怖い

第3章 『メイドインアビス』ハードな世界観と一〇年代のキャラクター論

ホラーアニメの恐怖

ホラー小説、ホラー映画、ホラーマンガ、そしてホラーアニメ……。

私たちが消費するコンテンツの中でも、一定数の熱狂的ファンがいるのがこのジャンルではなかろうか。

科学哲学が専門の戸田山和久《とだやまかずひさ》がいうように、恐怖を感じる動物は人間以外にもいるが、その恐怖をエンターテインメントとして提供または享受し、楽しめる動物は、基本的に人間だけであろう。

戸田山は、恐怖の条件には三つの要素があるとして、①自分に害をなす可能性をもつ対象を認知すること、②怖さを感じているときの恐怖感、③その危機を低減する行動、をあげている。たとえば私たちが山でクマと出会ったとしよう。私たちは、①そのクマの存在をみとめ、②背筋が凍りつく、そこで③落ち着いてクマをみつめながら後ずさりし、十分に距離をあけ、隙をみて逃げるといった行動をとるであろう（ただし死んだふりや大声をあげるのは逆効果らしい）。これが戸田山がいう恐怖の三要素である。

では怖いアニメをみた場合はどうであろうか。

おそらく、①怖いとされる場面やキャラクターをみとめ、②彼／彼女がどういう態度をとるかワクワクし、③（目をそらしながらも）画面を凝視してしまうというパターンが多いと思う。つまり、②と③が恐怖をエンターテインメントとして楽しむということに関わっている。

たとえば〇五年からはじまり、一七年に第四期がテレビ放映された「地獄少女」シリーズがある。

このシリーズは、渡辺浩《わたなべひろし》（わたなべひろし名義）原案で、憎しみを抱いた人間を依頼人が地獄へ送るというモチーフのホラーアニメである。「人を呪わば穴二つ」（呪いをかければ、その呪いが自分に返ってくる、因果応報）という名言や、「いっぺん、死んでみる?」という決めぜりふで人気を博しているが、和装のかわいいむひょキャラ(無表情のキャラクター)、「閻魔《えんま》あい」こと「地獄少女」が、どのように私刑「地獄流し」を執行するのか、視聴者は画面を凝視しながら、期待感を抱いて楽しんだのではないだろうか。

このようなかわいいキャラクターとホラーの組み合わせは、アニメの定型・約束事ともいえ、私たちが本作をエンターテインメントとして楽しめるのは、画面のこちら側、つまり安全圏にいるからであろう。

私としては、このシリーズの怖さは、依頼人が地獄へ流したい人の名前を入力し、地獄少女サイドへ送信する「地獄通信」にあると考えている。なぜなら、依頼人がターゲットの顔すら知らなくても、地獄少女側は正確にそれを割り出し「地獄流し」を執行できるからだ。いわば指先だけで入力し、容易に人を殺せるシステムなのである(もっとも「人を呪わば穴二つ」、つまり依頼主自身も、死後は地獄で永遠に苦しむことになるわけだが)。

なおオープニングには、第2章でとりあげた『鬼灯《ほおずき》の冷徹』の原作者である江口夏実《えぐちなつみ》へも影響を与えた河鍋暁斎《かわなべきょうさい》(幕末から明治にかけて活躍した浮世絵師《うきよえし》)の地獄絵が使われている。

かわいい×怖い

それでは本書が対象とする一〇年代のアニメにおいて「ホラー」はどのように位置づけられるのだろうか。

じつは、ホラーアニメという「怖さ」に特化したジャンルは意外に少ない。しかし、新たな傾向として散見されるようになったのは、「冒険ファンタジー」のような恐怖とは関係が少ないと思われていた世界に、かわいいキャラクターを登場させ、一見「幼稚」な作品とみせかけてから、恐ろしい世界を描くような作品である。

その代表例のひとつが、一七年にテレビ放映された『メイドインアビス』である。原作は、竹書房のWEBコミックガンマにて配信されている、つくしあきひとのマンガである。また監督は、浦沢直樹《うらさわなおき》のマンガ原作『MONSTER』などの監督で知られる小島正幸《こじままさゆき》。シリーズ構成は、「グリザイヤ」シリーズ、『純潔のマリア』など評価の高い作品の構成を行った倉田英之《くらたひでゆき》。キャラデザは、『攻殻《こうかく》機動隊 ARISE』で知られる黄瀬和哉《きせかずちか》と、どちらかといえばアニメ好きでも「玄人筋《くろうとすじ》」で評価されるタイプのスタッフが登用されている。

その結果だろうか、「この逸話を第一話に持ってくるのか。なるほどそっちの方がよくなるね」とか、「第一話Bパートのはじまりが主観ショット。いかした演出だね」という風な会話が（私の周辺では）なされた。原作を知る者にとっても、納得のいく出来だったのではないかと推察される。なにより、原作の温《ぬく》もりあるタッチで心を和ませるようなキャラクター・絵柄と、それらとは対照的に重苦しいストーリーを展開する世界観が見事にアニメ化されたことに、感動を覚えたファンも多かったであろう。またナレーションは、人気声優の坂本真綾《さかもとまあや》（本作では主人公リコの母親であるライザ役を兼ねる）が担当しており、こちらも話題となった。

さて本作の舞台は、魔窟《まくつ》のような大穴「アビス」である。この大穴に挑む冒険家は「探窟家《たんくつか》」と呼ばれており、彼らは尊敬の眼差《まなざ》しをえる英雄である。そうした中、孤児院で育ち母ライザ（通称「殲滅《せんめつ》のライザ」）のような探窟家になることを目指す少女・リコがある日、生命の危機に遭遇するも、記憶を喪失した少年型ロボットのレグ（作中では「奈落《ならく》の至宝《しほう》」とされる）が放った「火葬砲《かそうほう》」という必殺技によって助けられる。これが二人の出会いである。その後、リコは母の手紙のメッセージ「奈落の底で待つ」をえた結果、大穴の探窟に挑む決心をする。一方のレグは「自分がどこから来たのか」の答えをえるために、リコに同行を申し出る。こうして二人は冒険に挑み「奈落の底」を目指す、という話である。

アニメ版は、大穴「アビス」の二層にある「監視基地《シーカーキャンプ》」に暮らす不動卿《ふどうきょう》「動かざるオーゼン」と彼女を「お師《し》さま」と呼び敬愛するマルルク、また四層で「成れ果て《なは》」のナナチとミーティ（「成れ果て」とは「アビスの呪い」によってダメージを受けた異形の者のこと）と出会う場面で終了しており、この続きは続編以降の持ち越しとなっている（「アビス」の設定については後述）。また原作も続いているので、今後の展開に目が離せないが、基本的にジャンルは「冒険ファンタジー」に括《くく》れるだろう。

※付言：なお竹書房が配信しているＷＥＢマンガは数多くある。たとえば『けものフレンズ』でブレイクしたたつき監督による『てさぐれ！部活もの』（一三〜一五）や、「クソアニメ」（誉め言葉）としてネットで反響を呼んだ『ポプテピピック』（一八）の原作もそうである。紙媒体のマンガではなくネット配信だという点は、アニメでいえばテレビ放映ではなく最初からアニメをストリーミング配信すること（「おわりに」を参考に）と、パラレルな現象と思われるが、こちらはアニメのように発信先の選択肢としてネットが選ばれたというだけでない。マンガの場合、雑誌の売れ行きが落ち込んでいる昨今の出版

不況と関係があるだろうし、新人マンガ家の発掘および登竜門としての機能をネットが担っていると思われる。

大穴「アビス」

では本作の基本的な設定や見取り図を紹介しよう。

まず約一九〇〇年前に発見された大穴「アビス」が存在する土地は、じつは南海に浮かぶ孤島である。大穴の直径は一〇〇〇メートルと分かっているが、その深さは特殊な力場《りきば》が生じているため正確には不明だという。そしてそこには奇妙な「原生生物」(作中では「ベニクチナワ」など架空の生物が多数登場する)が生命を保っている。同時に、アビスにはさまざまな遺物が存在し、最深部の「奈落の底」には「黄金《おうごん》郷《きょう》」が眠っており、探窟家により調査が行われている(らしい)。

ここでおさえておきたいことは二点ある。

第一に、「原生生物」とは、生物学ではふつう菌・植物・動物にも属さない生物のことを指す。しかし、本作ではどちらかというと「古代生物」に近いものを指している(この点でいうと、アマゾンの奥地を舞台に、古代生物が生息するというコナン・

ドイルの『失われた世界』と共通する)。第二に、「遺物」は、いわゆる「オーパーツ」(Out-of-place Artifacts の略)のことで、発見された場所や時代とは不釣り合いな物の呼称である。この「遺物」とともによく発見される骸骨《がいこつ》(作中でいう「お祈り骸骨」)が、以前この地で栄えた文明の住民のものだと予想されるので、「遺物」とは、失われた古代文明のテクノロジーを用いて彼らが作ったものなのだろう。

さて「奈落の底」に至る「アビス」の階層は、七層から成り立っている(**図3-1参考**)。

すなわち深界《しんかい》一層は「アビスの淵《ふち》」、二層は「誘《さそ》いの森」、三層は「大断層《だいだんそう》」、四層は「巨人の盃《さかずき》」、五層は「なきがらの海」と呼ばれ、この五層にある「前線基地」の内部に、六層への唯一の侵入口がある。つづく六層は「還《かえ》らずの都市」、七層は「最果ての渦《うず》」、そして深界極点(最下層)が「奈落の底」であり、六層以下は「絶界行《ラストダイブ》」と称されている。興味深いのは、「上昇負荷」がかかるという設定(後述)で、たとえば六層から五層へ戻る際に、探窟家たちは人間性を喪失し死に至る。

いわば本作は、リコによる死を賭《と》した冒険譚《たん》であり、レグとともに決死のダイブを試みている、とまとめればいいだろう。

図3-1　アビスの構造と呪い

深度	アビスの界層	侵入口と登場人物	アビスの呪い（上昇負荷）		ランク
地上		奈落門《ならくもん》が侵入口			
深界《しんかい》一層	アビスの淵《ふち》		軽い眩暈《めまい》と吐き気		赤笛《あかふえ》
深界二層	誘《さそ》いの森	*オーゼン、マルルク*	重い吐き気・頭痛・末端の痺《しび》れ		蒼笛《あおふえ》
深界三層	大断層《だいだんそう》		平衡《へいこう》感覚の異常、幻覚や幻聴		
深界四層	巨人の盃《さかずき》	*ナナチ、ミーティ*	全身に激痛、穴から出血		月笛《つきふえ》
深界五層	なきがらの海	*ボンドルド、*前線基地《シーカーキャンプ》内部に六層への侵入口	全感覚の喪失、意識混濁《こんだく》、自傷行為		黒笛《くろふえ》
深界六層	還《かえ》らずの都市		人間性の喪失もしくは死		白笛《しろふえ》
深界七層	最果ての渦《うず》		確実な死	絶界行《ラストダイブ》	
深界極点	奈落の底	*ライザ、*黄金郷が眠る	？		

＊リコはレグとともに奈落門を通らず下降した。
＊探窟家《たんくつか》は、首からぶら下げる笛の色でランクが決められ、ランクごとに「限界深度」（下降できる深さの制限）がある。まったく下降できない「鈴付き」をはじめとして、深界一層を探査できる「赤笛」、深界二層までの「蒼笛」、深界四層までの「月笛」、深界五層までの「黒笛」、そして「限界深度」のない「白笛」に分けられている。リコは「赤笛」だが、「限界深度」を突破中。またマルルクは「蒼笛」、母のライザをはじめ、オーゼン、ボンボルド、スラージョら伝説の探窟家は「白笛」である。

冒険ファンタジーと英雄譚

「冒険ファンタジー」は、現代ファンタジーの一ジャンルであり、『メイドインアビス』もここに当てはまる。

この手の作品は、アニメの世界では数限りなく存在する（他のファンタジーのジャンルとして、過去の時代をモチーフにする作品は近年、「レトロ」「ノスタルジー」と呼称されている。また戦国時代や江戸時代を舞台にした場合は、「歴史もの」「時代劇」と呼ばれている）。

ちなみに一八年の夏アニメ（七月から九月に放映）を（細かい差異に拘《こだわ》らず）例にすると、『異世界魔王と召喚少女の奴隷《どれい》魔術』『七星《しちせい》のスバル』『百錬《ひゃくれん》の覇王《はおう》と聖約《せいやく》の戦乙女《ヴァルキュリア》』『オーバーロード』が、とりあえず「冒険ファンタジー」ものといえるだろう。この一クールあたり四作というのは少ない方で、別のクールでは五作以上になることもしばしばである（なお、クールとは番組が放送される期間の単位で、アニメの場合、一クールは約三ヶ月）。その背景には、「異世界召喚《しょうかん》もの」の人気という一〇年代特有の文脈がある。しかし、根本的に日本人はロールプレイングゲーム（以下、

RPG）や、大規模多人数オンラインロールプレイングゲーム（以下、MMORPG、ネトゲのRPGのこと）が好きだという事実も影響していると思う。

MMORPGに関しては、前々著の『ソードアート・オンライン』で語ったので繰りかえさないが、RPGに関しては（前々著の『ノーゲーム・ノーライフ』と重複するかもしれないが）話しておこう。

日本におけるファンタジー・ブームは、まず文学ではなく、コンピュータゲームが牽引した。それが、八七年に発売された『ドラゴンクエストⅡ』と『ファイナル・ファンタジー』である。

この二作のRPGゲームによって空前のファンタジー・ブームが起こった。その結果、文学とは無縁だった方や、オタクを巻き込んだだけでなく、数多くのファンタジー作家がこれを機にデビューを飾っており、その流れに今日の「冒険ファンタジー」ものの文学（ラノベ）やアニメの興隆《こうりゅう》があると考えていいだろう。

ところで「冒険ファンタジー」のストーリーには一定のパターンがあり、古今東西の神話・民話・昔話で語られた英雄譚と共通する。それを解き明かしたのが、アメリカの神話学者であるジョーゼフ・キャンベルである。

キャンベルは、世界最古の神話といわれるギルガメッシュの冒険から、ギリシア神話のオデュッセウスの旅、仏教のブッダの修行、果ては日本神話の伊邪那岐命《イザナギノミコト》と伊邪那美命《イザナミノミコト》の物語（本書第2章参考）などを例にあげ、これらの英雄譚には共通する構造があると指摘した。それは次のようなプロセスをへる（**図3-2参考**）。

①出立《しゅったつ》（英雄は日常の世界から、自然を超越した不思議な領域へ冒険に出る）：冒険への召命《しょうめい》、その拒否、自然を超越した力の助力、最初の境界の越境、闇の王国への道。

②イニシエーションの試練と勝利（冒険では途方もない力と出会い、決定的な勝利を手中に収める）：試練の道、取り戻された幼児期の至福、自覚と苦悩、父親との一体化、神格化、究極の恵み。

③帰還（仲間に恵みをもたらす力を手に、不可思議な冒険から帰ってくる）：帰還の拒絶、魔術による逃走、外からの救出、日常世界への帰還、二つの世界の導師、生きる自由。

図3-2　キャンベルによる英雄譚《たん》の構造からみた『メイドインアビス』

英雄譚の構造	プロセス	『メイドインアビス』
①出立《しゅったつ》	英雄は日常の世界から、自然を超越した不思議な領域へ冒険に出る	
	冒険への召命《しょうめい》、その拒否	自主的に冒険に挑む
	自然を超越した力の助け	レグの助けを借りる
	最初の境界の越境	深界一層を越境
	闇の王国への道	大穴「アビス」への道
②イニシエーションの試練と勝利	冒険では途方もない力と出会い、決定的な勝利を手中に収める	
	試練の道	10日間の「生存訓練」
	取り戻された幼児期の至福	ミーティと声なき対話
	自覚と苦悩	自覚と苦悩
	父親との一体化	母親との一体化
	神格化、究極の恵み	※以下はまだ不明
③帰還	仲間に恵みをもたらす力を手に、不可思議な冒険から帰ってくる	
	帰還の拒絶	
	魔術による逃走	
	外からの救出	
	日常世界への帰還	
	二つの世界の導師	
	生きる自由	

＊英雄譚は通常男性が主人公であり、「試練の道」から「父親との一体化」へ、というのは理解しやすい。対する本作の主人公はリコという女性（女の子）であるがゆえに、「試練の道」から「母親との一体化」へという流れなのだろう。

これを『メイドインアビス』の物語と対応させながら検討すると、①の「出立」にあたるのは、リコが母の手紙をきっかけとし、(「自分がどこから来たのか」の答えをえるために)同行を申し出たレグの助けを借りて冒険に挑んだこと。そして最初の境界(一層)を越境し、闇の王国への道を降りていったことだろう。ポイントは冒険を他者から命じられたのではないという点である。つまり、リコの旅のはじまりは自発的なものなので、英雄譚の異種バージョンといえそうだ。

次いで②の「イニシエーションの試練と勝利」。ここでは、「試練の道、取り戻された幼児期の至福、自覚と苦悩」まではだいたい踏襲《とうしゅう》している。たとえば二層の「誘いの森」にある「監視基地」において、不動卿「動かざるオーゼン」から、一〇日間の「生存訓練」を受けたこと。これが「試練の道」に相当する。また四層の「巨人の盃」では、「原生生物」の「タマウガチ」の針の毒により、リコが瀕死《ひんし》の重傷を負う。ここで人気の高い「成れ果て」と呼ばれるナナチが登場し、治療を受けるわけだが、その際に、リコは同じく「成れ果て」のミーティと声なきコミュニケーションを図ることで、「幼児期の至福」みたいなものを取り戻す(ネタバレになるので詳細は伏《ふ》せる)。その過程でリコは、「自覚と苦悩」を背負うわけである。

とはいえ、つづく「父親との一体化」はキャンベルの英雄譚の構造とは異なり、『メイドインアビス』の場合、むしろ「母親との一体化」というニュアンスが強い。このことは後ほど検討する。

アニメ版は、今のところこの四層での、リコとレグの危機を救ったナナチ、およびミーティとの逸話までだし、原作はいまだ七層の「奈落の底」には至ってないので暫《ざん》定的《ていてき》となるが、②の残りの「神格化、究極の恵み」、そして③の「帰還」における、「帰還の拒絶、魔術による逃走、外からの救出、日常世界への帰還、二つの世界の導師、生きる自由」といったおおよその流れは、踏襲しそうな予感がする。もちろんさまざまな要素を入れながら、「変化球」を投げてくるであろうが、現代の英雄譚として『メイドインアビス』は、古今東西の神話、民話や昔話が語る物語と通底している、と私は考えている。

※付言：レグは大穴「アビス」の「奈落の底」からやって来たとされている。またリコが生まれたのは「アビス」の中であり、「呪い除《よ》けの籠《かご》」なるものに入れられて地上まで運ばれた。この二つの設定を念頭におくと、③の「帰還」は地上ではなく、逆に「奈落の底」という見方も可能であろう。

アビスの呪い

では、そもそも本作における「アビス」とはなんだろう。英語の「アビス」(Abyss)は、①深海、深淵、深い裂《さ》け目、②どん底、絶望の極み、③天地創造以前の混沌《こんとん》、地獄といった意味である。

したがって『メイドインアビス』というタイトルの意味は、「深い裂け目《アビス》で作られしモノ」となるので、「奈落の至宝」たるロボットのレグを指すと思われる。それはともかく、「アビス」は①「深い裂け目」である大穴を指し、そこは同時に②「絶望の極み」、③「天地創造以前の混沌」であること、を念頭に置いておくのがいいだろう。

さてこの大穴の「アビス」は呪われており、これを作中では「アビスの呪い」と呼んでいる。

ではその「呪い」によって、どのような症状が引き起こされるのか。「上昇負荷」という設定が本作の特徴である。

まず①一層から地上を目指す際は、軽い眩暈《めまい》と吐き気、ついで②二層から一層へは、重い吐き気・頭痛・末端の痺《しび》れ、以下、③三層から二層へは、それらに加え、平衡感《へいこう》覚に異常をきたし、幻覚や幻聴、④四層から三層へは、全身に激痛が走り、穴から出血、⑤五層から四層へは、全感覚の喪失、それに付随した意識混濁《こんだく》、自傷行為、⑥六層から五層へは、人間性の喪失もしくは死、そして⑦七層から六層へは、確実な死を迎えるという。⑤〜⑦の症状をみても分かるように、これらは致死性が高い「呪い」であり、それによってナナチとミーティのような「アビスの呪い」によってダメージを受けた者＝「成れ果て」が生まれるわけである（**図3-1参考**）。

ここでは本作の分析を進めるために、そもそも「呪い」とは一体なんなのかについても考察しておこう。

日本では古くから「呪い」をかける方法は数多くあった。文化人類学や民俗学が専門の小松和彦《こまつかずひこ》が整理するように、大別すると、1．奈良時代に一世を風靡《ふうび》した呪禁道《じゅごんどう》、2．平安時代に盛んだった陰陽道《おんみょうどう》、3．院政期から中世にかけて興隆した密教や修《しゅ》験道《げんどう》が、それぞれ独自の技術で「呪い」をかけていたとされる。ちなみに「地獄少女」シリーズにも（形を変えて）登場するワラ人形による「呪い」は、この三つのテクノロジー（技法）が応用されたものである。

ここで注目したいことは、「呪い」とは「誰か」が主体的に行う行為であることだ。たとえば皆さんの中の「誰か」が失恋したとしよう。その「誰か」は、恋愛対象であった「あの人」にフラれて憎いからこそ、「あの人」を呪詛《じゅそ》するわけである。ところが、正体不明の力場とされる「アビスの呪い」の場合、その呪う「誰か」の正体がよく分からないだけでなく、なぜ呪うのか、理由も不明である。この「呪い」の主体と理由の欠落は、七層の「奈落の底」で解き明かされる、と私は推察している。

ちなみに、「奈落の底」の「奈落」とは、もともとサンスクリット語の「ナラカ」の音写《おんしゃ》で、「地獄」のことである。

仏典では「奈落迦」とも記されて「ナラキャ」と読むが、「奈落の底」という熟語は、中世からよく「悪い場所」や「下の地位に落ちて」という意味で使われていた（『太平記』巻三参考）。また歌舞伎《かぶき》や演劇では、劇場の舞台や花道の下に作られた地下室の場所を意味するので、アニメの設定としてはきわめて演劇的であると思う（ドラマ『あまちゃん』東京編も参考）。

では次からは、この作品の舞台である大穴「アビス」についてより深く考察していこう。キーワードは、「地下世界」「黄金郷」「おぞましきもの」の三つである。

である。

「アビス」と「地球空洞説」

まず考えたいのは、大穴「アビス」の地下世界は、どのようにして形作られたのかである。

想定できるのは、「天体衝突」、すなわち彗星《すいせい》や小惑星といった宇宙にある天体が、地球に衝突してできた「クレーター」（衝突クレーター）ではないかという説である（詳しいことは第1章で論じているので参考に）。これは「力場のゆがみ」という設定からありうることだと、私は最初考えていた。「力場」とは物理学用語で、物体に働く力がその位置によって一義的に定まる空間領域のことである。「力場」は、重力場・電場・磁場からなり、三つをあわせて「電磁場」ともいう。ゆえに、「力場」がゆがむとは、その三つの力のなんらかが原因となって「場がゆがんでいる」ということだと思われる。

ところがこの「クレーター」説を『メイドインアビス』に応用するには欠点がある。なぜなら現実に存在する「クレーター」はお椀の形をしているからだ。たとえば月に約一万個ある「クレーター」を考えると分かりやすいが、すべて盆地のような形をしている。もちろん衝突した小惑星がいびつな形をし、通例とは異なる衝突の仕方をして形作られたのが「アビス」だと考えることも可能だが、地球には大気圏があるので、小惑星の角が摩擦《まさつ》熱で溶け、結果的にどうしてもお椀型の「クレーター」になってしまうのだ。したがって「アビス」は「クレーター」ではないと考えられる。

では「アビス」は「自然」に形成された大穴なのだろうか。このことを考えるにあたっては、「地球空洞説《くうどうせつ》」が参考になりそうだ。

ご存じない読者もいるだろうから説明しておこう。「地球空洞説」の起源は古く、古代ギリシアの哲学者プラトンまで遡《さかのぼ》れるが、アメリカの陸軍大佐ジョン・クリーブス・シムズのそれが興味深い。シムズによると、地球の両極、つまり北極と南極には大穴が開いており、そこから地球内部に進入することができるという。北極の大穴は、直径六四〇〇キロメートル、南極のそれは、九六〇〇キロメートルもあり、「五層」の構造であるという。

他にもさまざまな「地球空洞説」があるが、本作の「七層」からなるという設定を考えるとシムズのこれがかなり近い仮説といえる。これらの「地球空洞説」は、本来の地球の成り立ちから考えると、もちろん空洞が開いているとは考えにくい。しかし、チベット仏教で、古くから「アガルタ」という地下世界が存在すると信じられてきたという興味深い事実があることをご存じだろうか。

「アガルタ」は、第一章でとりあげた新海誠《しんかいまこと》監督の『星を追う子ども』（一一）の舞台にもなっているので、鑑賞した方は憶えておられると思うが、この地下都市には多くの住民が居住し、首都の「シャンバラ」に住む全世界の王たる最高君主が支配を行使しているという伝説をもつ。この最高君主の命令は、地上の代理人であるダライ・ラマに下されるわけだが、そのお告げは「アガルタ」とチベットをつなぐ秘密のトンネルを通じて伝えられる、とされている。

興味深いのは、この秘密のトンネルは、一説によるとブラジルにも存在するということだ。『メイドインアビス』の大穴「アビス」が存在する土地は、南海に浮かぶ孤島とされているので、その分岐したトンネルで「アガルタ」につながっているという設定は十分ありえるだろう。

私があえてこのようなことを考えるのは、地下世界を舞台とした数多くの文学が存在するからだ。とくに重要だと思うのが、一九世紀、イギリスのエドワード・ブルワー＝リットンが執筆した『来るべき種族』である（もう一冊あげるとすれば、ジュール・ヴェルヌの『地底旅行』)。

この小説は、地球内部に住む地底人の先進的な文明社会「ヴリル＝ヤ」との接触を描いたもので、超エネルギー「ヴリル」と自動人形の活用により、格差と差別だけでなく、労働などからも解放された未知の種族をめぐる異世界譚である。後世には、SFをはじめ、神智学《しんち》、心霊主義、ユートピア思想などに影響を与えた(現代SFでのお勧めはジェームズ・ロリンズの『地底世界　サブテラニアン』)。

以上みてきたように、フィクションとして、「地球空洞説」や、「アガルタ」「ヴリル＝ヤ」といった地下都市・文明、そして大穴「アビス」が存在することは「設定としてはあり」という結論になるだろう。

黄金郷にはなにが眠るのか

とはいえ、これだけでは大穴の「アビス」の実態やイメージを語ったことにはならないと思う。なぜなら「奈落の底」には「黄金郷」が眠るという設定だからだ。この「黄金郷」は、現実の歴史でいうなら、一六世紀の大航海時代、南米アンデスの奥地に存在するとされた「エルドラド」(裸体に金粉を塗った王)が治める伝説上の土地のことである。

すなわち、南米大陸のペルーやコロンビアは川や大地から黄金がたやすく手に入ったことにより、インカ文明（一三〜一六世紀半ば）のような高度な黄金文化が育まれた。そこに目をつけたヨーロッパのコンキスタドーレス（征服者）により、「エルドラド」が治める「黄金郷」への遠征が組まれたわけである。

遠征によって「黄金郷」が発見できたかというと、すべて失敗だったことは読者の皆さんも世界史の授業などで聞いたことがあるだろう（スペインのカルロス・サウラ監督による『エル・ドラド』という映画のモチーフになっているので機会があれば是非）。

遠征した者の中でも、バスク地方出身のロペ・デ・アギーレは少し変わり者で、「エルドラド」の「黄金郷」遠征は早々にあきらめ、ペルー自体を征服するため、一五六一年にスペインからの独立を宣言した。その間、アギーレは敵対者や行く先々のスペイン人を次々と殺したが、最後は二人の部下によって銃殺されて終わる。ドイツのヴェルナー・ヘルツォーク監督の『アギーレ／神の怒り』（七二）で映画化されたほか、（筆者は未読ながら）小説も数冊あり、アギーレはある種の反権力者という文脈で語り継がれている。

それはさておき、『メイドインアビス』の大穴「アビス」の最下層に位置する「奈落の底」に眠る「黄金郷」は、もちろん「黄金郷」だからといって、大量の「黄金」が存在するわけではない。二層の「監視基地」において「動かざるオーゼン」が語ったように、本来存在してはいけない「奈落の至宝」たるレグ、あるいはアビス信仰の源といえる重要な「遺物」がその「黄金」の正体ではないかと推察している。

以上のようにそもそもの黄金郷は、大航海時代にアンデスの奥地に存在するとされた「エルドラド」が治める土地という見立てだが、本作は平地＝「水平」ではなく、大穴＝「垂直」にそうした場所をしつらえたのが特徴である。そしてそこにリコはレグとともに下降していくわけである。

「穢《けが》れ」と「祓《はら》い」、そして「撫物《なでもの》」

さて最後は、「おぞましきもの」についてである。この議論は先述した神話学者のキャンベルがいう英雄譚に共通する②「イニシエーションの試練と勝利」の過程にも関係する。ただし『メイドインアビス』の場合、「父親との一体化」ではなく、奈落の底で待つ「母親との一体化」というニュアンスが強いので、このことについても考えてみたい。

まず大穴の「アビス」を、フロイト流の精神分析学で考えると、「子宮」もしくは「産道」のメタファー（隠喩《いんゆ》）であると思われる。

フランスの記号分析学者ジュリア・クリステヴァによると、私たちが生まれて六ヶ月くらいは「前エディプス期」といい、この時期の幼児は母乳を摂取しながら母と融合している（自立していない）とされる。この幼児が主体（一人前の人間）となるためには、一体化した母の身体を「おぞましきもの」として棄却《ききゃく》し、対象化する必要性がある。ところが、大穴の「アビス」の場合、棄却する以前の母、あるいは生まれる以前の「子宮の羊水《ようすい》」そのものと一体化した「おぞましきもの」、ちょうど生命が誕生する「原始スープ」（「原始の海」）のような、溶解してどろどろになり、形をなしていない幼児のイメージが強い。これは「アビスの呪い」によって「穢れ」を受けて「成れ果て」となったミーティの姿をみても分かるだろう。

また、リコが幼児のとき「呪い除けの籠」に入れられ引き上げられたものの、（「動かざるオーゼン」曰く）じつは死産であったのなら、リコは「成れ果て」に近似する存在という解釈も可能だと思う。

とはいえ、キャンベルがいう英雄譚に共通する③の「帰還」のプロセス、すなわち「帰還の拒絶、魔術による逃走、外からの救出、日常世界への帰還、二つの世界の導師、生きる自由」を本作が今後踏襲すると考えるなら、「アビスの呪い」を受けた「穢れ」は最終的に祓い清められる必要があるだろう。なぜなら「共同体」というものは、「穢れ」の原因を外に追い出して、「ハレ」の清浄な状態にすることで維持されるものだからだ。

たとえば節分の豆まきを考えてみよう。

これは今日、「鬼は外、福は内」の掛け声とともに豆をまいて「邪気」を家から追い出し、「幸せ」がやってくることを願う行事として一般の家庭で行われている。つまり「穢れ」の原因を「鬼」に背負わせて家庭から外に追い出し、「ハレ」の清浄な状態にするわけである。しかしながらこれは、もともと立春に宮中で行われた「追《つい》儺《な》」という鬼払いの行事なので、従来は「共同体」規模で行われてきたものだ。

これを念頭におけば、『メイドインアビス』の作中の大穴「アビス」においても、探窟家たちが負った「穢れ」が祓い清められない限り、物語は完結できないと思われる。そしてその「清め」（浄め）の役割は、おそらく本作の主人公、すなわち英雄であるリコか、彼女のお供であるレグが担うのではないだろうか。なぜなら、英雄譚における英雄は、「共同体」を代理表象《レペゼン》する機能を担っているからだ。

日本では先に示したように、古来「呪い」の方法は数多くあった。大別すると、①奈良時代に一世を風靡《ふうび》した呪禁道、②平安時代に盛んだった陰陽道、③院政期から中世にかけて興隆した密教や修験道が、それぞれ独自の技術で「呪い」をかけたわけだが、同時にその「呪い」を祓うテクノロジー（技法）も有していた。中でも、『メイドインアビス』の分析において注目すべきは、②の陰陽道で採用された方法だと思う。

マンガやアニメでも、陰陽師の安倍晴明《あべのせいめい》は人気があるのでイメージしやすいと推察するが、陰陽道では紙で作った「式神《しきがみ》」が陰陽師をサポートする。それと同じように「呪い」を祓う際には、「撫物」と呼称される木や金属で作られた「人形」（ひな人形のルーツといわれる「天児《あまがつ》」と「這子《ほうこ》」など）に、「穢れ」またはその原因である悪霊を吸収させることになる。そしてこの「人形」を河原や四《よ》つ辻《つじ》（十字路）などの「境界」に捨てることで、「ハレ」の清浄な状態が回復するわけである。

これを念頭において『メイドインアビス』の「帰還」のプロセスを再考すると、

「奈落の至宝」と呼ばれるレグ、あるいはアビス信仰の源といえる重要な「遺物」が、「撫物」としての機能を担う可能性が考えられるだろう。そのとき、リコがどのような行動をとるか、「穢れ」は祓い清められるのか。興味が尽きない。

キャラクターとキャラ

本章ではここまで、『メイドインアビス』における、かわいいキャラクターや絵柄とは裏腹な「ハードな設定」を分析してきた。とはいえ、この作品が人気を博したのは、かわいい／怖いキャラクターたちの魅力自体にあることも疑いえないだろう。そこで以下の節において、一〇年代アニメにおける「キャラクター」について論じてみよう。しかしそのためには、少し回り道をしてマンガに登場するキャラクターについてまず考えてみる必要がある。

そもそも「キャラクター」(Character)とは、ギリシア語の「刻印《こくいん》」(Kharakter)を由来とし、性格や人格という意味である。カトリック神学では、秘《ひ》蹟《せき》の印という意味があり、現代英語の「キャラクター」は転じて、映画、小説、カートゥーンやコミックスの登場人物を指す。ここで注意したいのは、「キャラクター」

図3-3　前キャラクター態としてのキャラ

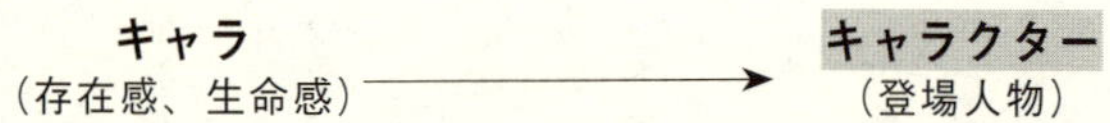

と混同されがちな、日本のアニメやマンガで使われることの多い和製英語の「キャラ」（Kyara）である。ゼロ年代に影響力があった評論家の伊《い》藤剛《とうごう》の『テヅカ・イズ・デッド』によると、「キャラ」（または「前キャラクター態」）とは、「キャラクター」と区別するために用いられる名称であるという（**図3-3参考**）。

しかし、伊藤の議論はじつは図のような単純なものではない。少々難解かもしれないが、ざっくり紹介してみよう。

まず彼はマンガを構成する要素は、「キャラ」「コマ構造」「言葉」の三つであるという。

これは、たとえば『メイドインアビス』の原作のページをランダムに開けば分かることだが、二ページにわたり、リコやレグといったキャラクターがさまざまな形のコマの中でセリフ（言葉）を発したり、ときに擬音のオノマトペが挿入されたりしている（試しにお手元の任意のマンガを開いてみてもいいだろう）。このように、基本的にマンガの構成要素は、「キャラ」「コマ構造」「言葉」の三つなのである（この伊藤の分析は、哲学者の東浩紀《あずまひろき》がいう「データベース消費」論の影響がみられる）。

また伊藤は、マンガ史の研究などをしている宮本大人《みやもとひろひと》が整理した「キャラクター」の六要素のうちのひとつ「自立性・擬似的な実在性」をとりあげ、これこそが「キャラ」であるという。たしかにリコやレグは作品の中で生き生きとしているので、「自立性・擬似的な実在性」＝「キャラ」を有しているといえるだろう。

そして伊藤によれば、マンガにおける「キャラ」は、①マンガのテクスト全体の時間的連続性が保証するテクスト内の「キャラ」同一性と、②時間的継起性を保持した複数のコマから存在感が生まれ、「キャラ」としての同一性が成立するという。

この伊藤の論は少々難解な言い回しなので補足説明すると、①『メイドインアビス』の第一巻を読んだ経験があるとする。そうするとリコとレグの「キャラ」は知悉《ちしつ》しているのだから、たとえその後に第六巻を読んだとしても「キャラ」同一性は維持されている（ゆえに間違えることはない）。したがって、②複数のコマから彼らの存在感が生まれ、「キャラ」としての同一性が成立する、といったことである。

一〇年代は「間キャラクター態」の時代

この「キャラクター」（登場人物）に先立って「キャラ」（実在性）が存在すること、すなわち「前キャラクター態」という考え方は、「アニマ」（Anima、精霊）が、「キャラクター」に宿っていること（アニミズム）を反映しているとも読める（逆にいえば、「キャラクター」に「キャラ」が憑依《ひょうい》している）。「アニミズム」（Animism）とは、精霊崇拝、すなわち岩石や樹木などに「アニマ」が存在するとして、それを崇拝する原始信仰であるが、これが今日のポップカルチャーにもみられるというわけである。古代・中世における「モノ」（刀剣や楽器）に名前をつけ擬人化する、あるいは第二次世界大戦以降、老若男女に関係なく多くの日本人がキャラクターを愛してきた歴史を考えると、この伊藤の考え方は首肯《しゅこう》できるだろう。

とはいえ、一〇年代以降の「キャラクター」論として、この説は少々更新する必要があるだろう。

伊藤のいう「前キャラクター態」では、オタク第四世代以降の、たとえば「百合《ゆり》」（女同士の関係性）が好きな男子、「合わせ」（同じ作品のキャラクターに扮《ふん》したコスプレイヤーが集まること）に興ずるコスプレイヤー、「カップリング」（キャラクター

図3-4　間キャラクター態としてのキャラ

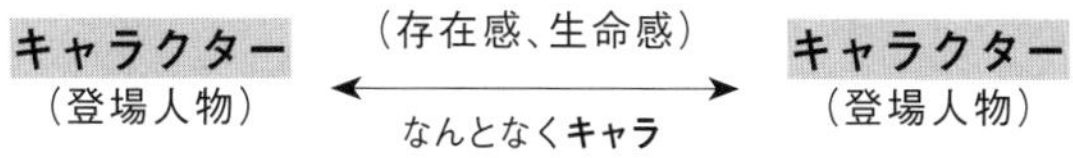

ref.『ラブライブ！』『おそ松さん』『Free!』

＊難しくいえば「間主観性」（Intersubjektivität、相互主観性）として捉えるキャラクター論。要するに、個々人の主観性は「エゴ・コギト」（われ思う）として単独に機能するのではなく、相互に機能を交錯させつつ共同的に機能する、というフッサールの現象学をベースにしている。

同士の恋愛関係）を好む腐女子《ふじょし》の「関係性消費」、つまり登場人物単体ではなく複数のキャラクターの「関係性」に関心を向ける消費の形式は入る余地がなくなるのではないだろうか。

　なぜなら今日の「キャラクター」は、キャラクター間の「関係性」から存在感や生命感＝「キャラ」が「萌《も》え」いずる傾向があるからだ。これを「間キャラクター態」と呼んでおく。私の考えを図示したらこうなるだろう（**図3-4参考**）。

　たとえば、再び『メイドインアビス』の原作のページを任意に開いてみよう。

　二ページにわたり、リコやレグがさまざまな形のコマの中でセリフを吐いたり、ときに擬音のオノマトペが挿入されたりしているが、私たち読者は二人、あるいは「動かざるオーゼン」、「成れ果て」のナナチやミーティとの「関係性」に関心を寄せながら読み進めるのではないだろうか。つまりキャラクター単体を「データベース」として読み解くのではなく、キャラクターとキャラクターとの「対話」や「絡《から》み」から生まれる「関係性」に、存在感や生命感＝「キャラ」を感じている人の方が多い、と私は考えている。

一〇年代のキャラクターの傾向

とはいえ伊藤剛がいうように、マンガを構成する要素に限っていえば、「キャラ」「コマ構造」「言葉」の三つであることは今も変わらない、と私も思う。

ではマンガではなくアニメはどうだろうか。アニメは動画なのだから、こちらは「キャラ」「原画・動画」「言葉」の三要素がそれを構成するといえるだろう。アニメ版『メイドインアビス』をみたら分かるように、一話毎、本編約二〇分にわたり、リコやレグが（アニメーターの描いた）原画、動画や背景の中で、声優によるセリフを発したり、ときに（オノマトペにあたる）効果音や音楽（サウンドトラック）が挿入されたりしているからだ（**図3‐5参考**）。

一〇年代に入り、こうした存在感や生命感（「キャラ」）を宿した「キャラクター」

図3-5　マンガとアニメの3要素

マンガ		アニメ
キャラ		**キャラ**
コマ構造	→	**原画・動画**
言葉		**言葉**
セリフ	→	声優によるセリフ
オノマトペ	→	効果音や音楽

は、アニメの方でどういう傾向をみせているか。話を明確にするため、『メイドインアビス』がテレビ放映された一七年の下半期の作品を中心に概略してみよう。

一七年度下半期で評価したい作品は、本作以外に、東西分断されたロンドンが舞台の女子高生たちによるスパイアクションものの『プリンセス・プリンシパル』、人類の文明が終わった世界という設定で、チトとユーリという二人の少女が「ケッテンクラート」（半装軌車《はんそうきしゃ》）に乗ってあてどなく旅を続ける『少女終末旅行』、人類滅亡後、二八人からなる永遠の命を宿す宝石（人型生物）と、月から寄せ来る謎の「月人《つきじん》」との戦いを描いたファンタジーものの『宝石の国』、巨大な漂泊船「泥《どろ》クジラ」、感情を発動源とする「情念動《サイミア》」など興味深い設定の『クジラの子らは砂上に歌う』の四作があげられる。次点で『Re:CREATORS《レクリエイターズ》』『サクラダリセット』『結城友奈《ゆうきゆうな》は勇者である』『十二大戦』（西尾維新《にしおいしん》原作）の四作、話題になったのが『いぬやしき』『Infini-T Force《インフィニティフォース》』あたりだと考えているが、これらの作品に登場するキャラクターは、およそ三系統に分類できるだろう（なお以下は、ミステリ作家の小森健太朗《こもりけんたろう》からの示唆を受け、筆者がそれを独自に解釈したものである）。

①いわゆる「萌え絵」のキャラクター
②「三次元」に近いキャラクター
③「デフォルメ」されたキャラクター

①の「萌え絵」（「萌え」を感じさせる絵）は、ファンや論者によって定義はさまざまであろうが、オタクの間では「顔の大きさに対して、目が大きいこと、鼻と口が小さいこと」が特徴という共通認識がある。ゼロ年代に流行った「セカイ系」、その代表作『涼宮《すずみや》ハルヒの憂鬱』の登場人物である涼宮ハルヒをあげたら分かりやすいだろう（みてない読者は画像検索をしてほしい）。

ところが近年は、その造形がスタイリッシュになった印象がある。たとえば『プリンセス・プリンシパル』の登場人物であるアンジェの図像をみてみると、たしかに顔の大きさに対して目は大きいが、それは「ほどほど」で、ゼロ年代と比較して非常に落ち着いた印象がある。これは時代の好みに沿っていると考えられるが、同様のことは『宝石の国』のフォス、『クジラの子らは砂上に歌う』のエマなどにもいえることだと思う。

②の「三次元」に近いキャラクターとは、現実の世界にいる私たちの目鼻立ちに近いということである。マンガやアニメのキャラクターは、フィクションであるゆえに「三次元」の人物を、①や③のように抽象あるいは誇張して描かれる。この誇張法のことをフランス語や英語では「ハイパーボリ」(Hyperbole) という。

ところが近年は、3DCGやモーションキャプチャが手軽に使えるようになったという技術革新もあり、「三次元」に近いキャラクターが登場する機会も増えた。たとえばフル3DCGアニメの『Infini-T Force』のヒロインである界堂笑《かいどうえみ》。彼女の顔の目、鼻や口は、ほぼ現実世界にいる私たちと同じ大きさである。彼女は美形なので、むしろ「三次元」の私たちを凌駕《りょうが》したキャラクターといえるかもしれない。『いぬやしき』のキャラクターなどもこの系列に入りそうである。

③の「デフォルメ」とは、フランス語の「デフォルマシオン」(Déformation)由来で、対象を変形・歪曲《わいきょく》して表現することである。

この「デフォルメ」されたキャラクターに該当するのは、『メイドインアビス』のリコやレグ以外に、『少女終末旅行』のチトとユーリがあげられるが、その他の例でいえば『干物妹《ひもうと》!うまるちゃん』(一五、一七)の(室内でだらだらしているバージョンの)うまるや、『進撃!巨人中学校』(一五)や『アイドルマスター シンデレラガールズ劇場』(一七~一八)の「ちびキャラ」(頭身の低いキャラクター)が該当する。第6章でとりあげる『幼女戦記』のターニャも異様に頭でっかちなので、この手のキャラクターといえなくもない。

一〇年代のアニメ作品において興味深いことは、「ちびキャラ」の場合、ギャグ的な要素が強いキャラクターであるので、「デフォルメ」されるのは了解できるが、いわゆる「終末もの」(第4章で後述)や「大戦間もの」(第5章で後述)に分類される作品にまで「デフォルメ」されたキャラクターが登場していることである。

ハードな、そして怖い世界観を背景にして「デフォルメ」されたかわいいキャラクターが活躍する。もちろん『ひぐらしのなく頃に』(〇六~〇七)のような例外はあるものの、これは一〇年代特有な現象だと思う。そして『メイドインアビス』は、まさにそれを象徴するかのような作品ともいえるのである。

第4章
『けものフレンズ』アニメが描く、サピエンス全史から人工生命まで

世界観アニメの弁証法

はじめにで述べたように、「『設定』に凝ったタイプのアニメ」を、本書では「世界観アニメ」と呼んでいる。これは文化人類学者（かつマンガ家）の都留泰作《つるだいさく》がいう「世界観エンタメ」からの示唆を受けて編み出した概念だが、都留がいう「世界観」とは、文化人類学由来のもので、「色々な民族集団の文化的価値観や宗教観に基づくそれぞれの物の見方やコンセプト、そのグランドデザイン」のことを指す。そして「世界観エンタメ」とは、「キャラよりも、いわゆる『設定』に凝ったタイプのエンタメ」のことであると定義づけられている。

それに対して私がいう「世界観アニメ」とは、ドイツの哲学者ヴィルヘルム・ディ

ルタイの「世界観学」を批判的に継承したもので、作品を「データベース消費」や「関係性消費」の文脈でも捉え、同時にそこで表象された「世界観」を、読者の有する「世界像」（対象性もしくは客観性を有する意識）に結びつけるという試みである。これはある種の弁証法の企てといっていいかもしれない。つまり作品が描く「世界観」（正）と、読者が有する「世界像」（反）とを対決させることで、私を含めて皆さんの常識や倫理観に揺さぶりをかけ、新たな「世界像」（合）をえるといったことである（**「はじめに」の図4参考**、二二頁）。

それはともかく、一〇年代のアニメをみわたすと、この「世界観アニメ」、つまり「『設定』に凝ったタイプのアニメ」が多いことに気づかされる。これまでとりあげた『君の名は。』『鬼灯《ほおずき》の冷徹』『メイドインアビス』もそうだが、これからとりあげる『けものフレンズ』もまた「世界観アニメ」の代表だと思う（ついでにいうと、これ以降の『幼女戦記』『機動戦士ガンダム　鉄血のオルフェンズ』『シドニアの騎士』もそうであり、本書は基本的に「世界観アニメ」をとりあげている）。

さて一七年にテレビ放映された『けものフレンズ』は、『ケロロ軍曹』などで有名なマンガ家の吉崎観音《よしざきみね》のコンセプトを基に、『てさぐれ！部活もの』などで知られるたつきを監督・シリーズ構成者に登用した作品である。またアニメファン以外の間でもSNSを中心として注目を浴びたので、ある種の社会現象になった作品でもある。

本作を分析する上でおさえておきたい点は、アニメ化の前段階として、一五年にスマホ用のアプリゲーム『けものフレンズ』、またコミカライズされたフライ作画のマンガ『けものフレンズ—ようこそジャパリパークへ—』がリリースされていることである。筆者は前者の一五年版アプリゲーム（動物園RPG）をプレイしてないので、以下の導入部では、まず後者のマンガ版と、これから論ずるアニメ版との違いを指摘することで、アニメ版の世界観の特徴を浮かび上がらせたい（ちなみに一八年に配信されたアプリゲーム『けものフレンズぱびりおん』はプレイ済み、こちらは「フレンズ」を観察するという趣向のゲーム）。なお本シリーズにおける「フレンズ」とは、生き物が変化しヒトの特色をえた存在で、「フレンズ化」とは、そのプロセスのことである。また本章ではアニメ『けものフレンズ』第一期のみをとりあげている。本文中のアニメ版とはこの第一期のアニメのことを指す。

マンガ版とアニメ版

さてマンガ版とアニメ版とでは、以下三つの大きな違いがある。

第一に、マンガ版は、菜々《なな》というフレンズ化していない人間が、「ジャパリパーク」（本作の舞台、設定については後述）の飼育員となり、そこで暮らす「アニマルガール」（フレンズ化した動物）と交流する姿を描いている。対するアニメ版の主人公であるかばんは、フレンズ化しているが、飼育員ではない。要するにキャラクターの設定が異なる。

第二に、マンガ版のアニマルガールは、日本の新興住宅地にあるような住宅に暮らしている者もいる。対するアニメ版は、旧ジャパリパーク内の施設や（人工的な）自然の中で生活している。つまり居住スペースが異なる。

第三に、マンガ版には、「ジャパリ女学院大学」という学校施設があり、そこを目指すアニマルガールがいる。対するアニメ版には、そのような学校施設はないので、この点も相違する。

しかしながら、マンガ版からアニメ版へ引き継いだ設定もある。たとえば、①アニマルガールは、「ジャパリマン」と呼ばれる肉まんが好物なこと。②ジャパリパークのガイドの名前がミライであること。③トキの音痴《おんち》、ツチノコの引きこもりといったキャラクター設定、④ペンギンのアイドルユニット「PPP《ペパプ》」が活躍していることなどがあげられる。また⑤マンガ版の一六話で、海水浴の回があることから、ジャパリパークはアニメ版のそれと同じように海に近いか、島であることが想像されること。そして⑥かつてジャパリパークには、コンビニやカフェが存在し、人間とアニマルガールとが良好な関係を築いていたことなども指摘できる。

以上から導き出される結論は、マンガ版はジャパリパークが廃墟《はいきょ》になる以前の「過去」の世界であるということだが、テクストの細部をみてみると、若干地形が違ったりしているので、「ありえた過去」（無数の可能世界のひとつ）を描いた作品であるということになる。

さてこれらをおさえた上で、いよいよアニメ版『けものフレンズ』を論じていこう。物語は、かつて巨大総合動物園であったジャパリパークの「さばんなちほー」（サバンナ地方、以下カタカナ・漢字表記）からはじまる。ここでかばんとサーバルとが出会い、二人はスライムのような形状をした謎の存在「セルリアン」（設定は後述）に注意しながら、途中でボスと呼ばれる「ラッキービースト」（ガイドロボット）と合流し、小型バスに乗り、まず図書館を目指す。その目的は、かばんが「ヒト」であるか否かを調べるためであった。その途上で出会うさまざまなアニマルガールが本作の魅力であるが、人類の文明が終わった世界という設定なので、一〇年代に一ジャンルを形作っている「終末もの」という見方ができる（「終末もの」で括《くく》られる作品は『人類は衰退しました』『少女終末旅行』『がっこうぐらし！』など）。

ではカバンとサーバルとの冒険の道のりはいかなるものか。まず**図4-1**で示した「ジャパリパーク」の地図をみてほしい。

この地図のルートを、かばんとサーバルは辿《たど》るわけであるが、前半は、第一話の舞台であるサバンナから、ジャングル→高山→砂漠→湖畔→平原をへて、第七話の舞台である図書館が存在する森林へ至る。ここがまず物語の重要なターニングポイントである（後述）。後半は、PPPのライブ会場がある水辺から、雪山をへて、日の出港という海に面した港に至り、そこから見える「サンドスター火山」と遊園地が第一一話と最終第一二話の舞台となる。最終二話ではこの作品の秘密が解き明かされるので、ネタバレは最小限にしながら解読を試みたい。なお前半のキーワードは、一．動物擬人化、二．オスの滅亡、三．人類の発祥、四．「火」の使用と「文字」の発明、五．「道具」の発明などである。

図4-1　旧ジャパリパークの地図

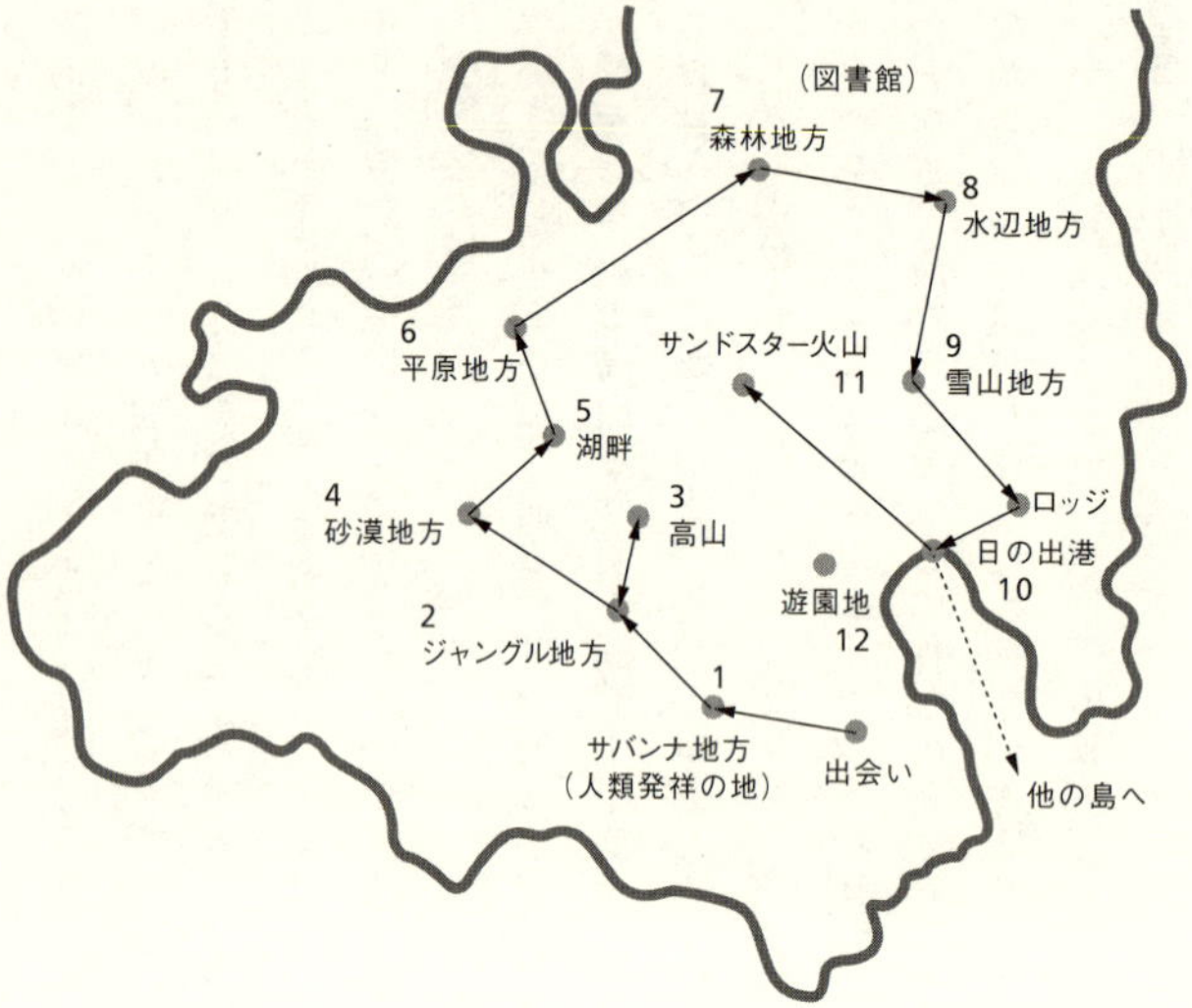

「動物擬人化」とオスの絶滅後の世界

まず第一話の冒頭をみてみよう。

ショットは、サバンナ地方の「エスタブリッシング・ショット」（冒頭におかれるロングショット、場所や状況を示す）から、木の上ですやすや眠っているアニマルガール、すなわちサーバルの耳や尻尾《しっぽ》の「クローズアップ」へと展開する。その背後に映る草むらで小さな姿で歩いているのはかばんである。あ、サーバルが気づいた。跳躍してかばんに迫る（このシーンのカメラワークはスピード感にあふれ、「狩りごっこ」でテンションが上がっているサーバルの心のうちがよく表現されていると感じた）。そしてかばんは必死に逃げていたものの、ついに捕まり、「食べないでくださ い」と叫ぶ。それに対してサーバルが「食べないよ」と答える。有名な（ファンにとってはなかば伝説の）二人の出会いのシーンである。

さて、最初に考えたいのは、サーバルをはじめとする「アニマルガール」とはなにかである。アニマルガールは、フレンズ化した動物と別称されるように、動物が擬人化した存在である。

たつき監督へのインタビュー（一七年）を読むと、「動物が言葉を話すアニメは数多いですが、擬人化となると少ない」と、本作と他の作品との違いを強調している。ところがその発言に反して、動物を擬人化してデフォルメすることは、一〇年代のマンガ、アニメ、ゲームやラノベの世界ではありふれた手法となった。これを「動物擬人化」という（逆に人間を動物化するのは「擬獣化《ぎじゅう》」）。近年のアニメだったら、飼い猫三匹を擬人化した『にゃんこデイズ』（一七）、干支《えと》の動物を擬人化した『十二大戦』（一七）、競走馬を擬人化した『ウマ娘 プリティーダービー』（一八）などが動物擬人化ものの代表作にあげられるだろう。またその異種バージョンとして、赤血球や白血球を擬人化した『はたらく細胞』（一八）などもこの文脈で捉えることができる（正確には「細胞擬人化」というべきだが）。

『けものフレンズ』が興味深いのは、こうした動物擬人化という手法を使ってフレンズ化した動物を描きつつ、しかもそれを全員「メス」に擬人化した点であろう。要するにこの世界には「オス」はおらず、絶滅しているのだ。ここが前半二つ目のポイントである。

これはY染色体の遺伝子が減少し、遠からず「ヒト亜族《あぞく》」のオスは滅亡するという、現実の遺伝学や生物学の知見を念頭におけば、ありえない設定ではないと思う（ヒト亜族Homininaとは、哺乳綱霊長目ヒト科ヒト亜科ヒト族の亜族。ヒト族の亜族には、他にチンパンジー亜族が属す。チンパンジー亜族のＤＮＡの九八％はヒト亜族と同じ）。

オーストラリアの遺伝学者ジェニファー・グレイヴスによると、三億年前、Ｙ染色体には約一四〇〇個の遺伝子があったという。ところが現在はたったの四五個であり、精子の劣化とともに、今後もＹ染色体の遺伝子は減少し、ＸＹからなる「ヒト亜族」のオスは、遅くとも五〇〇〇万年後には滅ぶという。

それはなぜか。

簡単にいうと、イギリスの人類遺伝学者ブライアン・サイクスがいうように、Ｙ染色体はコピーミスを繰りかえすからである（これをサイクスは「アダムの呪い」と称している）。この事実を念頭に置けば、本作はオスにとって究極の終末が描かれた作品という見方も可能だろう（なおメスの単為《たんい》生殖と、もうひとつの可能性については巻末を参考に、三四八～三五〇頁）。

人類の発祥の地

こうしてかばんとサーバルとの出会いからはじまった『けものフレンズ』だが、先述したように前半は、第一話の舞台であるサバンナから、ジャングル↓高山↓砂漠↓湖畔↓平原をへて、第七話の舞台である図書館が存在する森林へと展開していく。

この前半のストーリーで私が注目したい三つ目のポイントは、物語のはじめを「サバンナ地方」に設定したことである。この件に関して、たつき監督は「人類の発祥の地、アフリカにちなんでサバンナにしました。……そこからは次のエリアである森へ行って平面を広げて、三話では三次元というか高さを見せたいと思って高山にしたりと、パークの全体が少しずつ見えるように工夫してます」と答えている。

この監督の発言、すなわち「人類の発祥の地、アフリカ」について、実際の人類史の観点から考えてみよう（**以下、図4-2参考**）。

今から三八億年前、「原始の海」において、単純な分子から高分子が合成されていき、地球に生物（有機体）が現れた。これを「化学進化」（分子進化）という。この高分子の中には、生物の体を形作るたんぱく質の構成要素であるアミノ酸も含まれている。

図4-2　ホモサピエンスの歴史

45億年前	原始地球が形成される。
38億年前	地球に生物（有機体）が現れる。
600万年前	**サバンナ地方**にて、ヒト亜族《あぞく》の祖先がチンパンジー亜族の祖先と枝分かれする。
250万年前	アフリカに数多くのヒト亜族が存在し、「ホモサピエンス」はその一種。
30万年前	**「火」の使用**がはじまる。
7万年前	ホモサピエンスは、アラビア半島に拡がり、そこから一部は西のヨーロッパ大陸へ、他の一部は東を目指す。 また東を目指したグループは二手に分かれる。 **「認知革命」**（Cognitive Revolution）が起こる。
6万年前	中国へ移住。
4万5000年前	オーストラリア大陸へ移住。
3万5000年前	**日本へ移住**。
3 万年前	ネアンデルタール人が絶滅。なおホモサピエンスの遺伝子にネアンデルタール人のそれが保存されている（DNA の約2%、これは異種交配の跡という説が有力）。
1万3000年前	ホモ・フローレシエンシスが絶滅。 ホモサピエンスが唯一のヒト亜族となる。
1万2000年前	**「農業革命」**（Agricultural Revolution）が起こる。 定住して植物を栽培し動物は家畜化。**貧富の差**が生じる。
5000年前	**「文字」が発明**される。この頃、最初の王国が形成される。
2300年前	プトレマイオス１世により**アレクサンドリア図書館**が建てられる。
500年前	「科学革命」（Scientific Revolution）が起こる。

＊ハラリの『サピエンス全史』などを参考に、『けものフレンズ』と関連させてみた。

では「ヒト亜族」、つまり私たち人類の祖先はいつ誕生したか。それは約六〇〇万年前のアフリカ大陸である。かの地には、ヒトとチンパンジーとの共通の祖先である、一頭の類人猿のメスがいた。彼女には二頭の娘がおり、その片割れの娘からヒトの祖先が生まれたとされている。ところが当時、私たち「ホモサピエンス」（現生人類、クロマニヨン人）以外にも、数多くのヒト亜族（たとえばネアンデルタール人）が存在したという。つまり、現在の私たちは、彼らとの闘争をへて存在しているわけだ。

やがてひっそりアフリカで暮らしていたホモサピエンスは、約七万年前にアラビア半島に拡がり、その一部は西のヨーロッパ大陸へ、他の一部は東を目指す。東を目指したグループは二手に分かれ、約六万年前に中国、約四万五〇〇〇年前にオーストラリア大陸へ移住した。日本にやってきたのは、この二手に分かれたグループの一部である。彼らは遠浅《とおあさ》であった南島や、ときに陸続きであった朝鮮半島のルートを辿り、約三万五〇〇〇年前に日本に到達したと考えられている。

こうした人類史の流れをふまえると、たつき監督がいう「人類の発祥の地、アフリカにちなんでサバンナにしました」という発言は、適切な認識であるといえる。要するに前半、第七話までは「人類が歩んできたコースを旅する話」ともいえるであろう

（作中の個々の逸話は、いわば大木の枝葉）。

また、たつき監督は先ほどのインタビューにおいて、「ゆるやかに大昔、人類の進んだコースや進化で獲得した能力・道具＋環境の順番も意識していたように思います」と続けて答えている。

この発言から私が読み取ったのは、『けものフレンズ』の壮大なテーマである。つまり、それは一言でいうと、「ヒトとはなにか」ということである。残る前半のキーワード、「火」の使用と「文字」の発明、「道具」の発明も、究極的にはこのテーマに関わってくるものだ。

注目すべきは、かばんの正体が「ヒト」であることが判明する第七話であろう。重要なポイントなので、プロットをみながら詳しく検討してみよう。

すなわち、かばんとサーバルは森林地方に到着するが、いきなり通行止めをくらってしまう。すると右手に迷路があるのがみえ、ところどころに看板が立っている。その看板には「文字」でらくだに関する質問が刻まれており、その「文字」をスラスラと読めたかばんにサーバルは驚く。

質問に答えながら進んでいくと、やがて一行は明るく開けた場所に出て、ようやく図書館へ到着する。そこでフクロウ科のコノハ博士とミミ助手に出会うのだが、かばんとサーバルは彼女たちから、「かばんのルーツを知りたいなら何か美味しいもの食べさせろ！」と要求され、カレーを作る羽目になる。かばんがなべに具材を入れて、虫めがねでおこした「火」を炉《ろ》にくべると、サーバルたちは怖れて距離をあける。こうしたひと悶着《もんちゃく》はあったものの、無事に美味しいカレーが完成し、かばんたちはなんとか課題に合格するわけだが、そのときに博士たちが下したのが、かばんは「ヒト」であるとの宣言だった。そして博士と助手は、かばんたちに「ヒト」の具体的な特徴を指摘しはじめる、という流れである。

　この第七話のエピソードを踏まえて、些末《さまつ》にならないように、前半四つ目のキーワードである「火」の使用と「文字」の発明に的を絞って考えてみよう。

サーバルは「火」ではなくかばんを怖れた

　まず「火」の使用。

　これは今から約三〇万年前にはじまったと考えられている。じつは「火」は、私たちホモサピエンスだけでなく、ネアンデルタール人など他のヒト亜族も使っていた。

しかし、ヒト亜族以外の動物は使用しない。「火」の使用は、①暖《だん》をとる（暖房）、②食物を煮炊《にた》きする（食物加工）、③漆黒《しっこく》の闇を照らし出す（照明）といった機能を担うわけだが、この「火」の使用により、爆発的な人口増加がもたらされたのである。

それはなぜか。

ヒトは「火」を使った調理によって、生命維持に必要なタンパク質や炭水化物をスムーズに摂取できるようになり、健康が増進したからである。したがって『けものフレンズ』第七話において、かばんが「火」を使ってカレーを作った行為は、人類が進化の歴史上、実際に行ったことを正確に反復したといえるだろう。

ところで第七話には、「火」を使うかばんに対し、サーバルたちが怖れて距離をあける、というシーンがある。一般的にも、野生動物は「火」を怖がるということはよくいわれるが、これは正しいだろうか。じつはこれは俗信であり、少々認識を改める必要がある。

動物行動学の知見によると、野生動物は弱肉強食の世界を生きているため、慎重に行動し、通常と異なる状態・環境を避ける傾向があるという。つまり、野生動物は具体的に「火」を怖れているわけではない。たとえば夜間、私たちがキャンプをして

「火」を焚《た》くと動物はそこから遠ざかろうとするが、これは「火」を避けているのではなく、見慣れない「道具」を操ってるヒトから遠ざかろうとしているわけである。

このような科学的な知見をふまえて、改めて第七話をみかえすと、サーバルたちアニマルガールが後ずさり、「火」から距離をあけたのは、見慣れない「道具」を操っているヒトである（はずの）かばんを怖れたからであるといえる。要するに、「火」ではなくヒトを怖れたわけで、この違いは大きいと思う。

「文字」、そして「認知革命」

つぎは「文字」の発明。

皆さんは、イスラエル人の歴史学者ユヴァル・ノア・ハラリの世界的ベストセラー『サピエンス全史』をお読みになっただろうか。人類史を知る上でははずせない書籍なので、以下同書を参考に、本の内容と『けものフレンズ』とを「分離＝接合」して語ってみたい（もちろん巻末の膨大な書籍も参考にしている）。

ハラリによると、私たちホモサピエンスは約七万年前に、新しい種類の「言語」を使ってコミュニケーションを図り「認知革命」（Cognitive Revolution）を起こしたという。この変異のことをハラリは「知恵の木」の突然変異と呼んでいるが、『けものフレンズ』第七話に現れた図書館は、「りんご」の形をしており、一本の木が建物を貫く構造をもっている。これは（偶然か否かは不明だが）「知恵の木」の突然変異を象徴するようなデザインである。

この言語の発明による「認知革命」がもたらした産物は、「神話」などの虚構（フィクション）を作り出すことを可能にしたしたことである。そして私たちの祖先は、この虚構を信じることで団結し、力を合わせて「共同体」（小国家、王国など）を形成した。

やがて今から約一万二〇〇〇年前、世界各地で「農業革命」（Agricultural Revolution）が起こり、農業が盛んになる。狩猟《しゅりょう》によらず、安定的に食糧を生産できるようになったことは、健康増進にはつながったが、生産性の向上は貯蓄の必要性を生み、結果的に「貧富の差」といった社会的な不平等が生じることとなった（ご承知のように、日本では世界から遅れ、約三〇〇〇年前頃からはじまる弥生《やよい》時代にようやくこの「革命」を迎える）。

他方、「認知革命」も新たな段階を迎え、今から約五〇〇〇年前、メソポタミア地方に住むシュメール人や、エジプトで暮らすエジプト人によって「文字」が発明される。ハラリがいうところの「書記体系」の発明である。こうして人類は「文字」を使って、税の記録簿や歴史書を書くようになる。たとえばエジプトでは、霊魂《れいこん》不滅説に基づき、死者の復活を物語る『死者の書』などが記された。

ハラリは別に語ってないが、やがて文明が発展するにつれて、「文字」で書かれた記録書の類を所蔵するための「図書館」も作られるようになる。その代表が、紀元前三世紀、ローマ帝国の支配下のエジプトで、プトレマイオス一世によって作られたアレクサンドリア図書館である（映画『アレクサンドリア』が参考になる）。この図書館には、モスタファ・エル＝アバディによると「薬草園」が併設されたらしく、今日でいう「博物館」に相当する機能をも有していた。

ひるがえって『けものフレンズ』第七話に登場する「図書館」には、記録書の類だけではなく、食材や鍋・スプーンが収蔵されており、そういう意味で「博物館」的な機能をもつ図書館という位置づけ（設定）なのだろう。

※付言：第七話で登場したコノハ博士はアフリカオオコノハズク、ミミ助手はワシミミズク。ともにふく

ろう目のアニマルガールである。ふくろうは、森の賢者で「知恵」の象徴とされてきたので、図書館に登場したのは理に適《かな》っている。また図書館を貫いている木は、バオバブという北アフリカに生えている木である。彼《か》の地では、果実は食糧・調味料、種子は油、若葉は野菜、樹皮は解熱剤として使用している。これは、私がいう「博物館」的な機能をもつ図書館という位置づけの傍証《ぼうしょう》となるだろう。

「ヒト」とはなにか

さて遠回りになったが、いよいよ「ヒトとはなにか」という問いに答えていくと同時に、前半五つ目のキーワードである「道具」の発明についても論じていこう。

第七話で博士と助手は、「ヒト」の目立つ特徴として次の点を指摘している。すなわち、「二足歩行、コミュニケーション能力、学習能力などがありますが、多様性があり、一言でいえばとても変わった動物」、あるいは「群れる。長距離移動ができる。投擲《とうてき》ができる。それなりに大型。いろいろ特徴がありますが、われわれが大変興味深いのは、道具を作る。使うことです」と。

では、この博士たちのあげる「ヒト」の特徴は適切なものだろうか。このうち最後の「道具を作る。使うことです」という定義に関しては、考えを改める必要があるだろう。なぜなら、「道具」は、一部の動物も使用するからだ。たとえば同じヒト族のチンパンジー亜族は、枝を使って蜜《みつ》をなめる。ただし、「ヒト亜族」のように高度に発達した技術をもちいた道具を発明できた動物の話はまだ聞かない。

したがって道具を「使う」は、道具を「発明することです」と改めないと、「ヒトとはなにか」を語ったことにはならないと思う。たとえばスマホを発明したチンパンジーはみたことがないだろう。それができるのは『猿の惑星』の連中くらいである。

しかしながら、博士たちの定義にはうなずける点も多い。つまり私たちは、二足歩行して、家族や友人とコミュニケーションを図り、間違いを反省したり修正したりできるほどには学習能力がある。またさまざまなヒトがいるから、「変わった動物」といわれればその通りなのだろう。

あるいは私たちは、学校や会社で群れて行動し、旅をする際は飛行機や電車を使い長距離移動する。ときどき頭に来て物を投げる場合もあるだろう。ゆえに博士たちの定義は、ヒトであるための「必要条件」は十分に満たしていると思う。

しかしながら、これはあくまで「必要条件」であって「十分条件」ではない。では、私が考えるヒトをヒトたらしめる「十分条件」とはなにか。

ドイツの哲学者ハンナ・アレントは『人間の条件』の中でその条件について、「生命それ自体、生まれてくるものであることと死すべきものであるということ、世界性、複数性、そして地球」と述べた。つまり彼女によれば、①生きて死ぬ存在であること、②世界と関係を取り結びながら生きること、③多種多様な複数の人たちと関わりながら生きること、④地球上で生きること――これらが、人間が地上で生命を与えられる際の根本的な条件となる。そしてこれらの条件に（共通して）対応するのが人間の「活動力」であり、それを背景に「労働」「仕事」「活動」が営まれる。この三つのうちでアレントが重視したのが「活動」で、これは「物や物質の介入なしに、直接、人と人との間で行われる唯一の活動であり、複数性という人間の条件」に対応している。

アレントの指摘はもっともだと思われる。では、それを踏まえた上で、私がヒトをヒトたらしめる「十分条件」のひとつとして、本作と関係させつつ、さらにあげるものがあるとすれば、「理想あるいはユートピアを語れること」である。

ヒトの社会が、「農業革命」を迎えて豊かになったがゆえに、「貧富の差」という社会的な不平等（格差）が生じるようになったことはすでに述べた。しかし、このような、あるいは近年のますます不平等（格差）が拡大しているような世界は、私たちが望んだ理想の世界ではなかったはずだ。

他方、『けものフレンズ』の社会は基本的に「平等」の精神に貫かれた「ユートピア」である。かばんを含めた複数のアニマルガール（フレンズ化した動物）に、「のけ者」は基本的にいない。「理想あるいはユートピアを語れること」がヒトをヒトたらしめる「十分条件」だとするならば、この作品全体が示しているのは、まさにそれではないだろうか。そして本作において人類は、まさにこの理想を失った、あるいは諦めてしまったがゆえに滅亡したのだろう。これが、私なりの読みである。

このように本作では、アニマルガールが織りなす「ユートピア」（理想社会）を描きながら、かばん以外の「ヒト亜族」が絶滅した後の世界＝「終末」も同時に描かれている。この作品がヒットした理由は多々考えられるが、この逆説に視聴者がハマったことも理由のひとつだと、私は考えている。

サンドスター火山の謎

前半（第七話まで）は、「ヒトとはなにか」という問いに答えるために、動物擬人化、オスの滅亡といった話題にはじまり、人類の発祥、「火」の使用と「文字」の発明、「道具」の発明、人間の条件などについて論じてきた。ついてくるのが大変だった方もいるかもしれないが、ここからは後半（第八話以降）の分析に移ろう。キーワードになるのは、①「セルリアン」、②「サンドスター火山」、③文明崩壊、④バイオニック生命体などである。

後半は、第八話からはじまり、グループアイドル「ＰＰＰ」のライブ会場がある水辺から、雪山をへて、日の出港という海に面した港に至る。そしてクライマックス、つまり第一一話と最終第一二話の舞台となるのが、港およびそこからみえる「サンドスター火山」と、遊園地である。以下では主に第一一～一二話に焦点をあてよう。

第一一話は、大型の「セルリアン」を、アニマルガールの有志たち＝「セルリアンハンター」たちが狩るシーンからはじまる。一方のかばんとサーバルは、そのセルリアンと関係があるらしい「サンドスター火山」に登る。そのとき、ラッキービーストのボスが、かつてジャパリパークで勤務していた女性ガイド、ミライからのビデオメッセージを伝える。それによるとセルリアンは、一．山の「サンドスター・ロウ」を吸収すること（サンドスター・ロウは謎の物質、おそらく未加工のサンドスターで、このの火山の噴出物によりセルリアンが大型化する）、二．太陽、つまり光のある方へ向かっていること、三：海を嫌がっていること、の三点が分かったという。一については、山の火口にある「四神《ししん》」（東の青龍《せいりゅう》・西の白虎《びゃっこ》・南の朱雀《すざく》・北の玄武《げんぶ》）の石板修復により封印が再起動した結果、セルリアンの大型化が食い止められる。二と三については、バスのヘッドライトの光やたいまつの火などによって、セルリアンを海に誘導することとなる。ところがその過程でサーバル、その後かばんがセルリアンに飲み込まれ……という流れである。

クライマックスにおけるプロットの紹介はこのくらいにして、キーワードの分析に入ろう。まず、「セルリアン」とはなにか、いかなる存在なのか。

すでに述べたように、セルリアンはさまざまな形状をもつスライムみたいな存在だが、一種の「バグ」（Bug、不具合）と考えるとわかりやすいと思う。というのも、セルリアンは、サンドスター火山のサンドスター・ロウを吸収し大型化したり、アニマルガールを飲み込んでその記憶（メモリー）を破壊し、もとの動物に戻してしまうからだ。したがって、これを狩るセルリアンハンターたちは、「バグ」を探して、それを取り除く「デバッグ」（Debug）を行う勇者みたいな存在ともいえ、最終第一二話で群れの強さを発揮するわけである。

このように、セルリアンはたしかに謎の存在ではあるものの、アニメ評論をする私の興味関心に限っていえば、重要な謎ではないと思える。むしろ、私が分析対象として興味深いと考えるのは、「サンドスター火山」の方である。

興味深いのは次の二点。すなわち、Ⅰ．サンドスターという謎の物質に接触した動物は、フレンズ化すること。Ⅱ．サンドスターが無機物に接触することで、セルリアンが誕生する。しかも誕生したセルリアンはサンドスター・ロウを吸収し大型化すること、である。

こうした特徴をみると、この火山は自然発生的なものではなさそうだ。つまり、おそらくサンドスター火山は人工火山で、ジャパリパーク内の人工的な自然環境（サバンナ、ジャングル、平原、森林、雪山など）を維持する「メインシステム」だったのではないだろうか。それが「誤作動」して、いろいろな副産物が生まれているのだと推測する。このジャパリパークを維持する謎のシステムについては、本章の最後で改めて検討することにしよう。次に考えたいのは、遊園地という舞台である。

廃墟と文明崩壊

『けものフレンズ』のエンディングには、廃墟となった遊園地がモノクロ写真で映し出される。この廃墟が終末感や怖さを感じさせたということで、SNSでも話題となった。

「廃墟」は英語ではRuinというが、これはラテン語のRuinaに由来し、廃墟以外に墜落、没落、破滅や死という意味がある。またRuinは名詞だけでなく、動詞としても使われ、たとえば「He ruined himself」は、「彼は破滅した」という意味である。

美学者の谷川渥《たにがわあつし》が指摘するように、英語の「Ruin」は崩壊の結果を指すだけでなく、（動詞としても機能するので）崩壊するといったダイナミズムをもつ。それに対して日本語の「廃墟」の場合は、名詞なのでスタティック（静態的）なイメージで少しニュアンスが違う。つまり日本の廃墟は最初から瓦解《がかい》するのではなく、静かに移ろいゆくものであり、そこに「滅び」の美学のようなものがあると私は思う

それは日本の伝統的な美意識といっていいが、八〇年代末から今日まで廃墟ブームが断続的に続いているように、日本人はどうやら廃墟に憧れている節がある。日本の

アニメやマンガに廃墟がよく描かれることも傍証になるだろう。

それはともかく、巨大総合動物園であったジャパリパークが廃墟になったのは、その外側の文明が崩壊したことに起因していると思う（パークの所在地は小笠原《おがさわら》諸島？）。じつは、人類の歴史を振り返ってみても、現実に文明崩壊の事例は数多く存在した。

たとえば、ペロポネソス半島のミケーネを中心に栄えたミケーネ文明、クレタ島で栄えたクレタ文明、インダス川周辺に栄えたインダス文明、メキシコ南東部に位置するマヤ地域を中心に栄えたマヤ文明などの崩壊を、即座に思い起こすことができるだろう。中国の王朝交代も、前の支配民族の文化を崩壊させ築いたのだから文明崩壊と考えられるし、モアイ像で知られるイースター島の文明が忽然《こつぜん》と消えたことも有名だ。日本では、大分県の別府湾《べっぷわん》にあったと伝えられる瓜生島《うりゅうじま》や、沖縄県与那国島《よなぐにじま》の南側にある海底遺跡も文明崩壊の痕跡《こんせき》だと思われる（詳しいことは、巻末の参考文献で）。

アメリカの進化生物学などが専門のジャレド・ダイアモンドの『文明崩壊』によると、過去の文明崩壊の原因は、住民自ら社会を持続させるのに必要な「環境資源」を意図せず破壊したことにあり、具体的には、八つの要因があるという。

すなわち、①森林伐採《ばっさい》と植生《しょくせい》破壊、②土壌《どじょう》問題、③水資源の管理問題、④鳥獣《ちょうじゅう》の乱獲《らんかく》、⑤魚介類の乱獲、⑥外来種による在来種の駆逐《くちく》、⑦人口増大、⑧一人あたりの環境侵害量の増加である。しかしながら、原因はそれだけではないだろう。

たとえば、インダス文明の崩壊は、アーリア人の侵入説が有力だし、マヤ文明の崩壊には、農民反乱説があるからだ。つまり崩壊の要因は、文明によって、時代によって、地域や外部環境によって、さまざまなものが考えられる。とはいえ、ジャパリパークの外側の文明が崩壊した原因として、ダイアモンドのいう「環境資源」の意図せぬ破壊があった可能性は捨てきれないだろう。

ちなみにダイアモンドは、今日の私たちが直面している「環境問題」の要因として、先の八つにプラスして、新たな四つの要因を付け加えている。

すなわち、一．人為的に生み出された気候変動、二．環境に蓄積された有毒有害物質、三．エネルギー不足、四．地球の光合成能力の限界である。このように、もしジャパリパークの外側の文明が崩壊した原因をダイアモンドの議論に求めるのであれば、かなりリアルに崩壊のプロセスを幻視（想像）できる。

つまり激烈な気候変動が起こったり、有毒有害物質が地球環境に作用したりして

（日本は地震大国なので地震や津波も予想される）、外側の文明および人類が滅ぶ。他方ジャパリパークでは、そうした環境の変動によりサンドスター火山が「誤作動」して、アニマルフレンズやセルリアンが誕生する。そして人類はかばん一人を残し、滅ぶかにみえて、じつは……といったところである。

アニマルガール

さて、いよいよ本章最後のキーワードである「バイオニック生命体」の議論に移るが、その前に、サンドスター火山の誤作動の副産物と推測される「アニマルガール」たちの存在について、もう少しだけ深掘りしてみよう。

すでに述べたように、『けものフレンズ』の世界では、動物にサンドスターが接触することで「フレンズ化」し、ヒトの少女の姿（擬人化）をしたアニマルガールになる。そしてその際、動物の耳や尻尾など元の体の特徴が継承される。興味深いのは、次の四点であろう。

①裸体ではなく元の動物の毛皮がワンピース、上着やパンツになること

②元の動物ではオスだけの特徴であるニホンジカの角、ライオンのたてがみを備えたものがいること（「ガール」なのに）
③つちのこのような謎の生物もいること
④自然界では食物連鎖、つまり捕食―被食関係にある動物であっても、アニマルガールたちは共存をしていること

これらは本作における「動物擬人化」のコード（約束事）として機能しているが、じつに心にくい設定だと思う。

それにしても、どのアニマルガールを閲覧《えつらん》しても、デザインがとても優れているように思う。たとえばサーバルのデザインを例にしてみよう。

元の動物のサーバルキャットは、西アフリカに生息する中型のネコ科の肉食獣で、細身のほっそりした美しい体型をしている。また体の色は、小さな黒い斑点《はんてん》が入った黄色（黄褐色《おうかっしょく》）で、お腹や四肢《しし》の内側は白っぽい。耳は大型で、先端は丸みを帯び、長い尻尾も特徴である。

それをフレンズ化する過程で、元の動物の特徴を生かしつつ、髪形は黄色のミディ

アムボブ、衣装は蝶《ちょう》ネクタイ付きノースリーブの上着と、ボトムはショートパンツとパレオの組み合わせ。四肢には……という形で、魅力的なアニマルガールに変身している。

しかもそれだけではない。「すごーい！」「たのしー！」というセリフに代表されるように、何事にも前向きであり、この性格がキャラクターデザインと巧《うま》くリンクしている。彼女が嫌いな「けもフレ」ファンはおそらくいないであろう。

バイオニック生命体

「アニマルガール」たちの特徴を確認したところで、彼女たちのような存在を実際に生み出すことが可能かどうかを考えてみよう。いよいよ「バイオニック生命体」についての議論である。

以下は、私なりの見解になるが、ニュートンの物理学では不可能だが、アインシュタイン以降の量子物理学の知見では「エンタングルメント」(Entanglement、量子もつれ)が存在するので、素粒子《そりゅうし》レベルでは可能であろう。これを「量子テレポーテーション」というが（**図4-3参考**）、ここでいう量子テレポーテーションとはす

図4-3　量子テレポーテーション

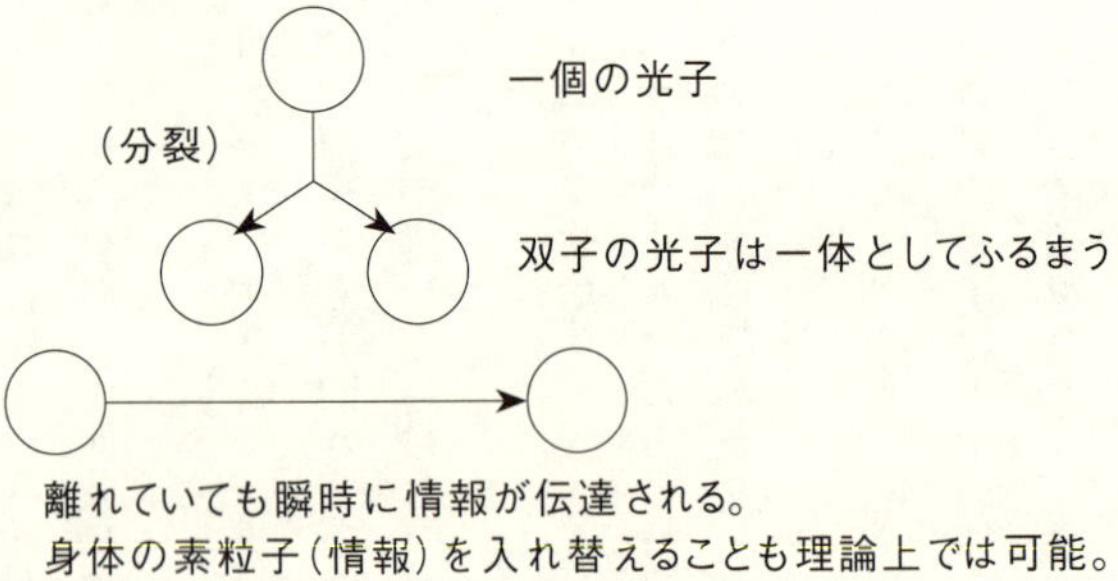
一個の光子
（分裂）
双子の光子は一体としてふるまう
離れていても瞬時に情報が伝達される。
身体の素粒子（情報）を入れ替えることも理論上では可能。

なわち、動物とヒトそれぞれの身体の素粒子を入れ替え（テレポートさせ）ることである。もちろん数世紀後の技術を待たなければ実現しないだろうが、理論上は不可能とはいえない。

　他方、今日の「生命」を変えうる新しい技術は、先ほど登場してもらった『サピエンス全史』の著者ハラリが指摘するように、一・遺伝子工学、二・非有機的生命工学、三・サイボーグ工学の三つの分野があり、それぞれ驚きの研究成果がもたらされている（第7章の「人工生命」の項では、各々ウェットALife、ソフトALife、ハードALifeと表記）。興味深いと思うので、実例をあげて紹介しよう。

　まず一の「遺伝子工学」は、遺伝子を人工的に操作する技術であり、生物の自然な生育過程では起こらない人間の意図的な介入を行っている（一般的には、穀物や魚の遺伝子組み換えが有名）。

たとえば、一六年、アメリカの分子生物学者クレイグ・ベンターにより、世界初の「人工生命」である「ミニマル・セル」（生存に必要な最小のゲノムによって構成されたという意味）の誕生が発表された。地球上の生物はヒトを含め、親からゲノム（最小限の遺伝情報）を引き継ぐ。ところが「ミニマル・セル」の場合、遺伝子上、直結する親が存在しないにもかかわらず、子孫にそれを受け継がせることができる。

また「遺伝子ドライブ」（特定の遺伝子だけが子孫に遺伝する現象）の技術を用いれば害虫の撲滅《ぼくめつ》も可能である。こちらは一五年、アメリカの遺伝子工学者ケビン・エスベルトが、ゲノム編集、つまりＤＮＡを切断する方法である「クリスパー・キャスナイン」（CRISPR/Cas9）を用いて、マラリアを起こす蚊《か》などで実験を行い成功している。

つぎに二の「非有機的生命工学」は、人工的なものを生命に置き換える技術である。

これはコンピュータ科学とリンクした研究が中心で、遺伝の進化を模倣《もほう》する遺伝プログラムの分野で興味深い研究が行われている。

ハラリがいうように、そのプロトタイプはコンピュータウィルスである。あるコンピュータウィルスが拡散すると、それを駆逐するアンチウィルスとの戦いが起こるが、それだけでなく他のコンピュータウィルスと競合するので、じつは膨大な数の自己複製が行われることになる。またその際、ヒトのY染色体と同じようにコピーミスを繰りかえすので、突然変異が起こる。「生命」とはなにかの定義にもよるが、コンピュータウィルスが、ヒトの遺伝の進化を模倣していることだけはたしかだろう。

最後の三の「サイボーグ工学」は、生物の器官や組織の一部を人工的なものに置き換える技術である。

この分野で注目されるのはインプラントである。これはスマートバンドのように身体に装着するのではなく、情報端末を身体に埋め込むというものである。

心臓ペースメーカーが有名だが、脳内インプラントの開発もある。これは無線で給電し、埋め込んだ電子回路が生体信号を処理し、そのデータをスマホなどに表示できるというもので、逆に生体へ信号を送ることでてんかんの発作を抑えることが可能だという。スポーツに悪用される可能性はあるが、非有機物を脳に入れて生体を操作する技術なので、「ヒトとはなにか」を再考するに余りあるものだと思う。

以上、三つの技術を踏まえた上で『けものフレンズ』を再考してみると、アニマルガールは、生物、つまり有機物を「なんらかの手段」で別の有機物に生成変化させるという形で生まれたものなので、一の「遺伝子工学」の流れに位置づけられるものだと思う（**第7章の図7-3参考**、二九八頁）。

この観点でいうなら、アニマルガールたちは単なる生命体ではなく「バイオニック生命体」（Bionic Life、人工生命の一種）に分類できるのではないだろうか。いずれにせよ、実際の動物にサンドスターが接触することでフレンズ化し、ヒトの少女の姿を獲得する（かばんの場合、ミライの髪の毛からのフレンズ化）。その過程でサンドスターが素早く「遺伝子」を組み換えているという読みになる。

これらの考察をたずさえて、先ほど謎のままにしておいた「サンドスター火山」の話に戻るなら、ジャパリパークのメインシステムだったそれが「誤作動」した結果、偶然にも近未来の（おそらく量子テレポーテーションを応用した）「遺伝子変換装置」になったと考えられる。だとしたらパークのメインシステムは、一七年に放送されたアニメ『正解するカド』に登場した「次元変換装置」である「カド」と同等か、見方によればそれ以上のとんでもないマシンである。

以上、さまざまな観点から分析してきたが、『けものフレンズ』はまさに、私たちが有する「世界像」、常識や倫理観を変えるにたる驚くべき「世界観アニメ」なのである。この作品をみずして、一〇年代アニメは語れないであろう。

※付言：最後に名前だけ紹介した『正解するカド』には、無限の電力を供給する「ワム」、人類に異方《いほう》を認識させる「サンサ」、重力や質量のコントロールを行える「ナノミスハイン」といったマシンも登場する。これらは、未知のダークエネルギーにより作動していると考えうる。これを機会に視聴をお勧めする。

第3部　戦争と宇宙

第5章 『幼女戦記』「萌え」の新境地と大戦間ものブーム

「萎《な》え」の向こう側にある「萌《も》え」

「萌え」は、ゼロ年代以降、アニメをはじめ、マンガ、ゲームやライトノベルの「言説」（Discourse）において使用されてきた。一〇年代の今日、日本のポップカルチャーの「言説」において、「萌え」という用語は定着しただけでなく、オタクではない一般の方も使う場合が多々あるので、ごくふつうの現代用語となった感がある。

この「萌え」はもともと火がつくことを指す「燃え」が誤変換され、発生したといわれており（「芽が出る」からの転訛《てんか》という説もある）、定義として「キャラクターやそれに付加された要素に対する思い入れや擬似恋愛」を表すものである。

要するに、そのキャラクターやそれに付加された要素（眼鏡や尻尾《しっぽ》、ツンデレやドジっ子）を「愛おしい」と思う感情が「萌え」と理解したらいいと思う。

　具体的には、委員長萌え、眼鏡萌え、ニーソ萌え、鎖骨《さこつ》萌えなど、一〇〇人寄れば一〇〇通りの「萌え」があり、その中でも「幼女萌え」というのはわりと一般的な部類の「萌え」だと思う（例：『はたらく細胞』に登場する血小板《けっしょうばん》）。

　ところが「幼女の皮をかぶった化物《ばけもの》」……。

　本章でとりあげるアニメ版『幼女戦記』第一話のラストにおける印象的なキャッチフレーズ、その効果は、筆者の想像の及ぶところではなかった（つまり驚いた）。

　幼女とは、文字どおり幼い女の子である。その純粋無垢《むく》で汚れを知らない天使みたいな存在は、親御さんにとって宝であり、家族が仲良くしている光景を偶然目撃した通りすがりの私たちも、思わず微笑んでしまうのではないだろうか。まして「幼女萌え」の属性がある方など、いわずもがなであろう。

　ところがこともあろうに、幼女として転生してきた元サラリーマンの男（いわゆるおっさん）が、

©カルロ・ゼン・KADOKAWA刊／幼女戦記製作委員会

その皮を被《かぶ》り、「帝国」（作中の舞台）の魔導師ターニャ・デグレチャフとして敵国と戦うのである。邪悪な微笑みを浮かべながら。

これはもしかして「萌え」の対義語「萎え」（がっかりするという意味、たとえば委員長なのにドジっ子ではないとか）を念頭においた「幼女萎え」？

私は最初の頃、そのように考えたが、しばらくしてフランスの文芸批評家であるロラン・バルトの『テクストの快楽』における「快楽」にまつわる有名な対《つい》概念を思い起こした。

バルトによると、快楽には二種類あるという。一つは、ふつうの快楽としての「快楽」（Plaisir、プレジール）。もう一つは、より強度な快楽としての「享楽《きょうらく》」（Jouissance、ジュイサンス）である。この対概念を援用すると、『幼女戦記』の第一話のラストシーンをみることで衝撃を受け、私たちは「快楽」（ふつうの快楽）の次元ではなく、不快感や欠落感を含んだ筆舌《ひつぜつ》に尽くしがたい快楽である「享楽」（強度の快楽）の罠《わな》に知らないうちに嵌《はま》り込み、「萎え」を凌駕《りょうが》した「萌え」を喚起したと考えることができる。

つまりあの「顔芸」と呼んでしまいたくなるほどの、ターニャの邪悪な微笑みは、ふつうの「快楽」は喚起しない。むしろ不快であり、欠落感を含んだ途方もない快楽である「享楽」の方を呼び起こす。そして私たちはその邪《よこしま》な微笑みに誘われて、とんでもない「萌え」の次元に、どっぷり嵌り込み、毎週視聴してしまった、というのが私の読みである。

いわば「幼女萎え」を超えた「萌え」。そんな風に考えることもできるだろう。

『幼女戦記』の世界観

さて本作は、カルロ・ゼンによるネット小説が原作である。

この原作は小説投稿サイト「Arcadia」（前身は読者同士の交流の場として作られた掲示板）に二一年から連載されていたものであるが、管理人が個人のためか、現在は更新が止まっている。なおここで掲載されていた作品に、『オーバーロード』『GATE 自衛隊 彼の地にて、斯《か》く戦えり』『アクセルワールド』などがあるが、『幼女戦記』と同じように書籍化され、アニメ化もなされている。ビッグタイトルばかりで驚くが、「なろう系」で知られる「小説家になろう」が登場する以前から存在していた老舗《しにせ》の小説投稿サイトである。

本作は、『パンチライン』で名高い上村泰《うえむらゆたか》が監督に、『亜人《あじん》』などの脚本を担当していた猪原健太《いはらけんた》がシリーズ構成者に登用され、一七年にテレビアニメとして放映された。まず驚いたのは、原作の豊富な知識に裏打ちされた戦争と魔法の世界を、アニメならではの表現で組み立て直し（脱構築し）、非常に分かりやすくした点である。このような「換骨奪胎《かんこつだったい》」風のやり方は、往々にして原作ファンの怒りを買ったりするのだが、この作品の場合、小説は小説、アニメはアニメ、二度おいしいくいただきます、という具合に消費された印象がある（マンガ版もあるので正確には三度）。アニメ版ではなによりターニャが生き生きと描かれたため、高評価を受けているようだ。

では、アニメ化された部分（原作では第三巻途中）のプロットを整理してみよう。

本作の主人公は、現代の日本で人事を担当し、アメリカの経済学者ミルトン・フリードマンの『選択の自由』などを愛読するサラリーマンの男。物語は、彼がリストラ勧告をした人に逆恨みを受け、駅のホームから突き落とされ落命することからはじまる。死後の世界で彼は、創造主、すなわち「存在X」（命名も彼）と出会うが、自身の「無神論」的な言動のため、「存在X」から怒りを買う。すなわち別の世界で女として生まれ変わり、過酷な戦争を経験し、追い詰められよ、という裁定が下されるのだ。こうして男は、戦争と魔法の世界へ幼女「ターニャ」として転生させられる。転生後の世界では、「魔導適正」（魔導師としての適正）が認められ、わずか九歳で戦場へ投入させられる。しかし彼は、前世の知識を生かしながら、作中の舞台である「北方ノルデン戦線」や「西方ライン戦線」で戦果をあげ、軍大学へ入学するのだが……という出だしである。

安全な後方勤務を願いながらも、卓越《たくえつ》した「魔導適正」で大活躍したため前線で使われるというアイロニーが効いており、自己の願いと他者から受ける実際の評価、自身の内面の声と他者が表情や外面から読み取り下してくる診断、それらの齟齬《そご》が物語を後押ししていく。視聴者は、つぎはどのように物語が展開するか、ワクワクしながら毎週画面にくぎ付けになっていたのではないかと想像する。

なお転生後の世界は**図5 - 1**のとおりなので、参考にしてほしい。

「大ドイツ主義」と『幼女戦記』

本作は非常に優れた「世界観アニメ」といえるので、さっそくその分析に入ろう。

主人公が転生した世界である「帝国」は、現実世界のドイツに類似した国である。

図5-1　『幼女戦記』の世界観

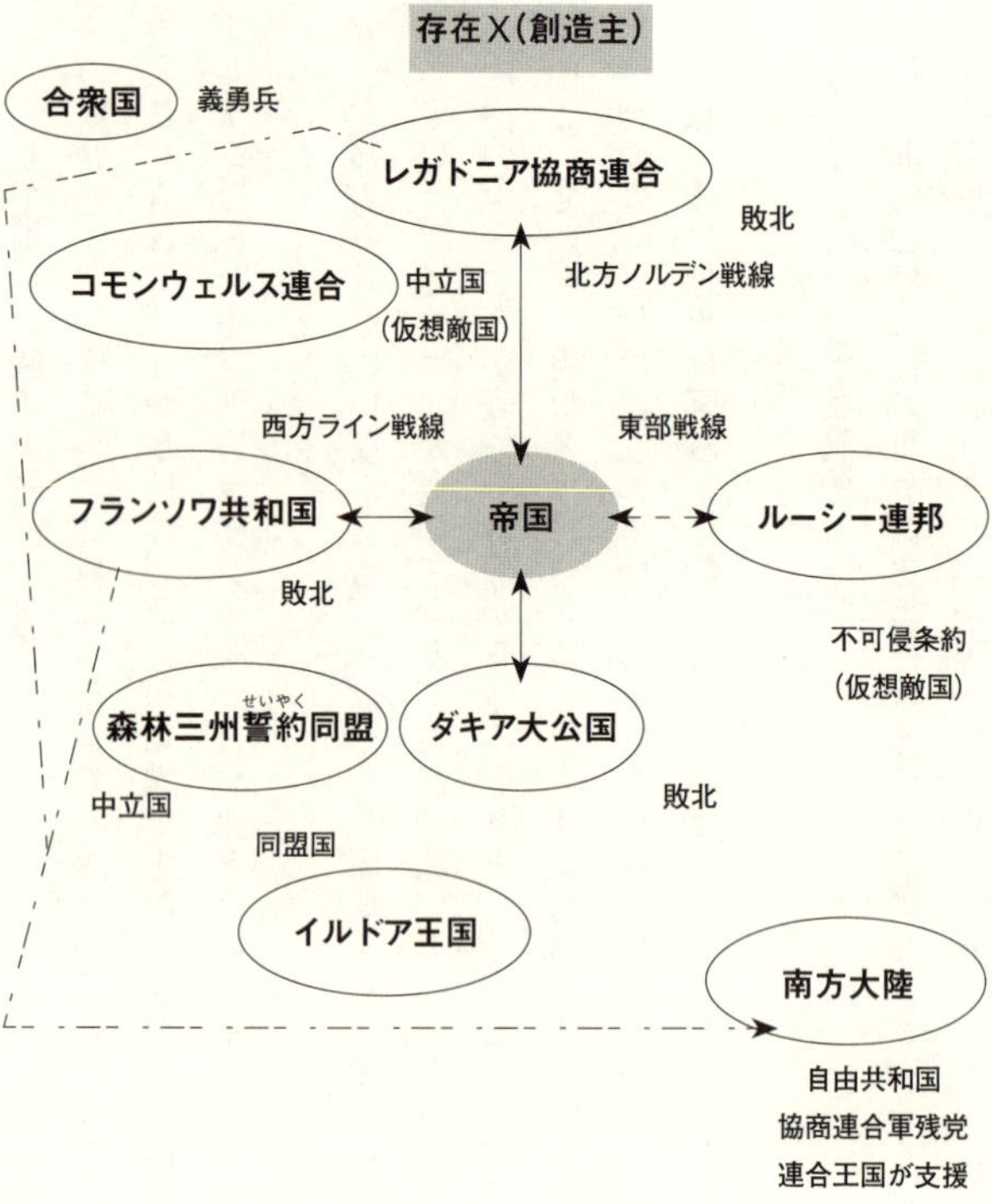

❶モデルと想像される実際の国：帝国はドイツで、以下、合衆国はアメリカ、コモンウェルス連合王国はイギリス、フランソワ共和国はフランス、レガドニア協商連合はノルウェー、ルーシー連邦はソ連、森林三州誓約同盟はスイス、ダキア大公国はポーランドもしくはルーマニア、イルドア王国はイタリア、南方大陸はアルジェリアだと思われる。

❷自由共和国はフランソワ共和国のド・ルーゴ将軍(ド・ゴール将軍がモデル？)が名乗り、本土奪還《だっかん》を目指し南方大陸にて武装蜂起《ほうき》。

この作品をきちんと理解するためには、一九世紀以降のドイツの歴史をおさえておくことは必須であろう。そこで簡単にではあるが整理してみたい。

一九世紀初頭、ドイツは西ヨーロッパの他の国々と比較して、社会や経済の発展が滞り、それが構造的要因のひとつとなり、依然として分裂していた。一八一五年のウィーン会議の結果として形成されたドイツ連邦は、三五の君主国と四つの自由市の集まりにすぎず、オーストリア外相のクレメンス・フォン・メッテルニヒの「勢力均《きん》衡《こう》」論などの影響もあって、分裂状態を良しとする勢力が多かった。

他方、ドイツの統一を求める動きは、学生結社連合「ブルシェンシャフト」などが主導する形で展開された。連合そのものは弾圧されたものの、三〇年、フランスの七月革命の影響下で自由主義憲法の制定に結実した。また四八年には、フランスの二月革命の影響でドイツでも三月革命が起こり、フランクフルト国民会議ではドイツの統一が議題に上がり、結果としてドイツ帝国憲法が作成されたが、プロシア王の拒否にあい挫《ざ》折《せつ》を余《よ》儀《ぎ》なくされた。要するに統一は果たされなかったわけである。

ところが、産業界の要請《ようせい》や他国への経済的対抗措置として三四年、プロシアの主導の下にオーストリアを除く一八の領邦《りょうほう》の間でドイツ関税同盟が作られた。この同盟の結成により、統一関税が設定されるのみならず、通貨や度量衡《どりょうこう》の統一が図られ、鉄道網も整備され経済面での統一が促進された。とりわけプロシアがおさえたライン地方を中心として産業革命が推し進められ、資本主義がドイツでも発展することとなった。

そのときに生まれた議論が、「小ドイツ主義」と「大ドイツ主義」である。「小ドイツ主義」(Kleindeutsche Lösung)とは、オーストリアに居住するドイツ人を除外してドイツの統一を図るという考え。逆に「大ドイツ主義」(Großdeutsche Lösung)は、オーストリアに住んでいるドイツ人を含めてドイツを統一していこうとする方針である。ここで慧眼《けいがん》な読者は、現実世界のドイツは「小ドイツ主義」で、プロイセンを中心として六七年に北ドイツ連邦が成立し、オーストリアはドイツの統一問題から蚊帳《かや》の外に追いやられたのに対して、『幼女戦記』の「帝国」は「大ドイツ主義」を採用したことに気づかれたのではないかと想像する。

原作者のカルロ・ゼンへのインタビューによると、「ともあれ、僕のイメージでは〈帝国〉は大ドイツ主義に基づくドイツに近い土地に、さらにオーストリア=ハンガリー帝国や、ユーゴスラビアあたりまでを国土として取り込んでしまっている国です。

現実の世界史でいうと、オーストリアとプロイセンの『幸せな結婚』をイメージ」したらいいとある。したがって『幼女戦記』の「帝国」は、ありえたかもしれない「大ドイツ主義」に基づくもうひとつの歴史（可能世界）を描いているわけだが、世界史に詳しい人がみても、よく練られた構想だと納得するであろう。

では以下、①「存在X」と無神論、②シカゴ学派、とくにミルトン・フリードマンの『選択の自由』、③「北方ノルデン」と「西方ライン戦線」における戦いという切り口から、本作のもつ世界観の魅力に迫りたい。

「存在X」と「理神論」（懐疑と怒り）

まず①の「存在X」と無神論との関係から。

カルロ・ゼンの原作から引用すると、轢死《れきし》したサラリーマンの男は、創造主である「存在X」に対して、「この世の理を外れうるのは神か悪魔である。神がいるならば、世の不条理を放置するはずもなし。故に、世界に神はいない。よって、眼前の存在Xは悪魔である。証明終了」といい放つ。

ここで採用されているのは、論理学の「三段論法」（Syllogism）である。つまり

「大前提」は「この世の理を外れうるのは神か悪魔」、「小前提」は「神がいるならば、世の不条理を放置するはずもなし」、そしてそれらから導き出された「結論」が「世界に神はいない。よって、眼前の存在Xは悪魔である。」。見事な「定言的《ていげんてき》三段論法」(定言とは無条件の断言のこと)の論理である。

ところで「無神論」(Atheism)には、「通俗的無神論」と「歴史的無神論」があると思われる。

前者は神という権威への反抗と形容したらいいだろう。つまり人間の自由を制約する存在として神を拒む立場である。これは往々にして自らの背徳的行為を正当化する目的があるようだ。パンクロッカーや反キリスト教的なマリリン・マンソンなどをイメージしたらいいだろう。

それに対して後者は、哲学をはじめ自然科学や社会科学の見地から検討された無神論のことである。キリスト教に限定するなら、公に神の存在が否定されたのは、ポール＝アンリ・ティリ・ドルバックが一七七〇年に執筆した『自然の体系』である。

とはいえ本作との関わりでいえば、それ以前にイギリスで行われた理神論論争、それ以降ならドイツの実存主義哲学者フリードリヒ・ニーチェの無神論に触れるのが適切だろう。

ではまず、理神論論争について。

「理神論」（Deism）とは、創造主としての神は承認するが、その神を人格的存在とは認めずその啓示を否定する哲学や神学の考え方である。この論争はイギリス経験論の哲学者ジョン・ロックが一六九五年に著した『キリスト教の合理性』を契機として起こった。その後、自由思想家のジョン・トーランドが『秘義《ひぎ》なきキリスト教』という本を著述し、「いかなる教理も本来秘義ではありえない」と主張したが、最終的には、経験論の哲学者デイヴィッド・ヒュームの『人間本性論』（『人性論』）における懐疑主義により、「神が存在するかどうかは、人間には認識できない」という形でとりあえず解決する。

この論争のポイントは、ヒュームの懐疑主義にある。

ヒュームによると、物体も私たちの精神も観念の束《たば》にすぎないので実存しないという。したがってヒュームが疑義を挟むのは、物事の因果関係と、帰納《きのう》法（個別の経験的事実から一般法則を発見する方法、対義語は演繹《えんえき》法）による正当化である。そこで「原因の必然性を証明するためにこれまで提出されてきた論証はどれも誤っており、こじつけである」、あるいは「神が存在するかどうかは、人間には認識できない」という懐疑主義になるわけである。

この懐疑主義は、『幼女戦記』における轢死したサラリーマンの男による「存在X」に対する懐疑につながる論旨《ろんし》だが、異なるのはサラリーマンの男の場合、その懐疑が「世の不条理を放置する」神に対する怒りに裏打ちされているところだろう。

「存在X」と「無神論」(超人と顔芸)

つぎに、ニーチェの無神論について。

こちらは一八八二年の『悦《よろこ》ばしき知識』における「神は死んだ」という有名なフレーズでいい尽くされている。とはいえこれはニーチェ哲学の論理的帰結であるので、その前提として少々補足が必要だろう。

ニーチェによると、キリスト教が説くヒューマニズム(平等や隣人愛)は、弱者どもの「ルサンチマン」(恨み)の表現であるので、キリスト教とは「奴隷《どれい》道徳」であるという。そしてキリスト教の底流を流れるルサンチマンがねじ曲がり、「ニヒリズム」(受動的ニヒリズム)への欲望を生成した結果、一九世紀末のデカダンス文化

（世紀末文化）を呼び込んだ。このニヒリズムの克服がニーチェ哲学の根幹であり、それゆえに彼は「神は死んだ」と宣言したわけである。

ニーチェはその後、人生を直視して、「力への意志」（本能的な生命力にみなぎり、自らを強めようとする意志）を体現する「超人《ちょうじん》」を新しい人間像とした。このような態度を「能動的ニヒリズム」という。

他方『幼女戦記』では、ターニャが「北方ノルデン戦線」にて、ニーチェの宣言である「神は死んだ」について言及している。原作から引用すると、「外見で敵が発砲を躊躇《ちゅうちょ》してくれることを期待したいが、そもそも人道主義など戦場では期待しえないもの。ホロコーストから始まり、サラエボで、ルワンダで何があったかを知っていればヒューマニズムの盲信《もうしん》は実に危険だと誰でもわかる。……『神は死んだ、だったか』……ニーチェの結論はやはり正しかったのだろう」。

ここでターニャは、前世の世界において二〇世紀に起こったホロコースト、ユーゴ内戦、ルワンダ虐殺《ぎゃくさつ》と絡めて、「ヒューマニズムの盲信は実に危険だ」と述懐し、ニーチェの「神は死んだ」を引用しているが、ヒューマニズムを批判するという意味でもニーチェ哲学とリンクしている。

　また本作において、ヒューマニズムを超克《ちょうこく》する存在、すなわち『幼女戦記』流の「力への意志」を体現する「超人」として、ターニャは造形されている、と私はみている。その「力への意志」＝本能的な生命力の源が「魔法」であることが本作のユニークなポイントであるが、ターニャは自らを強化しようとする意志をもちながらも、安全な後方勤務を願う。

　しかもターニャが戦う際、極端な忘我《ぼうが》状態になりながらも、ニーチェを引用するなど、戦局に対しては冷静な距離を保っているのが興味深い。つまり相反する「陶酔《とうすい》」と「冷静さ」が同居し、それらが内部で絡み合っているのが、ターニャというキャラクターの特徴である。そしてほとんど狂騒的《きょうそうてき》な自己中心性が、忘我状態の喜色満面《きしょくまんめん》を生み、それが一転、きまじめに考察に取り組むという、シニシズムともいえるほどの冷静さに帰着する。そしてこの内面における「陶酔」と「冷静さ」との往復運動は、アニメではデフォルメされたターニャの表情、とくに瞳孔《どうこう》の収縮や口元の歪《ゆが》み具合に対応する。これこそがファンに「顔芸」だといわしめたものの正体であろう。

　視聴者がこの作品にハマったのは、ここら辺りに秘密がありそうだ。

※付言：『幼女戦記』の創造主である神＝「存在X」は、新約聖書における愛と赦《ゆる》しの神ではなく、旧約聖書の荒ぶるヘブライの神と捉えた方が的確だと思う。またターニャは「不合理ゆえに我信ず」のような場面もあるので、「存在X」との関係は二律背反《にりつはいはん》な側面を併せもっている。なお「存在X」というネーミングは、アメリカのホラーSF映画『遊星《ゆうせい》よりの物体X』（五一）か、そのリメイク作品『遊星からの物体X』（八二）由来だと推察できる。なお近年の無神論として読むべきは、動物行動学者のリチャード・ドーキンスによる『神は妄想《もうそう》である』だと思う。科学をはじめ哲学、聖書解釈学などの知見から神を信仰することの前提を切り崩しており話題となった。これを機会に是非。

シカゴ学派

つぎは②のシカゴ学派。

すでに述べたとおり、ターニャの前世は、現代の日本で人事を担当していたサラリーマンの男である。すなわち、時代は西暦二〇一三年、会社のためにリストラする職責を忠実にこなし、順風満帆《まんぱん》にエリートコースを歩む男として設定されている。そんな彼がリストラした人から逆恨みされ、駅のホームから突き落とされて轢死するわけだが、アニメ第二話におけるそのシーンでは、彼が読んでいた本も一緒に飛ばされる。

それがアメリカの経済学者ミルトン・フリードマンの『選択の自由』である。ここからは、この男にとってフリードマンがどのような意味をもっていたかを明らかにするために、その思想について、詳細に立ち入ってみたい。

フリードマンは、シカゴ大学の経済学部で長年教鞭《きょうべん》をとったので、シカゴ学派と呼ばれるグループの中心だった（シカゴ学派は、社会学部のそれも有名でよく混同されるが、フリードマンは、経済学部のシカゴ学派。この学派はフランク・ナイトを源流とするが、フリードマン以外にはジョージ・スティグラーがおり、こちらは産業組織論で著名）。

一九八〇年に刊行された『選択の自由』は、日本でもベストセラーとなり二〇万部以上売れたので、読者の中にはお読みになった方もいると思う（その後刊行された『資本主義と自由』も話題となった）。

フリードマンの立場は「リバタリアニズム」（Libertarianism、自由至上主義）、つまり「政治の自由」と「経済の自由」の両方を重視する政治哲学の立場である。

まずフリードマンが理想とした「政治の自由」は、第三代アメリカ大統領トマス・ジェファソンが「アメリカ独立宣言」で提示した理念のことである。すなわち、「すべての人間は平等につくられている。創造主によって、生存、自由そして幸福の追求を含む侵すべからざる権利を与えられている」。これは、個人主義をベースにした自由ということだが、この手の主張はさほど珍しくはなく、むしろ政治学者のジョン・ボードリー・ロールズによる『正義論』の方が「政治の自由」という意味では、徹底した論じ方をしている。

他方「経済の自由」とは、アダム・スミスの『国富論』（第四篇第二章）に基づく考え方である。要するに「見えざる手」（Invisible Hand）、すなわち取引において投資家が自分の利益を追求している方が、結果としてあたかも「見えざる手」に導かれるかのように経済を成長させるというわけだ。

はたしてこの「経済の自由」論（ひいてはスミス解釈）が正しいかは疑問の余地があるが、ロナルド・レーガン大統領のレーガノミクスと総称される一連の経済政策に影響を与えた。たとえば大幅減税、規制緩和や貨幣供給量（マネーサプライ）の伸びの抑制がそうだ。とくに当時注目されたのが貨幣供給量の問題で、これを重視する経済学の一派は「マネタリスト」（Monetarist）と呼ばれた。「マクロ経済学」入門みたいな話で恐縮だが、日本の小泉純一郎《こいずみじゅんいちろう》首相および彼のブレーンへも影響を与え、一連の構造改革につながったことはおさえておきたい（ちなみにマクロ経済とは、一国全体の経済活動のレベルについて考察する経済学のこと。対するミクロ経済学は、個々の経済主体の行動、たとえば消費者行動や企業行動から経済現象を分析する)。

　これらをふまえた上で、ターニャ、つまり前世におけるサラリーマンの男にとってフリードマンおよびシカゴ学派がどのような意味をもっているかを考えていこう。

　男の大学生時代の発言を小説版から引用すると、「彼はルールと自由の関係性という点に関して『合理性』を持ち込んだシカゴ学派に出会い、狂喜した。ルールさえ守っていればレールの上に乗っていられるもの。オタクであることは、秘密にしつつ大学では勤勉な学生を演じてのける。言われてみれば、ルールを守った範疇《はんちゅう》での自由とはそういうことだ」とある。

　これはどんな制約やルールがあろうと市場は機能するという「市場万能主義」(Market Fundamentalism) 由来の人生観、つまり(誤解とまではいわないが)拡大解釈といえる考え方だが、前世でのサラリーマン、来世でのターニャの生きる指針として機能している。要するに、会社でも軍隊でもルールの範囲内で仕事を効率よく行えば、出世が約束されるという信念なのだろう。

　もちろんそれがうまくいかなかったからこそ、男は前世で殺されて来世に送られ、来世でターニャは前世の反省の上で行動し大活躍するわけだが、それがかえって過酷な戦線に次々と放り込まれるという皮肉な逆説を生む（皆さんの人生でもやることなすこと裏目に出てしまうような経験があるはず）。

　この一連のパラドックス、悲劇的アイロニーもまた、本作の魅力のひとつだと考えている。

「絶対戦争」と「総力戦」

　最後は③の「北方ノルデン戦線」と「西方ライン戦線」における戦いについて（ただしネタバレを避けるため序盤の戦いのみを分析する）。

『幼女戦記』の最大のみどころは、ターニャが戦争の局面においていかなる「戦術」を選択し、「帝国」を勝利に導くかというところにあると思う。

　ここでまず注意したいことは、転生先の世界は二度の世界大戦前後の現実のヨーロッパにきわめて似た世界を舞台とし、その世界で幼女として転生した元サラリーマンが「帝国」の「航空魔導師」ターニャとして敵の国家と戦うという点である。

　したがって現代の私たちが直面している、〇一年の九・一一米国同時多発テロ以降の戦争の形態（対テロ戦争、非対称戦争）と本作における戦争観とは少々異なる。そこでは「絶対戦争」というべき戦争が行われているからだ。

この「絶対戦争」（Absolute War）とは、プロイセンの軍人・軍事学者であったカール・フォン・クラウゼヴィッツが一八三二年の『戦争論』の中で提示したもので、敵の完全な打倒を目標とし、それが終わるまでは休止することがないという戦争形態である。

もちろん戦争というものは、政治や社会経済、地政学的な要因により制約されているので、現実では完全な「絶対戦争」はありえない。しかしながら、二度の世界大戦、とりわけ第二次世界大戦の契機となったドイツのポーランド侵攻や、その後のフランス侵攻で採用された「電撃戦《でんげきせん》」（または「機動戦」、機甲《きこう》部隊の高い機動能力を活用した戦闘）は、「絶対戦争」に近く、これにより「総力戦」（世界的な規模であらゆる手段を使って戦う戦争、詳細は後述）が行われたわけである。

こうした観点で、『幼女戦記』における転生先の世界における戦いをまずおさえ、しかる後にターニャがその戦争の局面において、いかなる「戦術」を選択したか（あるいはできなかったか）を説明しよう。

「北方ノルデン戦線」と「西方ライン戦線」

まず「北方ノルデン」の戦闘は、「レガドニア協商連合」（ノルウェーがモデルか）の越境侵犯《えっきょうしんぱん》に対して「帝国」が宣戦布告した戦いである。

ここで帝国が採用した「戦略」は、機甲部隊（戦車隊）による機動力を活かした「電撃戦」であるが、ターニャはこの戦闘で「観測魔導師」の役目を担った。要するに、国境哨戒《しょうかい》（簡単にいえば見張り）、および有事の際に目標を味方に指示し、戦闘に必要な情報（射距離や修正量）を伝えたのである。したがって、空の上という一見安全な圏域にいたわけだが、敵の「観測魔導師」にみつけられてしまう。そこで国境哨戒任務から防空遊撃戦へ戦局が移行するのだが、興味深いのは、現実の戦争では通常、観測手と狙撃手はそれぞれ一名ずつ担当するのに対して、ターニャ（あるいは本作の「航空魔導師」一般）が観測と狙撃を一人で担っているところである。しかも「魔導宝珠《ほうじゅ》」（懐中《かいちゅう》時計のような形で、素早く演算処理を行い、魔術をコントロールする）を利用した魔術の術式を使い、戦うわけである。いずれにせよ、ふいをつかれたターニャは窮地《きゅうち》に陥る。しかし詳細は伏せるが、「魔導干渉《かんしょう》」により（神経伝達物質のドーパミンが出たと思われるが）反応速度や瞬発力が向上し、魔力回路が全開となる。協商側の魔導師部隊の失敗は、圧倒的な戦力差にもかかわらず、近接格闘戦を横列で行った点にあったが、追い込まれたターニャは、最終局面において（火事場のばか力のように）自爆により敵に壊滅的なダメージを与えることになった。結果的に勝利をえたが、「戦術」なき戦いを余儀なくされたと判断していいだろう。

歳はわずか九歳。「北方ノルデン」の戦いは「帝国」の勝利で終わったこともあり、ターニャは「銀翼《ぎんよく》突撃章」を授与されて「白銀《はくぎん》」の二つ名をもつ英雄の一人となった。ターニャはその後、「エレニウム九五式」という「新型宝珠」、いわば新たな武器をえる一方、「魔導少尉《しょうい》」に出世し、「第二〇五強襲魔導中隊」の第三小隊長に任命される。そこに幼年学校出身者で、「ルーシー連邦」（ソ連がモデルか）からの亡命者であるヴィクトーリヤ・イヴァーノヴナ・セレブリャコーフ伍長《ごちょう》が加わり、結果的に四人の小隊が作られる。

そうした中、「フランソワ共和国」（フランスがモデルか）の奇襲を受け、「帝国」が反撃していた「西方ライン戦線」に小隊が投入される。「共和国」は、前世における現実の第一次大戦下のマジノ線（戦争に備えてフランスが国境に作った要塞《ようさい》）と同じく、「塹壕戦《ざんごうせん》」を行い、その塹壕を味方の「航空魔導士」が援護することでかろうじて戦線を保っていた。対する「帝国」のターニャは余裕綽々《しゃくしゃく》で、高度一万二〇〇〇メートルから「エレニウム九五式」により魔力回路を全開にして……。ネタバレを避けるため、この程度の情報開示にするが、小隊長らしく部下をうまく動かす「戦術」が駆使される。

なおその後の戦いを含めて図5-2で戦いの局面を整理したので、視聴の際のご参考に。

※付言：ところでフランスの思想家ポール・ヴィリリオがいうように、一九世紀末、映画と航空機が同じ時期に出現した（映画のはじまりは一八九五年、リュミエール兄弟の『工場の出口』、同時期にアニメーションや特撮も出現）。すなわち一八九二年、フランスが世界で初めて軍用航空機の契約を結んだわけである。その後、一九一〇年に航空部隊を作ったのに対して、ドイツも一二年に同じく航空部隊を編成した。そうした中、一四年に第一次世界大戦がはじまり、当初航空機は、地上作戦への協力、指揮の連絡や砲兵協力を担ったのだが、『幼女戦記』における「航空魔導師」もほぼ同じ役目を担当している。もっともその後、航空機により爆撃が行われだし、その結果一五年末には戦闘機や爆撃機にあたる航空機が主体となり、今日に至るわけである。

図5-2　各戦線の概略と参考にしたと思われる実際の戦い

北方ノルデン戦線（対協商連合）	帝国による「電撃戦《でんげきせん》」。その後、フィヨルド制圧と上陸作戦により決定的勝利。帝国は協商連合全域を占領下に。 ※第二次世界大戦におけるノルウェー侵攻やフィンランドでの冬戦争、朝鮮戦争におけるアメリカの仁川《インチョン》上陸作戦など。
西方ライン戦線（対共和国）	共和国による「塹壕戦《ざんごうせん》」。その後、「衝撃と畏怖《いふ》」作戦で司令部制圧、「解錠」作戦と「回転ドア」作戦により決定的勝利。帝国は共和国の首都パリースィイへ進軍。 ※第一次世界大戦のフランスによる「塹壕戦」、第二次世界大戦のドイツによる「電撃戦」、パリ占領など。
対ダキア戦	大公国による戦列歩兵や方陣。首都を襲撃し、その後帝国は国土の大部分を占領。 ※第二次世界大戦におけるドイツのポーランドへの「電撃戦」。

「総力戦」と企業戦士

主人公の来世の舞台である「帝国」は、前世でいえば両大戦時のドイツに比類すると考えられる。じつはドイツでは、第一次世界大戦の敗戦後、「総力戦」（Total War、全面戦争ともいう）という思想が生まれた。

先に紹介したクラウゼヴィッツにとって、敵の完全な打倒を目指す「絶対戦争」は、政治に引き続くもの、あるいは後塵《こうじん》を拝する概念であった。ところが「総力戦」とは、国家が戦争を遂行するにあたって、あらゆる「人的・物的資源」（国民と財産）を総動員して戦う形の戦争である。

要するに、戦争は政治の目的手段ではなく、戦争それ自体が目的と化すというのが「総力戦」である。ドイツの軍人エーリヒ・ルーデンドルフが、一九三五年に著した『国家総力戦』の中でこの概念を明示したといわれている。

しかしながら、このような考え方は当時のドイツの思想界にも通底したものであった。たとえば、作家のエルンスト・ユンガーがいう「闘争」「総動員」、実存主義哲学者のマルティン・ハイデガーがいう「覚悟性」、政治哲学者のカール・シュミットがいう「決断」などがあげられる。それぞれがさまざまな問題（たとえばナチスへのコミット問題）を提示しており、それだけで紙面が埋まりそうなので、ここではユンガーがいう「闘争」と「総動員」のみ紹介しよう。

ユンガーによると、第一次世界大戦の塹壕戦などにより新しい種族、要するに新しいタイプの人間が生まれたという。その種族とは「この上ない力に満ちてエネルギーを具現する存在」であり、彼らにとって「闘争」とはそれ自体が端的に意味なのである。そして「これを理解するものは、両の手のあいだを色とりどりの糸を滑らせながら、笑みを浮かべている、ひとりの神の姿を思い浮かべることができる」。ちょうど『幼女戦記』の「存在X」のように。このような詩的な表現の末に提示された概念が「総動員」である。

ユンガーがいう「総動員」は、労働者概念とリンクしている。

彼の三二年の著書『労働者』によると、「総力戦」は前線と銃後《じゅうご》の区別を曖昧《あいまい》にし、兵士は、巨大な技術装置（たとえば戦車、航空機、潜水艦）の中で労働者となる。他方、後方の労働者も、工場等では軍事的な意味を生産能力が担っている（たとえば武器を製造する）ために兵士となる。この両者の一体化が、ユンガーがいうところの「総動員」である。このような考え方はドイツ特有ではなく、ヨーロッパのファシズム、ロシアの共産主義、日本の軍国主義、そしてアメリカの改良型資本主義を貫くものだったと思われる。そして戦後もそうした「総力戦」が継続しているとみる論者が多い。

たとえば現実の現代日本の場合、第二次世界大戦のプロセスで生み出された「総力戦」体制（翼賛《よくさん》体制）という社会構造の再編成が、アメリカ占領軍の戦後改革において、反共のため保持され、それが戦後の復興を促し、六〇年代以降の高度経済成長へつながったと考えられている。

アメリカの歴史学者ジョン・ダワーが指摘しているように、その中心となったのが社会工学的なデザイン能力を身につけた「行政官僚《かんりょう》機構」であり、その指導の下に大企業は自社を建て直していく。重要なことは、その再建の駒《こま》となったのがエリートサラリーマンであることだろう。

以上のように考えると、なぜターニャが来世の「帝国」において、過酷な「総力戦」を戦いえたかが了解できる。つまり前世の現代日本において、サラリーマンとしてキャリアを積むことで、「総力戦」を勝ち抜く準備がなされていたわけである。

大戦間もの

さて『幼女戦記』の物語に戻り、本章をしめよう。

「西方ライン戦線」の後、一一歳にして軍大学への入学を果たしたターニャは、キャンパスライフを謳歌《おうか》する。ところが上官のゼートゥーア准将《じゅんしょう》に対して、今時の戦いは「世界大戦」に発展しうると提言してしまったため、大尉《たいい》として「第二〇三航空魔導大隊」を新たに結成させられる。そこで大役を逃れたかったターニャは、志願者全員を落とすため、前世の知識を活かし徹底的な訓練を課すが、それがかえって最強の航空魔導大隊を育てることになってしまう(ここでもターニャの試みは裏目に出る)。

興味深いのは、ターニャが「エレニウム九五式」を使用することにより「精神汚染」されていくという設定だろう。要するに「宝珠」は「存在X」の呪いとして機能し、ターニャの精神を侵食していくわけである。

そうした中、南東では「ダキア大公国」(ポーランド、もしくはルーマニアがモデルか)が「帝国」に宣戦布告をする。

「ダキア」には「航空魔導士」の部隊は存在せず、しかもその戦術たるやお粗末《そまつ》で、横列の「戦列歩兵」や正方形の「方陣《ほうじん》」を組むといった近代以前の戦い方をしてくる。

結果としてワンサイドゲームで、ターニャが指揮する一個大隊だけで、三個師団を撃破する。

ターニャ一行はその余勢を駆《か》って公国の首都を襲い、兵器工廠《こうしょう》（場）に対して「都市空襲」を行うのだが、この「都市空襲」は前世において第一次世界大戦から始まったものである。したがってターニャは前世の戦い方を来世に伝えたことになるが、ロリ声で避難勧告をするので敵は本気にしないというおまけつきである。

こうして、味方にとってターニャは「戦いの女神《めがみ》」だが、敵にとっては悪魔的存在なので「ラインの悪魔」と呼称されることとなった。

その後、再びターニャは大隊とともに「北方ノルデン戦線」へ派遣される。ここからはネタバレを避けるために言及しないが、敵後方への上陸に、前世における朝鮮戦争の仁川《インチョン》上陸作戦を応用するなど、世界大戦以外の作戦を参考にして参謀《さんぼう》本部に提案している。

ところでいわゆる「大戦間もの」は近年、ネット小説を中心として増えつつある。このジャンルは、第一次世界大戦終結から第二次世界大戦勃発までの時代をテーマとした作品を指し、大戦中を含む場合もある。

その中でも、『幼女戦記』における戦争やその歴史の描き方は、ここまで分析してきたように、正確無比である。また登場人物の大胆で少々露悪的な心理を描写したり、「帝国」を中心とした国際政治力学や地政学をモチーフにするなど、一〇年代アニメを論じる上でもはずせない作品だと思う。

ちなみに、同じ「大戦間もの」としてこの作品と比較するべきは、一六年にテレビ放映されたオリジナルアニメ『終末のイゼッタ』であろう。こちらも世界大戦時のヨーロッパに類似した世界を舞台とし、魔法が大きな鍵を握っている。

すなわち、現実のドイツに比類される「ゲルマニア帝国」が、ヨーロッパの支配を目的として隣国の「リヴォニア」（ポーランドがモデルか）へ「電撃戦」を敢行《かんこう》し、アルプスの小国「エイルシュタット公国」（リヒテンシュタイン公国がモデルか）にも狙いを定めようとしていた。そしてこの公国の公女・フィーネと、魔法の力が使える少女・イゼッタが出会うことで物語がはじまる。いわば『幼女戦記』のダキア大公国のような小国にあたるのが、「リヴォニア」という感じなので、「帝国」側ではなく、その「帝国」に対して小国群側が抵抗していくという作品である（**図5-3参考**）。この機会にこちらの視聴もお勧めする。

なお『終末のイゼッタ』のシリーズ構成は、次章でとりあげる『機動戦士ガンダム鉄血のオルフェンズ』の脚本家、吉野弘幸《よしのひろゆき》が担当した。

いずれにせよ「大戦間もの」、すなわち現実の私たちの世界で起こった世界大戦と、その前後の歴史・政治・経済・文化状況などを巧みに織り込んだ作品からは、今後も目が離せないだろう

※付言：『幼女戦記』と『終末のイゼッタ』の二作を、『少女終末旅行』と同じように「末期戦もの」（「終末もの」のサブジャンルともいえそう）というジャンルで括《くく》ることが受講生から提案された。ただ末期戦という用語が、「戦争の末期の戦い」という意味であるなら違和感がある。どちらも戦争初期から物語がはじまるからだ。また「戦争シミュレーションもの」という用語が脳裏《のうり》に浮かんだが、一〇年代アニメのジャンル批評として適切かは疑問符がつきそうだ。そこで本文では「大戦間もの」とした。なお暁《あかつき》佳奈《かな》のラノベを原作に京都アニメーション（以下、京アニ）が制作した『ヴァイオレット・エヴァーガーデン』（一八）もこのジャンルに入るだろう（正確には「大戦後もの」）。本作は四年間続いた大陸戦争後を舞台としており、戦争で両腕を失い、義手をつけることを強いられたヴァイオレットを主人公とする物語だった。本作は『響け！　ユーフォニアム』（一五～一六、前々著七一～七三頁参考）とともに、一〇年代の京アニを考える上で重要作だと考えている。

図5-3　『幼女戦記』と『終末のイゼッタ』

モデルとなった国	幼女戦記	終末のイゼッタ
ドイツ	帝国	ゲルマニア帝国
リヒテンシュタイン公国	帝国領	エイルシュタット公国
オーストリア	帝国領	エイルシュタット公国
ポーランド	ダキア大公国？★	リヴォニア
フランス	フランソワ共和国	テルミドール共和国
ノルウェー	レガドニア協商連合★★	ノルド王国
イギリス	コモンウェルス連合王国	ブリタニア王国
スイス	森林三州誓約同盟	ヴェストリア
イタリア	イルドア王国	ロムルス連邦
ソ連	ルーシー連邦	ヴォルガ連邦
アメリカ	合衆国	アトランタ合衆国

★ダキア大公国は、ポーランドよりもルーマニアがモデルかもしれない。
★★レガドニア協商連合は、スウェーデンを含む。
＊リヒテンシュタインもオーストリアも公用語はドイツ語である。この図で分かることは、『幼女戦記』が「大ドイツ主義」（他国に住んでいるドイツ人を含めてドイツを統一していこうとする方針）であるのに対して、『終末のイゼッタ』は「小ドイツ主義」（他国に居住するドイツ人を除外してドイツの統一を図るという方針）を世界観として採用している点である。このように考えると、『終末のイゼッタ』は「大ドイツ主義」と「小ドイツ主義」との戦いという側面をもっていると思われる。

第6章　『機動戦士ガンダム 鉄血のオルフェンズ』
一〇年代ガンダムが辿り着いた祈りとしてのアニメ

一〇年代の「ガンダム」シリーズ

大ファンです、という人もいれば、視聴したことがない、という人もいるだろう。いずれにせよ、だれもが名前くらいは知っているはず……。

いよいよ「ガンダム」である。

富野由悠季《とみのよしゆき》（喜幸《よしゆき》名義）監督の『機動戦士ガンダム』（七九～八〇）からはじまった「ガンダム」シリーズは、現在まで六〇作近くある。

一〇年代にテレビ放映された作品に限定して語れば、『機動戦士ガンダムAGE《エイジ》』（一一～一二、以下『AGE』）から、『ガンダムビルドファイターズ』（一三～一四、以下『ビルドファイターズ』）、『ガンダムビルドファイターズトライ』（一四～一五）、

『ガンダム Ｇ《ジー》のレコンギスタ』（一四〜一五、以下『Ｇのレコンギスタ』）、そして『機動戦士ガンダム 鉄血のオルフェンズ』（一五〜一七、以下『鉄血のオルフェンズ』）をへて、『機動戦士ガンダムＵＣ《ユニコーン》 ＲＥ《リ》：００９６《ダブルオーナインティシックス》』（一六、ＯＶＡを編集、以下『ＵＣ』）、『ガンダムビルドダイバーズ』（一八〜）に至る。

ところで、みなさんはどの「ガンダム」作品が好みだろうか（みたことがない方はすいません）。

まず『ＡＧＥ』は、放映当時に小学生あるいは中学生だったとしたら、その頃の記憶とともに語りたくなる作品だろう。また「ビルド」シリーズは、ガンプラ（ガンダムのプラモデルのこと）が好きな人にとってははずせない作品。『Ｇのレコンギスタ』は富野作品なので、『機動戦士ガンダム』好きというか、富野信者なら一推しだろうし、『ＵＣ』もこの系譜で熱く語りたくなるだろう。私もすべての作品をリアルタイムで視聴しているので、それぞれ論じたいことがある。

とはいえ一〇年代を代表する「ガンダム」シリーズはなにかと問われたら、間違いなく『鉄血のオルフェンズ』だと答えたい。

理由はいくつかある。たとえば本作は、ゼロ年代にテレビ放映された『機動戦士ガンダム00《ダブルオー》』（以下、『00』）と双璧《そうへき》の作品といえるので、ゼロ年代と一〇年代の作品としての比較がしやすい。また戦いの描き方についても、二〇〇一年九月一一日に起きたアメリカ同時多発テロ以降の「新しい戦争」を彷彿《ほうふつ》とさせるし、火星移住が現実味を増す今日、火星と地球との関係性の中で物語が展開していくという点も興味深い。さらにいえば本作における「厄祭戦《やくさいせん》」はある意味、一一年に起きた東日本大震災を投影したものという見方も可能（後述）である。以上のように、一〇年代および一〇年代のアニメを考える上で、『鉄血のオルフェンズ』は意義深いと思われる。

ところで一八年、ＮＨＫで放映された『発表！全ガンダム大投票』という番組が話題を集めた。この番組は視聴者からの投票で、「ガンダム」シリーズの作品、キャラクター、モビルスーツ（人型の有人機動兵器、ロボットのこと）、ソングスの四部門で順位を決め、ランキング形式で発表するという主旨のものである。

『鉄血のオルフェンズ』絡みでいうと、二〇位以内に入ったものが多く、作品部門は、第六位、キ

©創通・サンライズ・MBS

ャラクター部門は、第三位にオルガ・イツカ（以下、オルガ）、第一四位に三日月《みかづき》・オーガス（以下、三日月）、モビルスーツ部門は、第一八位にガンダム・バルバトスルプスレクス、ソングス部門は、第六位にUru《ウル》の「フリージア」、第一四位にMAN WITH A MISSIONの「Raise your flag」、第一七位にSPYAIR《スパイエアー》の「RAGE OF DUST」が入るという具合に、大健闘をみせた。

とりわけキャラクター部門で、第三位にオルガがランクインしたことは正直驚かされた。なぜなら、第一位のシャア・アズナブル（以下、シャア）、第二位のアムロ・レイ（以下、アムロ）といった往年の人気キャラクターの次というポジションであったからだ。

興味深かったのは、投票者の内訳である。作品部門だけの発表なので、キャラクター部門の男女比や年代別の詳細は分からないが、作品部門での『鉄血のオルフェンズ』の内訳は、男女比が男性五五％、女性四五％、年代別は二〇代が一番多く三五％、以下、一九歳以下が二八％、三〇代が一九％であった。対する『機動戦士ガンダム』は、男女比が男性七八％、女性二二％、年代別は四〇代が一番多く五七％、以下、五〇代が二〇％、三〇代が九％であった。

両作品を比べると、『鉄血のオルフェンズ』は、①女性票が多いこと、②若い世代からの支持をえていることがよく分かる（図6－1参考）。

改めて確認すると、本書は一〇年代アニメをとりあげ、その作品を論ずるものである。それと同時に、新しい世代（九〇年代生まれのオタク第四世代や、ゼロ年代生まれの第五世代）のトレンドを観察し、そこからいかなる消費がなされているかを考えていくというテーマが伏流《ふくりゅう》する（「はじめに」を参考）。そういう意味でも『鉄血のオルフェンズ』は格好の材料を提供していると思われる。

それでは以下、『鉄血のオルフェンズ』を、とくにゼロ年代の「ガンダム」シリーズの代表作『00』と比較し、どのような位置を占めているかを中心に検討していきたい。

『鉄血のオルフェンズ』の世界観

本作は、人気作『とらドラ！』『あの日見た花の名前を僕達はまだ知らない。』『心が叫びたがってるんだ。』でもコンビを組んだ長井龍雪《ながいたつゆき》が監督、岡田麿里《おかだまり》がシリーズ構成を担当した。前々著の第6章『とある科学の超電磁砲《レールガン》』のところで述べたように、

図6-1　男女比と年代別

機動戦士ガンダム 鉄血のオルフェンズ

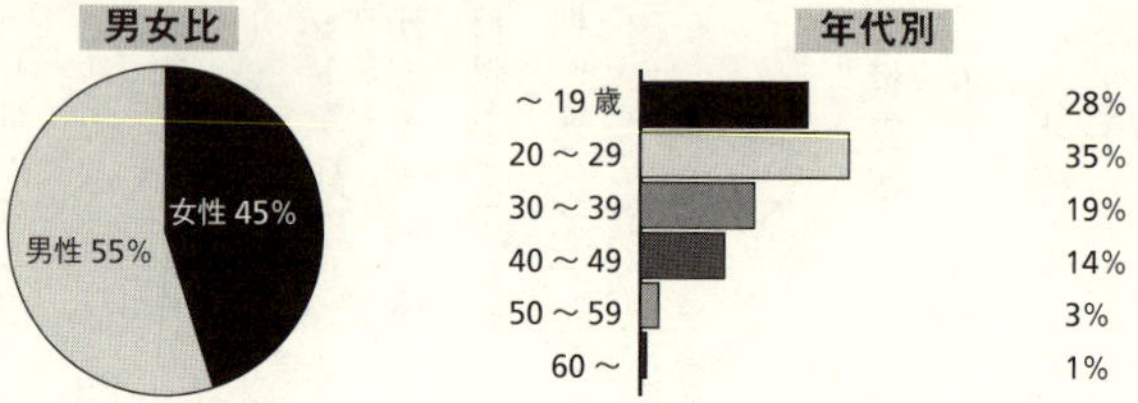

機動戦士ガンダム

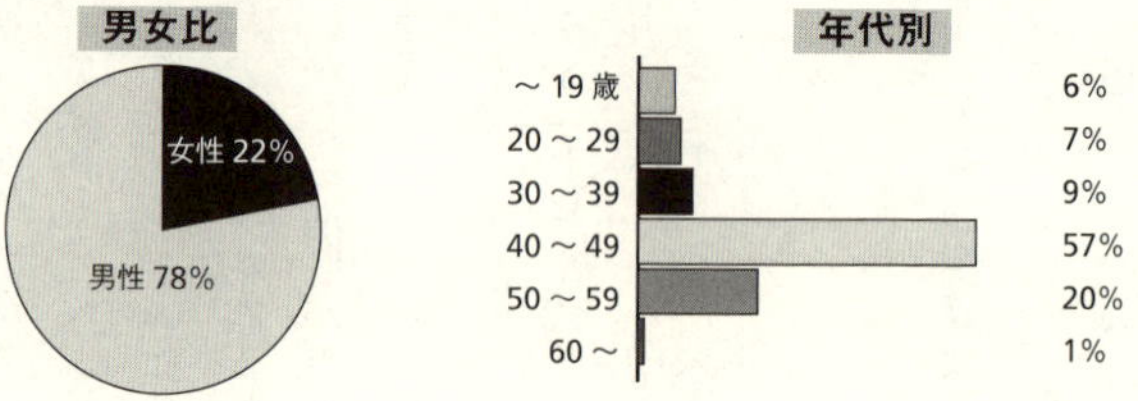

＊「NHKオンライン」より

長井監督のアニメ演出には定評がありなにげないシーンで感動させられる（前々著一七〇～一七一ページ）。

他方、シリーズ構成者である岡田は、上記以外にも数多くの作品のシリーズ構成を担当しており、一〇年代を代表する脚本家の一人といっていいだろう。ミステリ作家の小森健太朗《こもりけんたろう》がいうように、岡田は難しい性格のキャラクターの心理描写が見事である。彼女の手にかかるキャラクターの存在感は際立ったものがあるが、それは本作の主人公・三日月の場合も同じだと思う。

なお監督の長井は『機動戦士ガンダム00』のエンディングで絵コンテと演出を担当しており、この作品が常に念頭にあったと思われる。

長井へのインタビューによると、最初に話を受けたのが『とある科学の超電磁砲』の第一期（〇九～一〇）の終盤だったという。これは一〇年初頭のことなので、『AGE』のテレビ放映より前であり、その頃から少年兵をモチーフにした作品を作ろうと考えていたことになる。ところが『AGE』が立ち上がったため一旦休止となり、一四年頃に再始動したという。

長井曰く「根っこの部分にある内容は、初期案から変わっていません。虐《しいた》げられた子供たちが成り上がっていく、弱い立場の人たちが大きい舞台に上がるという流れは、初期案から一貫しています」。これらの発言から『鉄血のオルフェンズ』と『00』とを比較することは理に適っていることがお分かりいただけるのではないか。要するに『AGE』を越えて、『00』と『鉄血のオルフェンズ』は結びつくわけである。

さて『鉄血のオルフェンズ』は分割四クール（通例、全四八～五二話を二五話前後で分割すること）の放送形態で、第一期が一五年一〇月から翌一六年三月まで、第二期が同年一〇月から翌一七年四月にテレビ放送された。したがってまず前半の第一期から、プロットおよび世界観を整理してみたい。ちなみにタイトルの「鉄血」は、プロイセン首相オットー・ビスマルクの言葉からだと推測されるが、「鉄」は兵器、「血」は兵士を指す。また「オルフェン」（Orphan）の方は、孤児を指すので、『鉄血のオルフェンズ』とは、「兵隊の孤児たち」という意味合いになるだろう。

それではプロットを簡潔に追ってみよう。物語は、人類を滅亡の局面に追いつめた「厄祭戦」から約三〇〇年後のＰＤ三二三（ＰＤは作中の暦《こよみ》、Post Disaster の略称）が舞台である。

この時代、世界は宇宙を支配下におく「地球圏」と、その統治下で貧困に苦しむ火星などの「圏外圏」に分かれていた。そうした中、火星の一都市である「クリュセ独立自治区」の代表の娘、クーデリア・藍那《あいな》・バーンスタイン（以下、クーデリア）は、貧困にあえぐ人々を救済する目的で、「火星独立運動」に身を投じていた。

他方「地球圏」は、七家の名門「セブンスターズ」が創設した治安維持組織「ギャラルホルン」の監視下で、四つの経済圏による分割統治にシフトしていた。「ギャラルホルン」の長きにわたる統治は腐敗をうみ、その腐敗は貧困に拍車をかけ、孤児や「ヒューマンデブリ」を生み続けることとなった。なお「デブリ」とは宇宙ゴミのことなので、「ヒューマンデブリ」とは、すなわち人間の宇宙ゴミという意味であり、本作の場合、人身売買される子どものことを指す。

火星のクーデリアは、地球の四つの経済圏のうちのひとつ、「アーブラウ」代表の蒔苗東護ノ介《まかないとうごのすけ》（以下、蒔苗）との交渉に臨むため、地球行きの警護を民間警備会社「クリュセ・ガード・セキュリティ」（以下、CGS）にオファーする。ところがクーデリアの父の通報により、「ギャラルホルン」が「CGS」の基地を襲う。この襲撃に対応したのが、オルガ率いる少年兵により構成された「参番組《さんばんぐみ》」である。戦いは窮地《きゅうち》に追い込まれるも、ガンダム・バルバトスを操る「参番組」所属の三日月により……、という、最初から怒濤《どとう》の展開である。

歴代「ガンダム」シリーズは、宇宙規模で壮大なスケールのドラマが展開される場合が多く、この作品もそうである。複雑なので第一期の関係図を示してみる（図6-2参考）。

第一期からみえてくる特徴

以下、この図を参考に整理していくが、プロットを読んでいく上でポイントになるのは、『鉄血のオルフェンズ』がこれまでの「ガンダム」シリーズの約束事を守りつつも、三つの点で新たな展開をみせていることである。この点については後述するので、まずは物語の続きを追ってみよう。

オルガ率いる「参番組」はその後、「CGS」を乗っ取り「鉄華団《てっかだん》」と改称し、クーデリアの依頼を受け一路地球を目指す（艦名は「イサリビ」、魚を誘い寄せるために夜間焚《た》く「漁《いさ》り火《び》」由来であろう）。

まず進路をとったのが「木星圏」である。なぜ「木星圏」に向かうかといえば、そこに地盤をおくマクマード・バリストンが代表を務める巨大企業の「テイワズ」（実

図6-2　『鉄血のオルフェンズ』の世界観

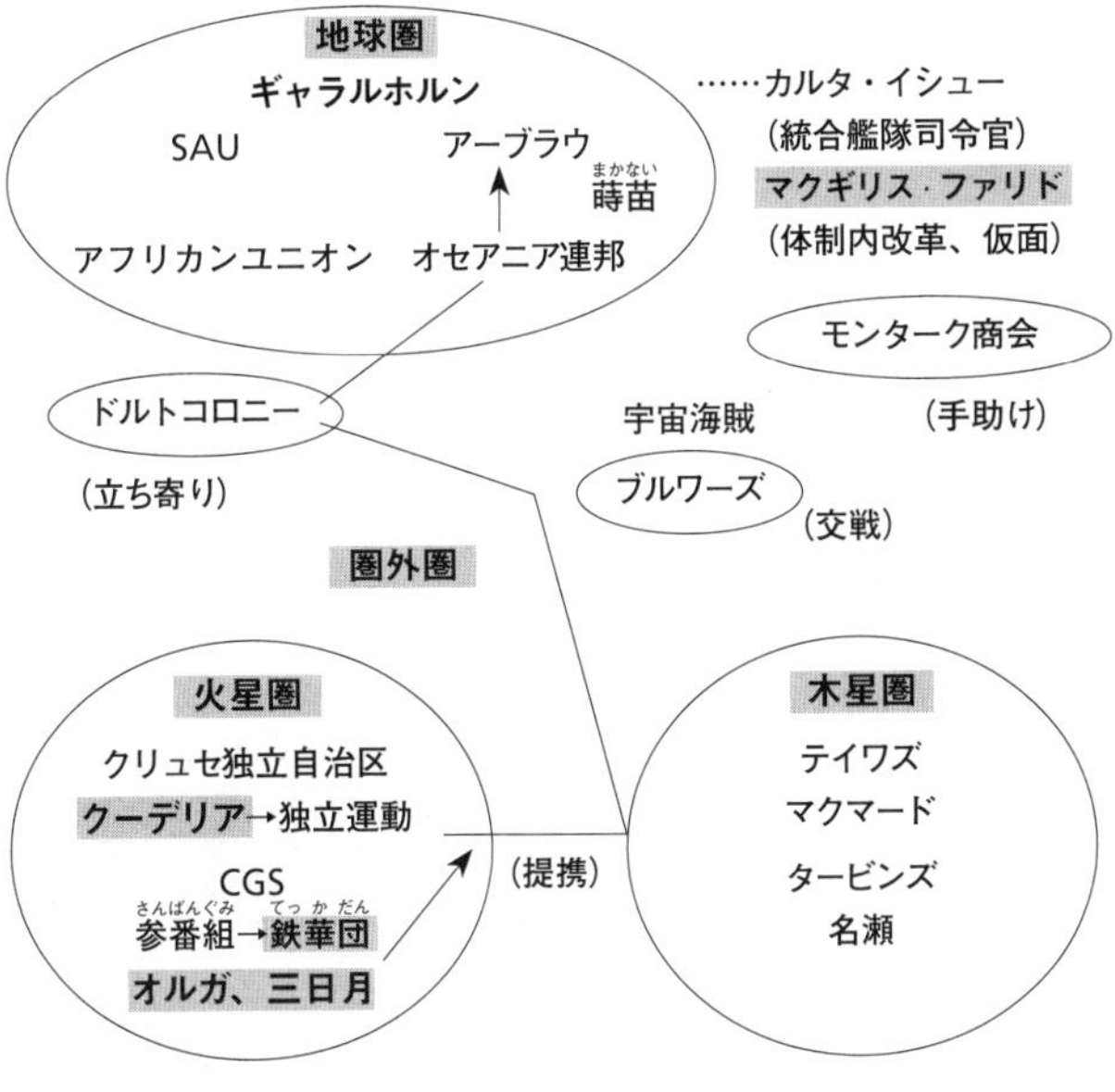

態はマフィア）の後ろ盾をえるためである。この企業の傘下にいる武闘派集団が、名《な》瀬《ぜ》・タービン（以下、名瀬）率いる「タービンズ」である。「鉄華団」と「タービンズ」は最初決裂し戦闘が行われるが、名瀬が「鉄華団」の実力を認めた結果、無事「鉄華団」は「テイワズ」と手を結ぶことができた。その際、「鉄華団」は「タービンズ」の兄弟分となり盃《さかずき》を交わす儀式を行う。一行は「タービンズ」を案内役に地球を再び目指す中、火星と地球との航路をテリトリーとする宇宙海賊「ブルワーズ」と交戦・撃破。その一部の少年兵が「鉄華団」に参加する。

再々度、地球を目指す「鉄華団」一行は、途中で「テイワズ」から頼まれた貨物を搬入するため、「アフリカンユニオン」が経営する「ドルトコロニー」に立ち寄るが、そこに「ギャラルホルン」の治安部隊が現れ、戦闘が行われる（「コロニー」は「ガンダム」シリーズには頻出するが、宇宙への移民者が人工的に造った居住地のこと）。

ここで注目すべきは、クーデリアが全宇宙に向かい、「ギャラルホルン」の正義への賛否を問いかけたテレビ放送だろう。その結果、治安部隊が退くことになっただけでなく、クーデリアは世論まで味方につけたわけである。

他方、「地球圏」の「ギャラルホルン」内では「セブンスターズ」の一家門、ファリド家のマクギリス・ファリド（以下、マクギリス）が、体制内改革を行っていた。彼は仮面をつけて「モンターク商会」を名乗り、火星のハーフメタル利権を条件に、クーデリアの革命の手助けを「鉄華団」に申し出る。「鉄華団」は手詰まり状態だったのでその申し出を受け入れ、地球降下に成功する。

そしてクーデリアは亡命中の蒔苗と会い、彼を「アーブラウ」の次期代表を決める全体会議に参加させる約束をし、その護衛の任に「鉄華団」はつく。そこに現れたのが、「ギャラルホルン」の地球外縁軌道統制統合艦隊司令官のカルタ・イシュー（以下、カルタ）が率いるグレイズリッターの親衛隊であり、激しい戦闘が起こり次々と……、といった流れである。

以上、第一期のプロットを整理したが、これまでの「ガンダム」シリーズを彷彿《ほうふつ》させる逸話が多いのは、このシリーズのお約束として理解したい。たとえばコロニーの存在、正義を叫ぶヒロイン、謎の仮面の男など（詳しくは本章最後の二節にて）。

では異なることはなにかといえば、①グローバリゼーションの負の側面を捉えたような貧困問題と少年兵の存在、②タービンズの兄弟分となり盃を交わした「鉄華団」にみられる任俠《にんきょう》精神、③「鉄華団」の名前に象徴される滅びの美学、といった三点に整理できると思う。そこで以下、この三つを中心に解析を試みたい。

※付言：「地球圏」は、「ギャラルホルン」の監視下で、四つの地域に分かれていたが、興味深いのは国民国家を基盤とした連合体ではなく、「経済圏」という組織体であることだろう。おそらく人、モノ、お金や技術が国家の枠を超えて流通する中、従来の国民国家はこの流れを制御不能となり、その結果、経済単位で超国家的な組織体を組んだと想像できる。そしてロシアを中心とした「アーブラウ」、中国・インド・日本・オーストリアなどを含む「オセアニア連邦」、ヨーロッパ・中東・アフリカを含む「アフリカンユニオン」、アメリカや南米からなる「SAU」といったブロック経済圏が形成されたと思われるが、本作が関わるのは主に「アーブラウ」、および蒔苗が亡命していた「オセアニア連邦」であり、西ヨーロッパやアメリカが主体ではないところも特徴だと思う。

貧困問題と少年兵

まず①の貧困問題と少年兵の話から。

特定の地域のみが経済発展し、その他の地域は貧困にあえぐ。これは今日先進国が北に多く、発展途上国が南に多いことから「南北問題」（North-South Divide）と呼ばれていることはよくご存じだと思う。

この問題に関するゼロ年代頃からの議論では、グローバリゼーションの負の測面として多くの学者によって論じられている。そしてまさにゼロ年代の作品として、この問題を正面から捉えた「ガンダム」シリーズが『00』で、作中における中東の「アザディスタン王国」と「クルジス共和国」が南に当たる。このような負の側面は『鉄血のオルフェンズ』における「地球圏」以外の地、すなわち「圏外圏」の火星にも当てはまる。「クリュセ独立自治区」が南に当たり、その郊外に基地を持つ民間警備会社「CGS」に所属していたのが「参番組」、後の「鉄華団」というわけである。

『00』における「ガンダムマイスター」（ガンダムの操縦者）の厳しい境遇は、とりわけ主人公の刹那《せつな》・F・セイエイ（以下、刹那）が担っていた。刹那は、「クルジス共和国」出身で、かつて神を狂信した結果、反政府ゲリラ組織「KPSA」の少年兵となった。彼にとって「戦争行為の根絶」を体現するモビルスーツ、ガンダムエクシアは、兵器以上の至高の存在として映っている。したがってその存在に神の代理を見出す彼は、自らそのような存在＝ガンダムそのものになろうしている。「俺がガンダムだ」という有名なセリフはそのような彼の気持ちの表現であろう。

他方『鉄血のオルフェンズ』において、ガンダム・バルバトスを操る三日月は、火星出身の孤児という設定だ。幼い頃から後に「参番組」のリーダーとなるオルガと行動をともにしていたようだが、三度にわたる「阿頼耶識《あらやしき》システム」(後述)の手術を行い、「ギャラルホルン」の襲撃をきっかけにガンダムの搭乗者となった。オルガとは実の兄弟以上の深い絆《きずな》で結ばれており、彼の依頼ならたとえ汚れ仕事でも請け負う。したがって三日月にとってガンダムは、オルガの命令を受けて乗る純粋な兵器であり、その点で刹那との違いが表れていると思うが、少年兵としてCGSの参番組に入った点では、刹那と境遇が似かよっているだろう。

ここで注目すべきは「阿頼耶識システム」という、モビルスーツのコックピットに採用されたデバイスシステムである。

これはナノマシンを仲介として、搭乗者の脳神経と、機体のコンピュータとを直接リンクさせ、空間認識をコントロールする器官を擬似的に発生させる装置である。搭乗者の脊髄《せきずい》に埋め込まれた「ピアス」と呼ばれるインプラントが痛々しいが、成長期の子ども以外ではナノマシンが体に定着しないという作中での共通認識があり、手術はおもに少年兵が受けるようになっている。差別的に、彼らを「宇宙ネズミ」と呼ぶ人物も登場する。

「孤児」「ヒューマンデブリ」「宇宙ネズミ」。彼らには近代的な意味での「人権」という普遍的な人間の権利は存在しないとみていいだろう。

なお『00』の刹那は、「イノベイター」（脳量子波を用いて覚醒《かくせい》した新人類）への覚醒が始まると超人的な感覚をみせるようになるので、「ガンダム」シリーズの文脈でいうと「ニュータイプ」の系譜にあたる。それに対して、『鉄血のオルフェンズ』の三日月は、「阿頼耶識システム」によって切り開かれた超人的な感覚なので、「強化人間」の系譜に該当する。そして背中のヒレのようなインプラントは、「スティグマ」（Stigma）、すなわち奴隷《どれい》や犯罪者の「烙印《らくいん》」（徴《しるし》、刻印）として機能しており、否定的な表象といえるが、逆にキリストの「聖痕《せいこん》」という意味で捉えるなら、「孤児」「ヒューマンデブリ」「宇宙ネズミ」の解放者という意味合いになる。

このように「阿頼耶識システム」というアイディアは、よく構想が練られた卓越《たくえつ》したものだと思う。そして、このシステムによる身体負荷が原因で、三日月には機能障害（右目の視力と右腕の動きが不自由）が起こるわけである。

「鉄華団」にみられる任侠精神

つぎは②の「タービンズ」の兄弟分となり盃を交わした「鉄華団」にみられる任侠

精神について考えたい。

三日月は、オルガに対しては忠実だが、他者に対して非情で冷淡な一面をみせ、躊《ちゅう》躇《ちょ》なく人を殺《あや》める場合が多々ある。これは幼少期に孤児だったため、なんらかのトラウマが影響していると推察できるが、無表情キャラクターという意味では『00』の刹那と似かよった造形がなされている。

他方オルガは、「鉄華団」の団長であり、幼少期からリーダーシップを発揮《はっき》し、自分を貫くことを重視しているがため、三日月をはじめとした団員から人望がある。いわば団員の兄貴分的な存在である。三日月が素顔をみせないのに対して、オルガは表情豊かで、団員を「家族」として守り通すことを義務としているようだ。

このようなメンタリティは、たとえば俠客《きょうかく》として名をはせた幕末の清水次郎長《しみずのじろちょう》が、子分の大政《おおまさ》や森《もり》の石松《いしまつ》とともに清水湊《しみずみなと》に一家をなした逸話を彷彿とさせる。「鉄華団」もこのような任俠精神のようなものを有していたのだと思われる。その「鉄華団」が、「木星圏」に地盤をおく巨大企業「テイワズ」の後ろ盾をえるため、その傘下の武闘派集団、すなわち名瀬率いる「タービンズ」の兄弟分となり盃を交わすわけである。

名瀬は、複数の女性との間に子どもをもうけており、まさにジゴロのような年上の男なのだが、自分の若かりし頃の姿をオルガに重ねて面倒をみる。第九話は兄弟盃の回といっていいが、組織内部ではなく他組織としての義兄弟になったことと、力関係でいえば四分六なので、兄分が六分・弟分が四分の差を有する兄弟分であることに注意したい。そしてこの儀式以降、オルガは名瀬を「兄貴《あにき》」と呼ぶこととなる（兄弟盃は、他にも上下関係なしの対等な関係の五分や、兄分が八分・弟分が二分の差を有する二分八など、細分化されている）。

それはともかく、ここで重要なことは二点ほどある。

一つは、（宇宙海賊「ブルワーズ」を含め）「鉄華団」や「タービンズ」の存在に象徴されるように、本作における「ギャラルホルン」監視下の「地球圏」の権力は、四つの経済圏に分かれているためか「限定された力」しか有していないことである。つまり、それぞれの権力が波及する範囲がとても限られたものになるので、四つの権力から比較的遠く離れた組織（武闘派集団など）が「独立独歩」のルールをもち、対立もしくは共存することが可能なのだと捉えることができる。ただし、そうした種々の組織も生き残るため巨大企業の傘下に入ることになるわけだが。

他方、権力にとって武闘派集団は、自分たちの権益を損なう存在であるが、同時に自分たちの権力基盤を支えるために内部に取り込んだ方がメリットをもたらす存在でもある。本作ではこうした「もちつもたれつの関係」が描かれている。

もう一つの重要なポイントは、『鉄血のオルフェンズ』は「家族」がテーマであるということである。ただしシリーズ構成者の岡田はインタビューで、「鉄華団は運命共同体であり、家族である」が、それはプラスの意味だけでなく「よくも悪くも自分をいかに無条件にささげなければいけないかという、ニュアンスが含まれている」と答えている。つまり家族であるがゆえに、自由意思は制約されるだけでなく、その自由を放棄したがる傾向すらあるということである。たしかに三日月をはじめとした「鉄華団」の団員の行動をみてみると、そうした自己放棄の測面が見受けられるだろう。

これは『00』を含めて歴代「ガンダム」シリーズと比較すれば分かりやすい。すなわち、これまでのシリーズは「擬似《ぎじ》家族」といえども「個人」と「個人」との戦いがメインであったのだが、『鉄血のオルフェンズ』は「個人」と「家族の一員」との戦いのような場面が多かったように思われる。だからこそ、放映当時、私はそこに、あまりにも「絆」（自己同一化）が強すぎて、彼らが滅びの道を歩む未来が予告されている気がしてならなかったのである。

※付言：「木星圏」に地盤をおく巨大企業「テイワズ」。この設定は十分なリアリティがある。なぜならNASAの報告によると、火星と木星との間に存在する小惑星帯には豊富な鉱物資源が眠っているからである。したがって火星や準惑星ケレス辺りに採掘《さいくつ》基地を置き、地球へ鉱物資源を輸出する形で企業経営をするというのは近未来ではありえると考えられる。なおそうした将来を見込んで、アメリカでは実際、一二年にプラネタリー・リソーシズ社（グーグルのラリー・ペイジらが投資）、一三年にディープ・スペース・インダストリーズ社が創設されている。

散華《さんげ》（滅び）の美学

そしてこの滅びの感覚は、まさに③の「鉄華団」の名前に象徴される滅びの美学と結びつく。

この団名はオルガ曰《いわ》く「決して散らない鉄の華」という意味だが、制作者サイドは逆説的にあらかじめ「散華」、すなわち命を散らすような意味合いを込めてネーミングしたと想像できる。

事実、長井監督はインタビューにおいて、最初の企画段階で「鉄華団のメンバーは全滅する予定でした。火星にダインスレイヴ（筆者注、電磁投射砲のこと）が撃ち込まれて、本部にいるメンバーは全滅、ライド（筆者注、団員の一人）だけが生き残る……という展開です」と答えている。もちろん本作を視聴した方はご存じのように、全滅はしなかったのだが、注目すべきは、『鉄血のオルフェンズ』自体が「かつて鉄華団という組織があった」という前提の物語であることだろう。

このように「かつて～」、つまり過去の出来事としても語られた作品であるという点が重要なポイントである。ネタバレを避けるため曖昧《あいまい》になるが、第二期の最終第五〇話で、クーデリアが公務のあいた時間に自宅に戻るシーンが「現在」であり、そこから「過去」の出来事として回想されたのが『鉄血のオルフェンズ』なのだと考えることもできる。

英文学者の岡本正明《おかもとまさあき》がいうように、現代の作家は「単線的で直線的な〈時間〉に反逆し、〈時間〉を同時的に進行させせたり、逆行させせたりすることで、立体的で、重層的な…世界を築こう」とする。「ある『現在』と同時的な他の『現在』を語り、また『現在』と関係性を有した『過去』、『現在』の内に持続している『過去』」を語ること」により、己《おのれ》の描いた世界を、全体性を有したものにするわけである。

あらかじめ「散華」、すなわち命を散らすことが前提の「鉄華団」。

これは、任侠道（の理想）以外に、たとえば「滅びの美学」を体現したとされる、かつての真田信繁《さなだのぶしげ》（幸村《ゆきむら》）、新撰組《しんせんぐみ》、西郷隆盛《さいごうたかもり》、三島由紀夫《みしまゆきお》などの死と似通っていて、そこには美学があるだろう。つまり大義に殉《じゅん》ずるという美学である（外国の方だと、シド・ヴィシャス、カート・コバーンやチェスター・ベニントンを入れたいが、彼らはむしろ即物的／精神的な死といえるかもしれない）。

ただし『鉄血のオルフェンズ』の場合、君国《くんこく》に対する臣民《しんみん》、主君に対する臣下のなすべき道という意味、あるいは『平家物語』における平氏の滅亡のような仏教的な無《む》常観《じょうかん》が背景にあるのではなく、自分たちの居場所（団の大義）を守るために命を散らすというニュアンスである。そしてそのモチーフに、長井監督は終始呪いのごとく囚《とら》われたがために、『00』を含めて、歴代「ガンダム」シリーズと比較しても、『鉄血のオルフェンズ』はとくに、死に彩《いろど》られた作品になったのではないだろうか。

「鉄華団」は、鉄のごとき絆で結ばれ、華のように散ったわけである。

第二期からみえてくる戦争の形

さてそろそろ第二期に移りたい。ここで注目したい点は、①作品に描かれた戦争の形態と、②放映終了後に視聴者の間で出てきた「鉄華団は『旧勢力』に敗北を喫したのだ」とする結末に関する意見の二つである。それらをふまえて、プロットを読み進めてほしい。

まず地球の治安維持組織「ギャラルホルン」は、マクギリスが「セブンスターズ」の一家門であるファリド家の当主になるとともに、地球外縁軌道統制統合艦隊司令官に就任するが、月外縁軌道統合艦隊司令のラスタル・エリオン（以下、ラスタル）のマークを受けていた。

他方、「鉄華団」は周囲からの評判が高まり、「火星本部」と「地球支部」とに分かれる一方、「テイワズ」の直系団体となり、代表のマクマードと親子の盃を交わすまでに成長した。またクーデリアは火星に戻ってから、同じく「テイワズ」と提携し、ハーフメタル産業を一手に引き受ける「アドモス商会」を設立し、火星の社会をよくしようと努力していた。そうした中、アリウム・ギョウジャンという人物がクーデリアを逆恨み、宇宙海賊である「夜明けの地平線団」に殺害を依頼する。激しい戦闘の末、勝ちをえた「鉄華団」は報復に出て、三日月は黒幕のアリウムを殺害し……といった出だしである。

そしてこのアリウム殺害事件以降、「鉄華団」の運命が暗転していくと考えたらいいと思う。

たとえばラスタルが送り込んだガラン・モッサと「地球支部」の監査役ラディーチェによる謀略《ぼうりゃく》を皮切りに、マクギリスとの密約、「SAU防衛軍」との戦い、テイワズのナンバー2であるジャスレイ・ドノミコルス（以下、ジャスレイ）による敵視、三日月の右半身不随《ふずい》、名瀬へのジャスレイの復讐、マクギリスによる「ギャラルホルン」地球本部でのクーデター……と、怒濤の展開が続いてゆく（おおよその把握でかまわない）。

ここで最初に「鉄華団」が選択を誤ったのは、マクギリスとの密約であろう。これがあるため、ラスタルの月外縁軌道統合艦隊との戦いを余儀なくされ、その共犯者として指名手配されるわけである。その結果はネタバレを避けるために語らないが、「散華」が続くとだけいっておく。

では本題である、この作品からみえてくる戦争の形に注目して分析してみよう。

現実の世界では、九一年の湾岸戦争以降、戦争は新しい段階に入ったと評される。その新しい戦争を「非対称戦争」（Asymmetric Warfare）または「対テロ戦争」（War on Terror）というが、アメリカのような超大国が圧倒的な軍事力で、テロ集団（ならず者）と名指しされた国家やグループを攻撃する形となった。この傾向は、〇一年の九・一一米国同時多発テロ以降も継続し、激化しているが、それに対するテロ集団の反撃として、相次ぐテロの連鎖が起こっているわけである。

「ガンダム」シリーズでも、ゼロ年代の『00』にそのような「非対称戦争」およびテロの連鎖が表象されていた。またゼロ年代に「世界内戦系」というジャンルで括られた『コードギアス 反逆のルルーシュ』（〇六～〇八）や『東のエデン』（〇九）にもそうした新しい戦争の形が反映されている（「世界内戦系」は、ミステリ作家・笠井《かさい》潔《きよし》の造語、九・一一米国同時多発テロ以降の世界状況を反映したアニメ潮流のこと）。

したがってこの流れに本作を位置づけることは、誤りではないと思う。しかも三日月の場合、戦争によるダメージとして機能障害が起こり、第一期では右目の視力と右腕の動きが不自由に、第二期では半身不随に陥る。

これは「ガンダム」シリーズでいえば、『機動戦士Z《ゼータ》ガンダム』のカミーユ・ビダンが、ニュータイプへの覚醒ごとに精神が疲弊《ひへい》し崩壊していったことが思い起こされるが、それと比較しても、よりハードな設定・結末になっていると考える。

しかしながら、三日月は、戦争の悲惨《ひさん》さを訴えるのではなく、自ら発した「死ぬまで生きて、命令を果たせ」というセリフに象徴されるように、鉄華団という居場所を守るため、最後まで戦い続ける。この点が「任侠ガンダム」と揶揄《やゆ》されがちな『鉄血のオルフェンズ』の特徴だといえるだろう。

歴史のアイロニー（理性の狡知《こうち》）

あらかじめ「散華」、すなわち命を散らすことが前提の「鉄華団」。

その結果、敵であるはずのマクギリスの存在感がいまいちだったし、第二期では、平和の体現者であるクーデリアが物語の脇に寄った感があることは否めない。

しかし、ここではもう一つの注目点、本作の結末について「鉄華団は『旧勢力』に敗北を喫したのだ」とみる意見について考えたい。これはネットで視聴者から上がっていたもので、「ギャラルホルン」の初代代表に、「セブンスターズ」の一門であるエリオン家当主ラスタルが就任したことで、結局、「鉄華団」は「旧勢力」に敗北を喫したのだ、とみる見解である。たしかにラスタルは、民主化という大義名分により、「セブンスターズ」による合議制まで廃止しているのでうなずけるかもしれない。しかしながら、あえて強調するまでもなく、これは現実の歴史を考えるならふつうの出来事だ、と私は思う。

たとえば、現実世界の東ヨーロッパが民主化革命を成功させた結果、なにが起こったかというと、ユーゴ内戦が起こり民族同士が殺し合った。あるいは中東がアラブの春で民主革命を起こした結果、泥沼《どろぬま》のシリア内戦やイスラム原理主義の蔓延《まんえん》という事態が起こった。つまり、革命がつねに反対の結末を招く可能性をはらむことは、歴史がそれを証明しているのではないだろうか。

このような事態を、ドイツの哲学者、G・W・F・ヘーゲルはかつて「理性の狡知」(List der Vernunft、理性のずる賢さ)と呼んだ。

簡略に説明すると、ヘーゲルは歴史というものを、「理性」という普遍的な理念が己の目的を実現していくプロセスであると考えた。つまり歴史は「自由意識の進歩」であり、その目的は世界における自由の実現だということである。ところが結果はどうかというと、しばしば人間の願望や意図とは違った様相を呈し、逆になる場合が多々ある。これをヘーゲルは「理性の狡知」と呼んだわけだが、私の言葉に翻訳すると、歴史には「アイロニー」（Irony、反語、逆の意味）がつきものであるということだろう。

本作の結末で「ギャラルホルン」の初代代表にラスタルが就任したことは、まさに「理性の狡知」「歴史のアイロニー」がなせる業だと私は考えている。

「ガンダム」が描いた世界1

本書は一〇年代のアニメ作品をとりあげ内在的に論ずるものである。しかしながら「ガンダム」を語る場合、先行作品と比較することにより、その作品の特徴が明らかになるのも事実である。そこで本作の世界観分析はこのくらいにしておいて、本章の最後では、テレビで放映された主な「ガンダム」シリーズをとりあげ、『鉄血のオルフェンズ』がどのようなポジションを占めているかを検討したい。

本章の冒頭で述べたように、富野監督の『機動戦士ガンダム』（七九～八〇）からはじまった「ガンダム」シリーズは、現在まで六〇作近くある。ここでは論旨の展開を鮮明にするため、①作品内で用いられた紀年法《きねんほう》（年号）、②その作品がリアル寄りか否か（作風）、③その背景として考えられる政治・社会的出来事にはなにがあるかの三点のみを、図6‐3で整理し比較してみよう（比較の要素は、モビルスーツ、戦術など多々あり、それらを含めると一冊の本が書けそうだが、とりあえず）。

まず、『機動戦士ガンダム』（通称「ファーストガンダム」）からはじまり、『機動戦士Ζガンダム』（八五〜八六）、『機動戦士ガンダムΖΖ《ダブルゼータ》』（八六〜八七）をへて、『機動戦士ガンダム 逆襲のシャア』（八八、以下『逆シャア』）へ至るのが、いわゆる「宇宙世紀」（U.C. Universal Century）ものである。

このうち最初の『機動戦士ガンダム』は社会現象となり、当時リアルロボットアニメブームが起きたが、その理由として、一．SF理論や機械工学に依拠《いきょ》したリアルな世界観、二．登場人物のシャア（自信過剰）とアムロ（内向的）など、キャラの性格造形が卓越していたこと、三．ロボットでありながら、その姿が人間らしかったこと、などがあげられるだろう。

また当時は、ソ連を中心とした社会主義陣営とアメリカを中心とした自由主義陣営が対立した冷戦時代であり、それが「ジオン公国」と、「地球連邦」の対立構造に反映されていると考えられる。ただしミステリ作家の小森健太朗が指摘するように、第

図6-3　主な「ガンダム」シリーズ

シリーズ	紀年法	作風	政治・社会的出来事
宇宙世紀もの（79～88）	宇宙世紀（U.C.） Universal Century	リアル	東西冷戦（あるいは第二次世界大戦）
ガンダムW《ウィング》（95～96）	アフター・コロニー（A.C.） After Colony	宝塚《たからづか》歌劇風	冷戦後
ガンダムSEED《シード》（02～05）	コズミック・イラ（C.E.） Cosmic Era	半リアル	9.11テロ
ガンダム00《ダブルオー》（07～09）	西暦（A.D.） Anno Domini	リアル	9.11テロ
ガンダムAGE《エイジ》（11～12）	アドバンスド・ジェネレーション（A.G.） Advanced Generation	大河ドラマ	？
Gのレコンギスタ（14～15）	リギルド・センチュリー（R.C.） Regild Century	再構築	？
鉄血のオルフェンズ（15～17）	ポスト・ディザスター（P.D.） Post Disaster	リアル	9.11テロ 東日本大震災

❶ 富野由悠季《よしゆき》が監督した他の作品に、『機動戦士ガンダムF91《フォーミュラナインティワン》』『機動戦士V《ヴィクトリー》ガンダム』『∀《ターンエー》ガンダム』がある。本書は10年代アニメ論なので、あえて言及は避けた。

❷ 本文ではとりあげなかった『機動戦士ガンダムAGE』は、同じ血筋の3人の主人公がガンダムを乗り継ぐ。その100年3世代にまたがる話は「大河ドラマ」のようだった。

❸『機動戦士ガンダムUC《ユニコーン》』は、宇宙世紀（U.C.）ものに連なる。

❹「レコンギスタ」は、「レコンキスタ」（Reconquista、スペイン語で復権・再征服の意）からの造語。世界史では、ムスリム（イスラム教徒）に占領されたイベリア半島をキリスト教徒が奪回する運動を指す。

❺ なお作風はあくまで筆者による相対評価である。

二次世界大戦の対立構造が反映され、大日本帝国軍に相当する「ジオン公国軍」と、連合軍にあたる「地球連邦軍」とが戦うという設定になったのではないか、という考え方もできる。おそらく両方を重ねて構想されたのだろう。

なお一六年にＯＡＶ（オリジナル・アニメ・ビデオ、劇場公開、テレビ放送やネット配信とは異なりソフト販売が主たる販路）を編集してテレビ放映された『機動戦士ガンダムＵＣ』は、『逆シャア』から三年後の「宇宙世紀」が舞台なので、この系譜につらなるだろう。ちなみに富野監督の『Ｇのレコンギスタ』（一四〜一五）は、「宇宙世紀」が終わり一〇〇〇年以上が経過した「リギルド・センチュリー」（R.C.、Regild Century、Regild は金めっきを貼り直すという意味）という新たな年代が舞台であり、自分自身の作品群を再構築する意図が見え隠れしていたように思える。

つぎに『新機動戦記ガンダムＷ《ウイング》』（九五〜九六、以下『Ｗ』）は、美少年アニメブームを牽引《けんいん》した作品『鎧伝《よろいでん》サムライトルーパー』（八八〜八九）で名高い池田成《いけだまさし》を監督に迎えた。

主役のヒイロ・ユイを筆頭に、ガンダムのパイロット五人全員が美少年（イケメン）に描かれ、結果的に多くの女性ファンを獲得した。七〇年代生まれの第二世代のオタク女性とカラオケに行くと、必ずといっていいほど『W』のテーマ曲が入るので、この世代の女性への影響は大きいと思う。また北米で最初にテレビ放映されたガンダムシリーズは本作であり、彼の地ではある時期までは「ガンダム」＝『W』といった理解がなされた。

『W』において、紀年法として採用されたのは「アフターコロニー」（A.C.、After Colony）である。これは文字どおり、人類が宇宙に「コロニー」の開発を始めた「後」を意味する。そして「コロニー」の自治権をめぐり衝突するのが「地球圏統一連合」で、それに対してコロニー側は、「オペレーションメテオ」、すなわち五機のガンダムを地球に降下させる作戦に出るわけである。

注目すべきは、ヒロインのリリーナ・ピースクラフトであろう。彼女は良家のお嬢様という設定なので、語り口調がつねに宝塚《たからづか》歌劇風であり（たとえば一人称は「わたくし」）、彼女と無口なヒイロが会話することで、結果的に作品全体に演劇的な雰囲気を醸《かも》し出した。少し前のバブル景気と冷戦後のリベラリズム（Liberalism、個人の自由と責任の双方を重視する自由主義）が同居した作品といえそうだ（もちろんほめ言葉である）。

そして『機動戦士ガンダムSEED《シード》』（〇二～〇三）および、続編の『機動戦士ガンダムSEED DESTINY《デスティニー》』（〇四～〇五、以下『DESTINY』）は、『新世紀GPX《フューチャーグランプリ》サイバーフォーミュラ』（九一）で有名な福田己津央《ふくだみつお》が監督を務めている。パイロットは美少年（イケメン）、キャラデザは『蒼穹《そうきゅう》のファフナー』などの平井《ひらい》久司《ひさし》）であり、「ガンダム」シリーズの美少年（イケメン）化を推し進めた作品ともいえる。

「新世紀のファーストガンダム」「原点回帰」を目指し制作されたが、紀年法としては「コズミック・イラ」（C.E.、Cosmic Era、Era は時代という意味）が採用された。設定としては、西暦の末期に各地で民族紛争などが激しくなる一方、環境汚染の深刻化や世界不況が起こったため、世界各地でブロック化が進んだ。そして、中央アジア戦線において核兵器が使用された「最後の核」と呼ばれる事件の後、「宇宙時代」を意味するこの年号が採用された、というものである。

プロットとしては、遺伝子操作された新人類「コーディネイター」が地球を離れ、スペースコロニー「プラント」に拠点をおく政治結社「ザフト」を組織する。しかし、ある爆破テロを契機として、地球を拠点とし、遺伝子操作されていない通常の人類

「ナチュラル」で構成された「地球連合」との戦いが起こり……、という流れである。「コーディネイター」のアスラン・ザラと、「ナチュラル」のキラ・ヤマトは幼なじみだが、敵味方に分かれて戦わざるをえなくなるため、いわゆる「憎み合ってラブ」（愛憎《あいぞう》関係）という形で同人誌でも人気のカップリングとなった。

それはともかく、続編の『DESTINY』では、砲弾で家族を失ったシン・アスカが主役格に据《す》えられるが、かなり屈折したキャラクターとして描かれ、物語の破綻《はたん》は少々あったものの、〇一年に起きた九・一一米国同時多発テロの犠牲者《ぎせいしゃ》とその家族を意識していることが窺《うかが》われる作品だったと思う。

「ガンダム」が描いた世界2

つづいて『鉄血のオルフェンズ』の長井監督がエンディングで絵コンテと演出を担当した『00』（〇七〜〇九）は、マンガ原作の『鋼《はがね》の錬金術師《れんきんじゅつし》』（〇三〜〇四）で有名な水島精二《みずしませいじ》を監督にした作品である。

プロットを整理してみよう。西暦二三〇七年、人類は化石燃料に代わる新たなエネルギーを、三本の巨大な「軌道《きどう》エレベーター」と、それに伴う「大規模太陽光発電システム」によって手に入れていた。世界では、このシステムをもつ三つの超大国群「ユニオン」(アメリカが中心)、「人類革新連盟」(中国・ロシア・インドが中心)、「AEU」(ヨーロッパが中心)のみが繁栄し、なおも己の威信《いしん》をかけて争いを続けていた。そうした世界情勢の下で、「武力による戦争の根絶」を掲げる私設武装組織「ソレスタルビーイング」が声を上げる。彼らの手中にはあの「ガンダム」と呼ばれるモビルスーツがあった、といった流れである。

注目点は、地球がエネルギーをめぐり三つの地域に分かれているところで、これは『鉄血のオルフェンズ』における四つのブロック経済圏という設定になんらかの影響を与えたのかもしれない。

またガンダムを操縦するパイロット「ガンダムマイスター」の選出は、「ヴェーダ」という演算処理システムが行い、彼らの情報は秘密扱いとされたため、マイスター同士はお互いをよく知らず、戦いを通じて相互理解を深めるという設定も優れていたと思う。

そして「ヴェーダ」とアクセスする能力をもつティエリア・アーデ(もちろん重要な登場人物)はともかく、中東の小国「クルジス」で幼少期にゲリラ活動を行っていた刹那がいる一方で、家族をテロで失ったロックオン・ストラトス、「人類革新連盟」の超人機関にて強化人間となった二重人格のアレルヤ・ハプティズムがおり、この三人のマイスターは、『W』のパイロット五人を彷彿させるだけでなく、歴代ガンダムのパイロットの中でも個人的に好きな部類のキャラクターでもあった。

それはともかく、この作品の要は「西暦」が使われ、私たちの現実世界と陸続きの作品世界として年号設定がなされた点であろう。

シリーズ構成を担当した黒田洋介《くろだようすけ》へのインタビューによると、「西暦に決まった段階でやるべきことは、ほとんど決まりました。エネルギー問題、領土問題、国家間の問題……どのように三〇〇年後に置き換えて構築するか」という問題意識があったという。この発言をベースに今一度視聴してみると、〇一年に起きた九・一一米国同時多発テロ以降のもろもろの問題を織り込んだ作品といえることがお分かりいただけるはずだ。

したがって、『鉄血のオルフェンズ』の長井監督にとって、この作品がひとつのハードルであったことは疑いないと思われる。

では違いはどこにあるかというと、それは『鉄血のオルフェンズ』において紀年法として採用された「ポスト・ディザスター」(P.D.、Post Disaster)という年号名に象徴されている、と私は考えている。

英語の「ディザスター」(Disaster)は、天災、災害、惨事《さんじ》、思いがけない不幸といった意味で、もともとイタリア語の「Disastrato」(悪い星の下に生まれた)が由来である。熟語として、「The Disaster of War」は「戦争の惨禍《さんか》」、「Disaster Area」は「被災地」という具合に使われる単語でもある。

『鉄血のオルフェンズ』にとっての惨事は、もちろん人類を滅亡の局面に追いつめた「厄祭戦」であるが、現実世界、日本でのそれはもちろん一一年に起こった東日本大震災であろう。

震災は当然のことながら、作品の内容への影響はほとんどないものの、紀年法になぜ「ディザスター」を使ったのか。偶然か否か。

私にとっては、その選択自体が暗黙《あんもく》の「祈り」のような気がした。

なぜなら近代以前の年号(元号)は、一代の天皇の間に、瑞祥《ずいしょう》(めでたいことが起こる兆候)や災害が起こったタイミングで変えることがしばしばあったからだ。そうした紀年法の歴史を考慮《こうりょ》するなら、「ポスト・ディザスター」には「祈り」の意味がこめられていると想像することは美しい読み方といえるだろう。

祈り、そして滅びの美学。

『鉄血のオルフェンズ』は、さまざまな「死者の魂」をリアニメイトした作品なのかもしれない。

第7章

『シドニアの騎士』ポストハードＳＦの誕生と遠い未来学

ハードＳＦを超えた弐瓶《にへい》作品

『シドニアの騎士』は、『ＢＬＡＭＥ！《ブラム》』と『ＢＩＯＭＥＧＡ《バイオメガ》』でも海外で知られる弐瓶勉《つとむ》のマンガが原作である。本作は未来学の観点から重要な作品であると考えてとりあげるのだが、弐瓶マンガの世界は独特なので、前段階として、この二作を紹介しておこう。

まず『ＢＬＡＭＥ！』は、科学的な論理をモチーフとした「ハードＳＦ」(Hard Science Fiction)に分類される作品である。代表作とし

©弐瓶勉・講談社／東亜重工動画制作局

ては、アーサー・C・クラークの『2001年宇宙の旅』、アイザック・アシモフの『われはロボット』などがあげられる。しかしながら、その科学は現代のそれではなく、遠い未来の「超科学」ともいうべき科学的知見がベースなので、「ハードSF」の次の段階「ポストハードSF」（筆者の造語）と呼称して構わないと思う。

簡単にプロットをみてみよう。遥《はる》かに遠い未来、「統治局」により管理される「ネットスフィア」（都市自体に内蔵されるネットワーク空間）を舞台にして、霧亥《きりい》という男性型のサイボーグが、その「ネットスフィア」にアクセスするのに必要な遺伝子（「ネット端末遺伝子」）を有する人類を探し出す。そして「ネットスフィア」の機能不全を維持しようとする「珪素《けいそ》生物」（じつはカルト教団の末裔《まつえい》）の襲撃を受けながらも、「建設者」（一種の機械）によって拡張し続ける都市構造物の中をさまよい歩く、という話である。

この作品は極端にセリフが少ないため、展開や設定が分かりにくいが、「絵」によって物語をみせる体のマンガである。ゆえに、ファン層も一般的なマンガ好きよりも、アート好きが多かった印象がある。一七年に劇場版アニメ化されているので、こちらも是非。

他方『ＢＩＯＭＥＧＡ』は、「ポストハードＳＦ」に、（少々ではあるが）ゾンビ映画やアメコミの要素を加味した作品である。

すなわち、西暦三〇〇五年、廃墟と化したかつての植民地である火星において、「技術文化遺産復興財団（ＤＲＦ）」が派遣した宇宙飛行士が、一人の女性を発見する。半年後、地球に帰還した探査船は大破。乗組員の遺体は、未知の「Ｎ５Ｓウィルス」に冒されたまま、胞子を撒《ま》き散らしていた。ウィルスに感染した人間は、ゾンビのような動く死体「ドローン」と化し、地表を埋め尽くす。このような危機的な状況下で、太平洋上に建設された巨大な人工島「９ＪＯ《ナインジェーオー》」に、「東亜重工《とうあじゅうこう》」という巨大企業に雇用された工作員・庚造一《かのえぞういち》（合成人間）とカノエ・フユ（人工知能）が送り込まれる。上陸直後に、「Ｎ５Ｓウィルス」に適応した不老不死の少女、イオン・グリーンを発見するが、その矢先、当局の強制執行部隊（「ＣＥＵ《セウ》」）に彼女を拉致《らち》され……、という話である。

本作で興味深いのは、地球で大規模なデータテロが起こり、世界中のデジタル記録が消失した結果、「火星の植民地が忘れ去られた」という設定である。現実世界ではこれから火星に移住しようとしているというのに、日本のポップカルチャーではすでに遠い将来、その火星の存在すら忘却されてしまったわけである。なんという大胆な先読みであろう。

　なお『BIOMEGA』に登場する「東亜重工」は、『BLAME!』では古代の巨大企業で、この企業製の宇宙船の遺跡が登場している。また「東亜重工」は『シドニアの騎士』でも企業名として再登場する（後述）。これはちょうどサスペンス映画の神様、アルフレッド・ヒッチコック監督が自分の映画に必ず一瞬だけ姿を現すことと同じで、弐瓶作品のお約束になっている。

ポリゴン・ピクチュアズと3DCG

　さて『シドニアの騎士』は、『BLAME!』や『BIOMEGA』と同じように、遠い未来を舞台に「超科学」ともいうべき科学的知識をベースとしているので、「ポストハードSF」に分類できる作品だと考えるが、こちらはセリフが多いので、（複雑なプロットではあるものの）深く文脈を読まずとも、物語自体は分かりやすい。

　しかも後述するように、本作の主人公・谷風長道《たにかぜながて》は、（霧亥や庚造一と比較すると）飾り気がなく、実生活で失敗が多く人間くさい。また、これまでの作品では存在しなかった、彼を中心としたラブコメ的な展開もあるので、「関係性消費」という文脈で新たなファンを獲得した作品だと思われる。

本作は、一四年の第一期では、「名探偵コナン」シリーズで知られる静野孔文《しずのこうぶん》が、翌一五年の第二期では、第一期の副監督であった瀬下寛之《せしたひろゆき》が監督となり、アニメ化された。第二期では、第一期で改変・省略があった分を補い、全一五巻からなる旧原作の第九巻までの逸話が描かれている。そしてこのアニメを制作した会社が、いまアニメ業界で注目を集めているのポリゴン・ピクチュアズである。

ポリゴン・ピクチュアズは、八三年に創立した老舗《しにせ》の３ＤＣＧの会社である。〇三年に塩田周三《しおたしゅうぞう》が代表取締役社長に就任して以降、彼がアメリカのＣＧイベントであるＳＩＧＧＲＡＰＨ《シーグラフ》の審査員を務めるなど、国際的に活躍するようになった。〇四年には、押井守《おしいまもる》監督の『イノセンス』の３ＤＣＧパートの制作に関わっているので、そこではじめてこの会社名を知った方も多かったのではないだろうか。

またハリウッド映画やカートゥーンが好きな方は、カートゥーンネットワークにて、一一年から一三年にかけて放映された『スター・ウォーズ：クローン・ウォーズ』や、ディズニーＸＤにて、一二年に放映された『トロン：ライジング』を制作した会社だといえば、ピンとくるであろう。その会社が、設立三〇周年を記念する作品として『シドニアの騎士』の制作を担当したわけである。

アニメにおける３ＤＣＧの味わい、その利点は、①空間演出と、②ロボットや武器といったメカニックの動作のスムーズさにあると思う。このような意味において、『シドニアの騎士』の独特な空間とメカの動きを表現するためには、２Ｄよりも３ＤＣＧを使った方がいいわけである。

プロデューサーの石丸健二《いしまるけんじ》によると、「原作の世界観が非常に特徴的だったので、これを当社の技術で映像化できたら、これまでにないユニークな作品になる」と考え、企画を進めたという。また絵コンテではなく、「アニマティクス」（Animatics、ビデオコンテ）で演出を検証しながら、ていねいにアニメ化を進めるといった手法をとったそうである（これは最近他の会社でも採用するようになっている）。

このように最先端の３ＤＣＧ専門の会社が、アニメ業界に本格的に参入することで、アニメ表現の可能性が広がり、ひいては業界の活性化につながるのではないかと思う。

なおポリゴン・ピクチュアズは、一六年には『亜人《あじん》』、一七年には『ＧＯＤＺＩＬＬＡ《ゴジラ》　怪獣惑星』と劇場版『ＢＬＡＭＥ！』、一八年には『蒼天《そうてん》の拳《けん》

REGENESIS《リジェネシス》』の制作を行っており、今後とも注目すべき会社である。

『シドニアの騎士』の世界観

さて本論に急ごう。まずは『シドニアの騎士』のプロットを簡潔に追ってみたい。

本作は、二三七一年、「ガウナ」と呼ばれる地球外生命（外宇宙生命体《がいうちゅうせいめいたい》）により、（地球や火星からなる）太陽系が破壊された以降の遠い未来、二四世紀が舞台である。人類は太陽系を脱出し、人間が入植できる「ハビタブル惑星」（生命が誕生するのに適した環境と考えられている惑星、後述）を探すため、移民船である「播種船《はしゅせん》」を約五〇〇隻ほど建造した。そのうちの一隻が「シドニア」であるが、同時に人類の宿敵であるとされる「ガウナ」の強襲に対して戦うための軍艦でもあるため、最高責任者は艦長と呼ばれ、小林《こばやし》という女性が就任していた。

そんな時代状況の中、主人公である谷風長道は、シドニアの最下層で、祖父の斎藤《さいとう》ヒロキと二人で暮らしていた。ところが、祖父の死後から三年が過ぎたある日、食料の備蓄が尽きたため上層へ向かう長道は、米を盗もうとしたために逮捕される。しかしその後、三三九四年、艦長・小林の庇護《ひご》のもと、人型兵器「衛人《もりと》」の操縦士訓練生として抜擢《ばってき》されるのだが、じつは長道は祖父のクローンであった……というのが序盤である。登場人物が多いので、図7－1に示してみよう。

この図を参考に整理すると、まずシドニアには「不死の船員会」という最上位船員からなる意思決定機関があった。名前から分かるように、会員たちは老化を抑制する薬を使って不老を維持し、換装《かんそう》用のクローン（自らの脳を移植するクローンのこと）も用意されている。その一方でこの船には、長道の祖父であるヒロキや、操縦士や訓練生が暮らす寮の寮母であるヒ山《やま》ララァ（生命維持装置である熊の毛皮をまとっている）のように権限を剝奪《はくだつ》された人物も存在する。

この「不死の船員会」のもとに、艦長は小林、司令補には（後に）長道と親しい緑《みどり》川纈《かわゆはた》が就任し、彼女らの作戦・指令にしたがう形で操縦士や訓練生は「ガウナ」と戦うわけだ。長道以外の主な操縦士や訓練生としては、戦死して後に「胞衣《エナ》」化する星《ほし》白閑《じろしずか》や、「中性」の科戸瀬《しなとせ》イザナ、「仄《ほのか》シリーズ」というクローンの姉妹、序盤で戦死するエースパイロット四人からなる赤井《あかい》班、などをおさえればいいだろう（細かい設定については後述するが、ここでは二つだけ。「胞衣」とは、通例では、胎児の誕生後に排出される胎盤《たいばん》などのことを意味するが、本作においては、宇宙空間に漂う架空の物質「ヘイグス粒子《りゅうし》」を利用して自己生成を行い、さまざまな形態変化ができる物質で、「ガウナ」本体はこれに覆《おお》われている。また「中性」とは、男性・女性以外の「第三の性」のことで、本作では、「中性」の人間が先天的に存在するとされ、彼／彼女らは恋愛対象によって柔軟に「性転換」ができる）。

また、歴史はさかのぼるが、約一〇〇年前の三三〇〇年頃、「第四次ガウナ防衛戦」が起こり、これが物語の展開に影響を与えている。

この戦いでは、長道の祖父ヒロキにより「融合個体《ゆうごう》」（一種の人工生命、「ガウナ」と人間とをかけ合わせた生命体、後述）と「ガウナ」は撃破されるも、「不死の船員会」の一人、落合《おちあい》がシドニアのメインコンピュータに残された記録を「補助脳」（外部記憶デバイス）に移し、元のデータの大半を破棄してしまった。

その後、この落合の「補助脳」は、代々兵器開発会社である「岐神開発《くなと》」が守ってきた。しかしながら、落合の換装クローンである艦長の側近が、「シドニア血線虫《けっせんちゅう》」という寄生生物を使って「岐神開発」の代表である海苔夫《のりお》を乗っ取ってしまう。ちなみに「岐神開発」は、「胞衣」化した星白閑を使って「融合個体」の「つむぎ」と「かなた」を作った。また本作の「東亜重工」は「十九式衛人」という「十八式」の

図7-1　『シドニアの騎士』の世界(3394年頃)

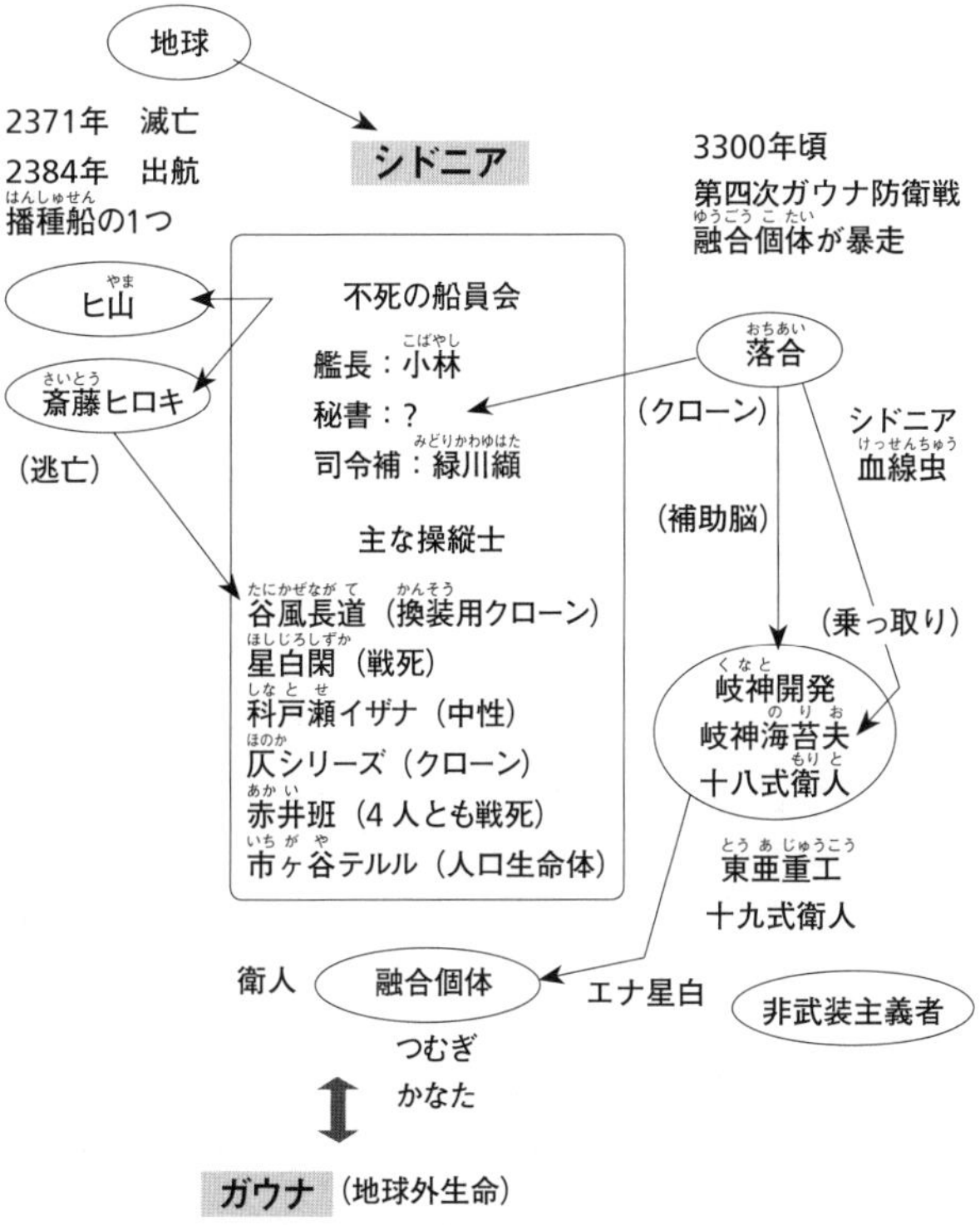

新型バージョンの人型兵器などを作った兵器開発会社として登場している。この程度の世界観を理解しておけば、十分だと思われる。

ではここからは、『シドニアの騎士』の世界観を分析することを通して、遠い未来に私たちの身に起こるかもしれないさまざま問題を考えていきたい。ポイントは、①地球外生命、②融合個体、③中性、④人工生命の四点である。これはアニメ評論における「未来学」というより、「遠い未来学」の試みかもしれない。

※付言：『シドニアの騎士』では、「ガウナ」というものいわぬ不条理な地球外生命に対する、人間の絶望と、それでもなお立ち上がり、それと戦おうとする人間の死闘が描かれている。第一期第四話をみた人なら了解できると思うが、「ガウナ」との戦いにおいて、エースパイロットチームの赤井班の四人が四人とも戦死するし、その後の戦闘においても、部隊がほぼ全滅するなどしている。本作がネットなどで話題になったのは、加速度的に増えていく死者の数が一因であったことは疑いえない事実であろう。前々著で私が提案したように、ゼロ年代後半からセカイ系に代わって増えた『DEATH NOTE』などの「サヴァイヴ系」、決断主義的な『コードギアス 反逆のルルーシュ』などの「世界内戦系」といったアニメ潮流を考慮すると、この作品は、それらの正統な後継作と捉えることも可能だと思う（なお「サヴァイヴ系」とは、評論家・宇野常寛《うのつねひろ》が命名したジャンルで、登場人物が殺し合いを強いられ、その極限状況の中でいかに生き残るかをテーマとした作品群。また「世界内戦系」とは、ミステリ作家・

笠《かさ》井《い》潔《きよし》が命名したジャンルで、九・一一米国同時多発テロ以降の世界状況を反映した作品群）。これを一〇年代のより苛烈《かれつ》な生き残りを表象したという意味で、私は前々著において「ハードサヴァイヴ系」と呼称した。前々著の第七章でとりあげた井上智徳《いのうえとものり》のマンガ原作の『COPPELION』（一三）や、諫山創《いさやまはじめ》のマンガ原作の『進撃の巨人』（一三、一七、一八）もそうである。とはいえ、この文脈だけで『シドニアの騎士』を語るのは偏った見方だと思う。そこで本章では視点を変えて「遠い未来学」の観点から論じている。

「地球外生命」と「系外惑星」

宇宙における生命の起源や進化を研究する学問のことを「宇宙生物学」（アストロバイオロジー、Astrobiology）という。これは天文学と生物学とが結びついた複合的な研究分野で、「地球外生命」（Extraterrestrial Life）に関して興味深い議論が行われている。『シドニアの騎士』を論ずるにあたって、この知見ははずせないと思うので簡潔に紹介してみよう。

先述した「ハビタブル惑星」（Habitable planet）とは、「熱・水・有機物」の三条件が揃えば、地球と同じように生命を宿しうる惑星のことである（ハビタブルとは居住可能という意味）。

「太陽系」に限定して生命が存在すると考えられているのは、木星と土星の衛星合わせて四つで、いずれも表面は固体の水（氷）で覆われている。このうち、木星の二つの衛星の場合、「エウロパ」は変動する磁場が観測されるなど、「ガニメデ」より生命が存在する可能性が高いという。他方、土星の衛星の場合、「タイタン」は〇四年にNASAの探査機カッシーニのカメラにより川と湖が写されたが、その正体は液体メタンであったので、生命が存在（居住）するには微妙かもしれない。ところが同じカッシーニが、土星の衛星である「エンケラドス」の熱水運動を目撃し、これに俄然《がぜん》注目が集まった。氷の粒子が噴き出しているということは、内部に海が存在し、しかも熱を帯びている、ということである。これと同じような環境である地球の深海の「熱水噴出孔《ふんしゅつこう》」付近には、多様な生命が存在する。たとえば有機物合成をする細菌をはじめ、ジャイアントチューブワーム、二枚貝やエビがみられる。したがって、それらと似た「地球外生命」が存在している可能性が高い。

では太陽系以外ではどうだろうか。

じつは九五年から「系外惑星」（Extrasolar planet、太陽系外惑星）が相次いで発見されており、その数は一七年四月時点で、三六〇〇個以上だという。

その最初のものが、ジュネーブ天文台のミシェル・マイヨールとディディエ・ケローがみつけた「ペガスス座五一番星」（51 Pegasi）という木星型惑星で、この型は「ホット・ジュピター」（熱い木星、直径は地球の一〇倍以上で木星と同じようなガス惑星）と呼ばれた。当初はこの「ホット・ジュピター」や、軌道離心率《きどうりしんりつ》の大きなタイプ（真円より楕円《だえん》の軌道をとるタイプ）の「エキセントリック・プラネット」が数多く発見されていたが、ここ最近は地球よりやや大きい惑星である「スーパー・アース」の発見が増加している。

天文教育などが専門の縣秀彦《あがたひでひこ》は、一七年四月現在、「ハビタブルゾーン」（生命が誕生するのに適した区域）にある「系外惑星」は、五〇個以上発見され、少なくともそのうち一〇数個は地球型の惑星だろうと指摘している。

では「系外惑星」に、たとえば本作でいうところの「ガウナ」のような「地球外生命」は存在しているのだろうか。この件に関して、驚かされたニュースが二つある。

一つは、一六年にヨーロッパ南天天文台（ESO）が、太陽系に最も近い恒星《こうせい》「プロキシマ・ケンタウリ」（地球から四・二二光年離れた位置にある赤色矮星《せきしょくわいせい》、光速で約四年二ヶ月の距離）を公転する惑星「プロキシマ・ケンタウリb」をみつけた、というニュースである。この惑星は、恒星「プロキシマ・ケンタウリ」の「ハビタブルゾーン」内を公転しており、惑星の表面には液体の水が覆われている可能性があると考えられている。

もう一つは、一七年にNASAが、太陽系から三九光年（光速で三九年）離れた恒星「トラピスト1」（赤色矮星）の周りに、惑星を七つ（うち地球型の惑星は六つ）ほど発見し、そのうち三つは「ハビタブルゾーン」内に位置している、と発表したニュースである。もしそれらの惑星に大気があるとすれば、当然のことながら、海（水）が存在する。それに、熱と有機物の二つが加われば、「地球外生命」が存在することも可能になる。

※付言：「系外惑星」の発見がなぜ飛躍的に増えたのか。それは、発見する方法が、初期に主流だったドップラー効果（波の振動数のぶれ）を用いて中心星のぶれを測定する「視線速度法」（「ドップラー法」）から、〇九年、NASAが宇宙に打ち上げた「ケプラー宇宙望遠鏡」により、惑星が中心星を隠す「食」（地球でいえば日食や月食）をもとに発見する「トランジット法」が用いられるようになったからである。その数たるや、最初の四年間でじつに三五三八個であるという。これらの大半は、太陽系と同じように（太陽にあたる）恒星の周囲を公転するが、中には恒星が進化の終末期にあたる「白色矮星」、

質量の大きな恒星が進化した最晩年の「中性子星」、質量が木星型惑星より大きく、赤色矮星より小さな「褐色矮星」などを周回する惑星も発見されており、他にもさまざまなパターンがあるという。詳しくは巻末の文献をご参考に。

「ガウナ」という「地球外生命」

惑星物理学が専門の井田茂《いだしげる》によると、銀河系には、（まだまだ発見されてないものが多いが）地球と同じような惑星が数百億個ほどあるという。『シドニアの騎士』において、「シドニア」が入植するために向かうのは「レム恒星」にある「惑星セブン」とされているが、銀河系という規模で考えるのであれば、それは数ある未発見の「ハビタブル惑星」のひとつという見立てなのであろう。

またそこでは「ガウナ」のような「地球外生命」が存在する可能性ももちろんある（**図7-2参考**）。では、本作における「ガウナ」とはどういう存在か。

「ガウナ」は「衆合船《シュガフ》」という無数の集合体を形成し、それが巣あるいは母船として機能する。また「大シュガフ船」という惑星規模の巨大な「衆合船」が「惑星セブン」の軌道上にとどまっており、他にも規模の小さな「小シュガフ船」がシドニアを頻繁に攻撃する。つまり「ガウナ」は昆虫でいえば、蜂や蟻のように大きな集団を形成し、外敵と戦いながら「群れ」として行動するわけである。

ちなみに「ガウナ」の生体構造は、外側に外皮があり、いろいろな形に変えることができる「胞衣」の中に、丸い「本体」があるとされる。シドニアの人型兵器「衛人」などは、その「本体」を攻撃によって露出させ、そこに近距離から「カビ」を先端に付着させた「カビザシ」（槍《やり》形の武器）を突き刺すことで消滅させるのだが、「ガウナ」にとってカビは弱点で、拒絶反応を引き起こす物質なのである。

また「ガウナ」は、「本体」に蓄積された「ヘイグス粒子」（宇宙空間に限りなく存在する粒子で、暗黒物質の一種だと思われる）を使うことで、「胞衣」を変化させることができるが、その際、人体の形状だけでなく、捕食した人間の遺伝子情報やその搭乗機である「衛人」まで再現する場合がある。

たとえば、長道を助けようとして「ガウナ」に捕食され、戦死した星白閑の場合、「衛人」型の「ガウナ」からある程度の記憶・人格を保持した「エナ星白」（ガウナが「胞衣」で再現した星白閑のこと、胎児のような雰囲気がある）が生まれたが、後にシドニアによって捕獲された。またその後「紅天蛾《べにすずめ》」という名の「ガウナ」の「本

図7-2　ガウナとの戦い

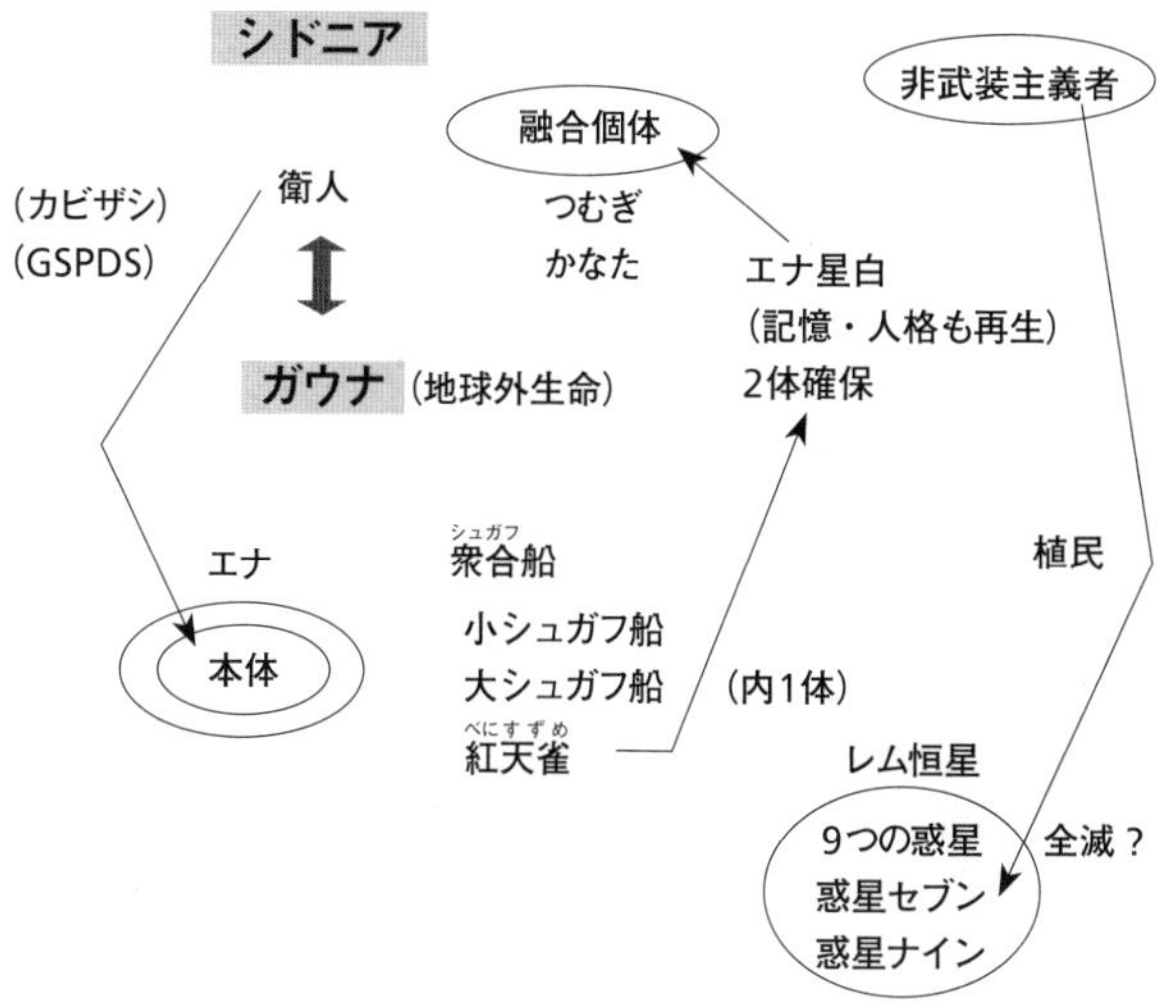
シドニア
非武装主義者
融合個体
衛人
(カビザシ)
(GSPDS)
つむぎ
かなた
エナ星白
(記憶・人格も再生)
2体確保
ガウナ (地球外生命)
エナ
衆合船《シュガフ》
植民
本体
小シュガフ船
大シュガフ船
(内1体)
紅天雀《べにすずめ》
レム恒星
9つの惑星
惑星セブン
惑星ナイン
全滅？

体」を破壊した際に、もう一体の「エナ星白」も回収したので、二体ほどシドニアは保持している。

これらの「エナ星白」は、ハリウッド映画でいえば「スピーシーズ」シリーズ（九五、九八、〇四、〇七）の少女と似たところもあるが、攻撃性はなく、生きた標本としておとなしく漂う感じの存在である。これは敵ではなく、「ガウナ」という種から生まれた未来型の新しい生命体という位置づけのためだろう。

ところで、私たちは地球に暮らしているので、既存の人間や動物の形や特質から、「地球外生命」の姿を想像しがち（火星人はタコ型とか）だが、進化生物学の知見でいえば、地球でも地域が違うと、類似の生息環境であるとしても、異なる種類の生物が分布することがある。まして「系外惑星」における生命の誕生とその後の進化は、私たちの想像を超えたものであり、「ガウナ」のような形の「地球外生命」が存在しないとも限らないだろう。

このように地球中心でなく、また太陽系だけでもなく、銀河系規模で生命の進化を考える。遠い未来にはこのような進化論が必要になるのではないだろうか。

新たな段階の生命＝「融合個体」ツムギ

本作においてさらに興味深いのは、二つ目の論点である「融合個体」の「白羽衣《しらうい》つむぎ」の存在である。

彼女は、最初の「エナ星白」の卵子と人工の人間の精子を利用して作られた受精卵を、母体である「エナ星白」の子宮に着床させて生まれた。

本体は、かなり巨大な人型であるが、人語を話す「胞手《ほうしゅ》」（頭がついた触手のようなもの）により、長道らとコミュニケーションを図ることができる。また感情の萌芽《ほうが》がみられ、寂しさを感じたときには、「胞手」をシドニア居住区に張り巡らされた配管に通して、長道らに頻繁に会いに来る。

その結果、シドニアの新しい兵器になるとともに、長道とは（ネタバレにならない程度で語れば）恋愛に似た感情が相互に芽生えていく。彼女（？）の念願は人間サイズの体を手にいれることである。

つむぎは、地球外生命と人間との間で人工的に生まれた新たな段階の生命であるといえる。

これはちょうど私たちホモサピエンスの遺伝子に、四万年前に滅んだとされるネアンデルタール人のそれが保存されている（DNAの約二パーセント、これは異種交配の跡という説が有力、第4章参考）のと同じように、「ガウナ」にとっては「種の保存」という意味もあるのだろう。

以上のような大局から考えると、本作のヒロインはつむぎであり、元をたどれば「ガウナ」の「胞衣」（胎盤）にくるまれた星白閑ではないかということになる。要するに「融合個体」とは、地球外生命と人間との間で形成されたハイブリッド生命体であり、つむぎ a.k.a.（also known as、別名）星白閑は、長道にふさわしいヒロインであろう。

※付言：もう一体の「融合個体」が「かなた」であるが、今のところまだ旧原作の一〇巻以降がアニメ化されてないので、言及は避けておく。

柔軟に「性転換」する「中性」イザナ

さて『シドニアの騎士』の主人公である長道は、実生活においては、集団の社会生活に慣れてないせいで、失敗は多いし、性格もかなり天然である。

しかしながら、長道は遺伝子の改造が行われた換装用のクローンであるためか、心肺停止の容態になっても短い時間で蘇生《そせい》するし、骨折も一両日で完治するなど超人的な回復能力を有している。また専用機の「継衛《つぐもり》」の操縦においても、判断力に秀でているだけでなく、決断も大胆で数々の戦功をあげた結果、エースパイロット、通称「シドニアの騎士」となる。

したがって優秀な遺伝子をもっていると考えられ、それを獲得しようとするためか、彼の周りには恋のハーレムのようなものが形成されている。ここで生ずるのが先述したラブコメ的な展開であるが、この恋のさや当てのような新しい要素が、本作の人気の一因になっていると思われる。長道をめぐり、白羽衣つむぎをはじめ、司令補の纈、中性のイザナらが、友情を育みながらもつばぜり合いをする。この過程がじつに微笑ましい。

ここでは第三の論点として、長道をとりまくハーレムの構成員である一人、イザナの「中性」に関して考えてみたい。

本作では、シドニアの居住者は、遺伝子改造により「光合成」をして体内エネルギーに変換する（栄養補給になるかは不明）といった「超科学」的な設定もあるのだが、一方で「中性」という「第三の性」を有するという設定もある。こちらは進化生物学の知見から考えてみると、「科学」的な面をもっていると思う。

　というのも、自然界では、バクテリアなどは三つ以上の性を有しているし、魚の世界では「性転換」するのが当たり前だからだ。これは生物にみられる「種の保存」、あるいは「繁殖戦略」という自分の遺伝子を継承した子を多く残すための措置と考えたらいいが、魚類のうち硬骨《こうこつ》魚類の科（約四〇〇）の約一〇%が性転換するという。魚類行動生態学などが専門の桑村哲生《くわむらてつお》によると、具体的には、ベラ科、ブダイ科、スズメダイ科、ハタ科、タイ科、キンチャクダイ科、ハゼ科、トラギス科など、サンゴ礁《しょう》魚類の多くが「性転換」をするらしい。

　このうち、オスからメスになるのを「雄性先熟《ゆうせいせんじゅく》」、逆にメスからオスになるのを「雌性《しせい》先熟」というが、桑村の報告にしたがうと、「雄性先熟」の魚は、社会環境によって再びオスになるなど柔軟に「性転換」を図るという。ホンソメワケベラの場合、卵巣を精巣に作り替えるのに要する期間は二、三週間かかり、メスが卵を放出しオスはそれに精子をばらまくことで繁殖するわけである。

　もちろん現時点で人間が、この自然の法則にしたがって、柔軟に「性転換」を行うことは無理であるが、イザナの場合、長道への恋をきっかけとして身体が丸みを帯びてくる。当然のことながら卵巣なども形成されていると想像できる。

原作から引用すると、イザナ曰く「最近は男女以外の性もあるんだよ。受胎《じゅたい》の為の相手は男でも女でも構わないし、相手がいなくても単性《ママ》生殖で自分のクローンを出産できるんだ」。

このイザナの発言から分かることは、本作においてはまず「第三の性」が「中性」として先天的に存在し、相手によって柔軟に「性転換」が行われるということである。また『シドニアの騎士』の世界において、ヒトクローン個体（クローン人間）を作り出すことは当たり前になっているので、おそらくＥＳ細胞かｉＰＳ細胞（もちろん未知の細胞の可能性もある）を使い、単為生殖で自分のクローンを出産できるということなのだろう（三四八〜三五〇頁参考）。

このように考えると、現代の私たちより格段に進化した身体を有し、それを受け入れる開明的な世界で生きていることが分かる。遠い未来では「生命倫理学」（Bioethics、バイオエシックス）の立場からの倫理的な異議申し立ては議論にもならない。

それは、社会が決定的に変わったからであり、遠い未来を生きる彼らからすれば、私たちの社会こそが不自由ということになる。私たちの倫理観や常識を揺さぶる、とても興味深い設定である。

「ガイノイド」としてのテルル

いよいよ最後の論点「人工生命」の問題に移っていくが、ここで紹介したいのは、非武装主義者で人工生命の研究者であった市ヶ谷太郎《いちがやたろう》により造られた「市ヶ谷テルル」という「ガイノイド」（後述）である。ただ先に述べたように、『シドニアの騎士』は、旧原作の第九巻までしかアニメ化されておらず、このテルルというキャラクターが登場するのは第一一巻からである。アニメ第三期への期待を込めて、まずは旧原作第一一巻の流れを簡単に整理しておこう。

すなわち、イザナにより、非武装主義者の生存者としてテルルが発見される。なぜ生存できたかというと、市ヶ谷太郎が、ガウナに発見されないように、テルルを「完全機械式の人工生命体」にしたからだという。当初テルルは、長道に対して「ガウナを呼び寄せた悪魔!!」と悪意を抱いていたが、救出されたことを契機に、徐々にではあるが心を開いていく。もちろんツンデレ設定（一四六～一四七頁がデレの場面）と思われるので罵詈雑言《ばりぞうごん》も多いが。

　そしてすったもんだの末、テルルは「責任取ってもらうからね!!」（無自覚な恋心）と言い放ち、長道の家にイザナたちと同居することになる。新たなハーレムの住人である。

　これで基本的な情報はおさえられたと思うので、以下、テルルという存在を通して、今日の「ガイノイド」の定義から、「人工生命」の問題へとアプローチを試みたい。

　まず「ガイノイド」（Gynoid）とは、女性型のアンドロイドのことで、人間の女性に似せて作られたロボット（ヒューマノイド）を意味する。この種のロボットはSF系の小説をはじめ、映画やアニメではお馴染《なじ》みである（現実のロボットでは、石黒浩によるジェミノイドがこの系列）。

　たとえば小説なら、リチャード・コールダーの『デッドガールズ』（九二）、アニメでは、押井守監督の『イノセンス』（〇四）、映画なら、アレックス・ガーランド監督の『エクス・マキナ』（一五）、ドラマなら、前田敦子《まえだあつこ》が演じた『Q10《キュート》』（一〇、主演は佐藤健《さとうたける》）など、数多くある。またパソコンゲームや成人向けのコンテンツなどでは「セクサロイド」（性的な奉仕をするガイノイド）としての男性の潜在的欲望を喚起するような設定のものまである。

これを「サイボーグ」（Cyborg）とよく混同する人がいるが、こちらは人間や動物などの「生命体」（Organ）と「サイバネティクス」（Cybernetic、自動制御系のテクノロジー）を融合させたもので、「GHOST IN THE SHELL」シリーズの主人公の草薙素子《くさなぎもとこ》やバトーといったキャラクターたちを想起すれば分かると思うが、人工臓器などを身体にインプラントとして埋め込んだりしている。

要するに、「ガイノイド」を含むアンドロイドはロボット、「サイボーグ」は人間だと理解したらいいと思う。

三種類の「人工生命」

他方「人工生命」（Artificial Life、ALife）とは、人間によって設計して作られた生命のことで、アメリカの計算機科学者のクリストファー・ラングトンが八〇年代後半に命名した。

今日、大きく分けて三つの「人工生命」が存在する。すなわち、①生命現象を化学的に研究する生化学では「ウェット ALife」、②コンピュータ上のモデルを使う場合は「ソフトALife」、③ロボットを使用する場合は「ハードALife」と呼ばれているが、いずれも生命をシミュレート（模倣）することで、生命の仕組みや進化を研究するものである（第4章の「バイオニック生命体」の項では、各々遺伝子工学、非有機的生命工学、サイボーグ工学の分野と表記、**図7-3参考**）。

『シドニアの騎士』に登場する「市ヶ谷テルル」は、人工生命の研究者である父・太郎が作った「ガイノイド」（ロボット）という設定なので、③の「ハードALife」（アンドロイド@サイボーグ工学）という分野と関わってくる。

私が、現代の「ハードALife」で注目しているのは、「メカニマル」（Mechanimal）といわれるものである。

これは「機械」（Mecha）と「動物」（Animal）との合成語で、蛇《へび》や魚を、ロボットなどの機械的装置でシミュレートして作成し、その運動機能や行動様式を再現しようとする試みである。骨格はフレームで、関節と筋肉はアクチュエータで、という具合に再現されるが、読者の中にも、動画などで地上をくねくね前進する蛇型ロボットや、水槽をすいすい泳ぐ魚型ロボットをみたことのある人がいるだろう。それが「メカニマル」である。

図7-3　人工生命

遺伝子工学 **ウェットALife**	**非有機的生命工学** **ソフトALife**	**サイボーグ工学** **ハードALife**
遺伝子を操作する	人工的なものを 生命に置き換える	生物の器官や組織の 一部を人工的なものに 置き換える
ミニマル・セル クリスパー・キャスナイン	プロトタイプは コンピュータウィルス	インプラント サイボーグ メカニマル
『けものフレンズ』 **アニマルガール** ※「遺伝子変換装置」であると推察されるサンドスター火山が素早く「遺伝子」を組み換える。	**『シドニアの騎士』** **市ヶ谷テルル** ※ガイノイド(ロボット)で、優秀な「人工知能」を備えている。基本的な仕様はハードALifeだが、同時にソフトALifeの面もある。	

＊あくまで形式的な分類。マンガやアニメの設定では重複している場合が多く、それを分析するだけでも一冊の本ができあがるだろう。なおテルルのようなハイスペックなガイノイドとして『BEATLESS』(18)に登場したhIEのレイシアがあげられる。違いはテルルが自立型の「人工知能」を備えているのに対して、レイシアは「人工知能」をクラウド化するクラウドAIを装備して情報を共有するところである。この違いは大きいと考えられる。

おそらくテルルの創造主である太郎は、この延長線で「ガイノイド」の娘を作ったのではないかと思われる（髪が伸びて飛行用の翼になる機能は鳥型ロボット由来かも）。

ただしテルルは、同時に優れた「人工知能」（Artificial Intelligence、ＡＩ）を備えているようだ。この点でいえば、②の「ソフトALife」（非有機的生命工学）という分野（その応用）とも関わってきそうだ。

というのは、この「ガイノイド」に内蔵された知能はバラエティに富み、ネタバレにならない程度で語れば、料理から重力コントロールまで数多くのデータをえており、それらを応用することでシドニアに利益をもたらし、トントン拍子《びょうし》で出世するからである。

そう考えると、おそらく彼女の「人工知能」は、入力と出力の層だけでなく「隠れ層」があり、多層構造をなしており、人間の脳と同じように物事を認識しているのだろう。そして今注目されている機械学習の進化版である「深層学習」（Deep Learning）、つまりサンプルとなるデータを基に自ら学習し、物事を判断している（その過程のぎこちなさが魅力）と考えられる。

したがって、テルルは、ボトムアップ型の「人工生命」と、トップダウン型の「人工知能」を備えた最強の「ガイノイド」といえるだろう。この点で、同じような『ちょびっツ』（〇二）のちぃや『ミス・モノクローム』（一三、一五）のミス・モノクローム、あるいは人工知能である『ソードアート・オンライン』（一二、一四、一七、一八）のユイと比較するのも興味深いだろう。

以上、『シドニアの騎士』からみた「遠い未来学」、つまり遠い未来に起こる可能性がある多方面におよぶ問題を考えてみた。

現実の世界でも、たとえばＮＡＳＡが一五年、今後一〇年以内に「地球外生命」を発見すると宣言した。あるいは民間の火星移住計画、たとえばイーロン・マスクが作ったスペースＸの計画では、二五年頃に火星行きのロケットを完成させる予定だという。さらに「サーチュイン遺伝子」という長寿遺伝子が発見されたことで、これを活性化することで病気の予防や若返りだけでなく、人類の平均寿命が一〇〇歳になる日も近いといわれている。こうした目下の未来予測を射程に入れつつ、『シドニアの騎士』を視聴すると、遠い未来に起こる可能性があるさまざまな問題が、より身近に感じられるのではないだろうか。

このように「世界観アニメ」という点で本作は卓越しており、私たちの「世界像」を一新するだけでなく、イマジネーションを宇宙に解き放つ作品でもある。ともあれ、私の一推しのキャラクター、テルルが登場するであろう第三期のアニメ化が待ち遠しい。

※付言：『シドニアの騎士』の原作は、一五年に完結した。原作者の弐瓶勉のその後の作品が、一七年から連載している『人形の国』である。物語は、巨大な人工天体「アポシムズ」を舞台に、「リベドア帝国」の「正規人形《せいきにんぎょう》」によって故郷を追われたエスローという男が、自らも正規人形となり、自動人形のタイターニア、同じ正規人形のケーシャとともに「帝国」と戦う、といったものである。「人形病」もさることながら、タイターニアから託された「コード」と「七つの弾丸」が、運命を大きく変えるという設定が興味深い。なお正規人形は、戦闘時に鎧化《がいか》（変身）して戦う。『シドニアの騎士』に登場した「胞衣」（作中では「エナ」、こちらは鎧化の際にこれを変化させる）や、「ヘイグス粒子」（鎧化の際のエネルギー、ほぼ同じ設定だと思われる）が、この作品に流用されているわけだ。

おわりに

アニメと周辺のネット文化

本書(本シリーズ)では、一〇年代にテレビで放映、もしくは劇場で公開されたアニメをとりあげた。他方で、一〇年代に入ってからの新しい傾向として、テレビや劇場以外に、アニメをネットでストリーミング配信する機会も増えてきた。

これは前著で語ったように、映画やドラマを含めた動画を、世界大手のネットフリックスをはじめ、アマゾンプライム・ビデオ、ディーティービー、フールー、ユーネクストといった定額の動画配信サービスを利用して視聴する者が増えたことを意味する。とりわけアニメの場合、それに特化したdアニメストア、バンダイチャンネル、ニコニコチャンネル アニメなどで視聴する人が多くなった。

ネットでストリーミング配信されるのは、おおむね既存のテレビアニメおよび劇場版アニメである。

ところが、最初からネット配信しかしないアニメも数多くある。たとえば一八年の夏アニメ（七月〜九月）を例にあげると、ニコニコチャンネルで配信された『嫌な顔されながらおパンツ見せてもらいたい』、YouTubeでの『モンスターストライク』の第三期、ひかりTV等での『あるゾンビ少女の災難　ひかり』が、それにあたる。

ネットでの公開を前提に制作されたアニメを「Webアニメ」（ウェブアニメ）という人もいる。しかしながら、後にテレビで放映（再放送）されたりするので、必ずしもネット配信しか行わないというわけでなく、制作サイドはネットを新しい媒体と考え、ひとつの選択肢として、まずネット配信していると考えた方が正確であろう。したがって、一部の方がいうWebアニメというカテゴリーが成立するかどうかは疑問である。

とはいえ、「アニメとその周辺文化」というテーマで再考すると、一〇年代はネットが新しい配信の媒体としてクローズアップされ、プロの制作者だけではなく、私たち視聴者もまたなんらかのキャラクターを使った映像をネットで発信する機会が増えてきた。人気があるのは、初音《はつね》ミクをはじめとしたボーカロイドと、キズナアイをはじめとしたバーチャルＹｏｕＴｕｂｅｒ（ＶＴｕｂｅｒ）であろう。これらの事象を「教養」という観点からどのように分析できるか、小論を試みたい。

ＤＴＭとしての初音ミク

ボーカロイド（Vocaloid）とは、ヤマハが開発した音声合成技術、およびソフトなどの商品やキャラクターを指す。簡潔にいえば、自宅のパソコンに歌詞と旋律《せんりつ》を入力し、複数のデバイスをつなぐことで簡単に楽曲を作ることができる、そうした技術、商品やキャラクターの総称である。

このような音楽制作のやり方を、ＤＴＭ（Desk Top Music）というが、この言葉が使われはじめた九〇年代前半は、機材が高価だったため、なかなか一般ユーザーはそれを使用できなかった。

ところが、ボーカロイドが登場したゼロ年代後半に至り、パソコンをはじめ、マイクや楽器、それらをつなぐオーディオインターフェイスが比較的安価で入手可能となっただけでなく、モノ自体がハイスペックになった。ソフトだけでなくハード面でも、ボーカロイドの登場はよいタイミングであった、といえるだろう。

さてボーカロイドの歴史は、〇四年に発売された音声合成ソフト「ＭＥＩＫＯ」からはじまり、初音ミクはこの流れで、〇七年、クリプトン・フューチャー・メディア社から、商品名「キャラクターボーカルシリーズ01 初音ミク」としてリリースされた。

ゼロ年代後半からボカロＰ（Ｐはプロデューサー、ボカロ曲を作成する人の通称）という「行為媒体」（Agency、主体的な意思に基づいて、価値を新たに作り出す者）により、この音声合成ソフトを使って制作された楽曲が、ニコニコ動画やピアプロにアップロードされ、その界隈《かいわい》で絶大な支持を受けた。

また一般的に初音ミクが知られるようになったのは、一一年に米トヨタ自動車とグーグル・クロームのＣＦ（コマーシャルフィルム）に起用されたことが契機だと思う。まさに一〇年代の歌姫誕生である。

その後の八面六臂《はちめんろっぴ》の活躍は**図1**の年表の通りである。

図1　初音《はつね》ミクの歴史

2004年	11月	音声合成ソフト「MEIKO」発売。
2007年	8月	**クリプトン・フューチャー・メディア社**から、「キャラクターボーカルシリーズ01 初音ミク」が発売。
2008年	6月	派生創作「ブラック★ロックシューター」
	12月	**「ユリイカ」**12月臨時増刊号で特集
2010年	3月	ライブ「ミクの日感謝祭」（9日）
2011年	5月	**米トヨタ自動車**のCFに起用
	6月	SUPER GTでグッドスマイルBMW初優勝
	7月	ライブ「MIKU NOPOLIS」（LA）：Anime Expoの一環
	12月	**Google Chrome**のCFに起用（「Tell Your World」）
2012年	2月	NHK「クローズアップ現代」で特集
	11月	冨田勲《とみたいさお》『イーハトーブ交響曲』に出演
	12月	オペラ『THE END』（渋谷慶一郎《しぶやけいいちろう》＋岡田利規《おかだとしき》）に出演
2013年	4月	村上隆《むらかみたかし》監督『めめのくらげ』：主題歌に起用
	5月	**「美術手帖」**6月号で特集
	7月	AR技術「SmartAR」を使ったライブ「HATSUNE MIKU AR STAGE」
2014年	3月	BUMP OF CHICKENの「ray」でコラボ
	5月	レディー・ガガのワールドツアーで前座に出演 「HATSUNE MIKU EXPO」（ジャカルタ、LA、NY）
2015年	6月	中国で初めて上海にて単独公演
2016年	4月	超歌舞伎《かぶき》「今昔饗宴《はなくらべ》千本桜」：中村獅童《なかむらしどう》と共演 （17年『花街詞合鏡《くるわことばあわせかがみ》』、18年『積思花顔競《つもるおもいはなのかおみせ》』）
2017年	3月	初音ミク× 鼓童《こどう》スペシャルライブ （18年にもコラボ）
2018年	12月	「HATSUNE MIKU EXPO」（初のヨーロッパ公演）

初音ミクの論じ方1

読者には意外かもしれないが、初音ミクは大学の講義でしばしばとりあげられてきた。それは文系の場合、たとえばメディア論、音楽論、現代文化論といった名の講座であるが、論じるのはどちらかというと若手の研究者が多かった印象がある。

総合するとおおむね次の三つの議論が主軸であろう（同人音楽の文脈もあるが略）。

①ネット文化の文脈
②ニコ動文化の文脈
③虚構アイドル文化の文脈

まず①の「ネット文化の文脈」でよく言及されたのが、アメリカの法学者ローレンス・レッシグが提唱した「クリエイティブ・コモンズ」（Creative Commons）と、彼が擁護《ようご》した「フリーカルチャー」（Free Culture）である。今や懐かしい議論であるので、前者のみ簡潔に整理しよう。

クリエイティブ・コモンズとは、著作者が著作物の再利用《リユース》に関する許諾を決め、その範囲でユーザーに対して共有のライセンスを与えることである。その目的でレッシグは〇一年、クリエイティブ・コモンズ・コーポレーションを組織した。一連のライセンスは「クリエイティブ・コモンズ・ライセンス」（ＣＣＬ）と呼ばれ、たとえばAll Rights Reserved ではなく Some Rights Reserved の場合、著作物の帰属表示（再利用の際に著作者名をクレジット表記すること）を必須条件に、非営利利用・改変の禁止・同一条件許諾は任意条件とし、著作者が選択する形となった。

　周知のように、日本の著作権の保護期間は、著作者の死後七〇年までが原則（ＴＰＰ一一協定により著作権法が改正され、一八年一二月三〇日、期間が五〇年から七〇年に延長された）である。しかしネットが普及し、ＹｏｕＴｕｂｅで動画、ツイッターで情報、インスタグラムで写真を共有することが、当たり前と化している現代において、著作者側の意識も変化し、他者と「共有」（Share）することに価値を見出している人も増えている。そこで著作者が自ら作品にライセンスを付与して公開するクリエイティブ・コモンズが推奨《すいしょう》されたわけだ。一二年、初音ミクがライセンスを採用し話題となったことは記憶に新しく、この文脈で語るのは理に適っているといえるだろう。

　つぎに②の「ニコ動文化の文脈」でよく言及されたのが、社会学者の濱野《はまの》智史《さとし》によるニコニコ動画を「N次創作」と関係させた議論である。おさらいになるが、N次創作とは、ユーザーがオリジナルを二次創作するだけでなく、派生的かつさまざまに創作することを意味する。

ネット上のサーバに不特定多数のユーザーが投稿した動画を、同じく不特定多数のユーザーで共有し、視聴できるサービスのことを「動画共有サービス」（Video Hosting Service）という。（ユーストリームはサービスを停止したので）ＹｏｕＴｕｂｅとニコ動を比較すると、その設計思想の違いが明らかとなる。初音ミクを絡めて語ると、四点に整理できるだろう。

1. ニコ動はＹｏｕＴｕｂｅと違い、コメントを映像に付加でき疑似同期する。したがってニコ動はあたかもそこにいるかのようにコミュニケーションできるメディア。
2. しかもニコ動は「歌ってみた」や「演奏してみた」のようなN次創作が可能な場でもある。
3. ＭＡＤ動画（実写・アニメ・ゲームなどを個人が編集した動画）の場合、著作権違反で削除される場合があるが、初音ミクは基本的に著作権なし。したがって既成の「作者」「生産者・消費者」「コピー・オリジナル」といった概念が消失（清島秀樹）というか変容した。そのためN次創作が誰でもできる。

4. 初音ミクは人と人をつなげるハブ（Hub）。

以上から、ニコ動はネットを通じた新たな「コミュニティ」（共同体）と化しているため、従来通りの「動画共有サービス」であるＹｏｕＴｕｂｅとは区別して、ニコ動は「動画コミュニティサービス」という新しいサービス名に分類すべきだ、という議論を展開する論者もいた。ただしＹｏｕＴｕｂｅにはマイチャンネルという機能があるので、「コミュニティ」としての側面があることも事実であろう。

また実際問題として、ニコ動のユーザーであってもＹｏｕＴｕｂｅにも同時に投稿する場合も多かったし、近年はサウンドクラウドなど音楽に特化したＳＮＳでも視聴される場合が多くなってきた。そう考えると、ニコ動は一選択肢にすぎないという見方もできる。イギリスのメディア論者、ジョン・ハートリーがいう「メディア圏」（Mediasphere）をもじって名づければ、「公」（パブリック）と「私」（プライベート）の境目が曖昧《あいまい》な「SNS圏」ともいうべき新たな公共圏（世界）のハブとしても初音ミクは機能しているのである。

初音ミクの論じ方2

今度は気分を変えてポップカルチャー絡みの議論に移ってみよう。

まず③の「虚構アイドル文化の文脈」であるが、初音ミクの前史として九〇年代のバーチャルアイドルが存在する。

バーチャルアイドル登場の背景には、九〇年代にパソコンが高性能化し始め、CG（コンピュータグラフィックス）が、徐々にパソコン上で生成できるようになったことがある。九六年、芸能事務所のホリプロが「伊達杏子《だてきょうこ》」を登場させたことを契機として、九八年にマンガ家のくつぎけんいちが「テライユキ」を発表、〇〇年にはブルームーンスタジオの沖孝智《おきたかとし》が「飛飛」（フェイフェイ、FeiFei）を制作するなどして、バーチャルアイドルが一時期ブームとなった。

とはいえ一過性のブームであった。その理由としてバーチャルアイドルのソフトが著作権を保護されたCGであったこと。また声優の音声は加工できないので、結果としてユーザーはＮ次創作が不可能だったことがあげられる。

それに対して、初音ミクのソフトは、著作者が自ら作品にライセンスを付与して公開されたＤＴＭソフトウェアである。また声優の音声は加工が前提で、声優の音声データベースを基に、ユーザーが歌詞とパラメーターとしてのＭＩＤＩ《ミディ》（演奏データを機器間でデジタル転送するための標準規格）の楽曲データを指定し、これをＤＴＭソフトが解析して「歌を歌う」というプロセスをへる。その結果、ユーザーによる創作が可能なため、Ｎ次創作ができるわけである。

また３ＤＣＧ制作ソフトのＭＭＤ《ミクミクダンス》や、歌声合成ソフトのＵＴＡＵ《ウタウ》などが無料配布され、ユーザーの創作を後押しした点も見逃せない。

これらの違いは大きいだろう（**図2参考**）。

要するに、九〇年代の著作権を保護されたバーチャルアイドルは、かつてのアイドル、たとえば山口百恵《やまぐちももえ》や松田聖子《まつだせいこ》のような別世界の存在である。それに対して初音ミクは、今日のグループアイドルと同じように「消費者生成メディア」（ＣＧＭ、Consumer Generated Media）の産物といえ、ユーザー個々によって「キャラ」が作られ、それに沿う形でＮ次創作的に演出を施される存在である。したがってユーザ

図2　3つの虚構アイドルの比較

	バーチャルアイドル	ボーカロイド	VTuber
ソフト	CG	DTMソフトウェア	CG モーションキャプチャ
音声	声優の音声は加工できない	加工が前提で、声優の音声データベースを基に、ユーザーが歌詞とパラメーターとしてのMIDI楽曲データを指定し、これをDTMソフトが解析して「歌を歌う」というプロセスを経る	基本的に「中の人」（VTuber 本人）が発声した音声
ユーザー	創作不能	ユーザーによる創作が可能なため、N次創作ができる	中の人によって演出されるので、N次創作はやや限定

ーが一〇〇人いれば、一〇〇通りの初音ミクが存在するわけで、いわば「ポリアモリー」(Polyamory、複数愛)的な歌姫が登場したといえる。また他のボーカロイドとの「関係性」(絆)の演出を行いうる点も興味深いだろう。こうしてユーザーは、個々の趣味嗜好《しこう》を反映した「関係性消費」を行うこともできるわけである。

生誕一〇周年でなにが変わったのか

さて一七年は初音ミクの生誕一〇周年であった。

これを祝うライブイベントの開催、コンピレーションアルバム『Re: Start』やグッズの販売、手塚治虫《てづかおさむ》記念館でのコラボなど大いに盛り上がったが、他のボーカロイドを含めた新しい傾向は、次の通りである。

①中国でのボーカロイドの活況
②新しいボーカロイドの登場
③ボカロPの世代交代
④同人音楽の流れでは収まらない音楽の進化

まず①の「中国でのボーカロイドの活況」であるが、一七年に「初音ミク V4 CHINESE」が発売されたり、音楽イベントに参加するといったトピックもさることながら、Vsingerシリーズの洛天依《ルオ・ティエンイ》を中心とした中国版ボーカロイドの人気が熱い。

中国にはニコ動に似た「動画共有（コミュニティ）サービス」としてビリビリ動画があり、日本と同じようにユーザーにより創作された動画がアップロードされている。たとえば「中華墨水娘」（China Ink Girl）や「憶紅蓮」（Reminiscence of the Red Lotus）を視聴するとわかるが、曲調はポップでありながら中国の伝統音楽を意識した作りになっている。

一八年に洛天依の日本語版がリリースされたので、日本からビリビリ動画へという流れ（還流《かんりゅう》）もありそうである。もちろん初音ミクは中国でも人気があるので、新しい形のコラボもありえるだろう。

②の「新しいボーカロイドの登場」は、一六年以降の女性キャラクターに限定して紹介するだけでも、音街《おとまち》ウナ、紲星《きずな》あかり、桜乃《はるの》そら、Unity-chan!、夢《ゆめ》

眠《み》ネム、ミライ小町《こまち》などがいる。

このうちとくに話題となったのがヤマハがリリースした夢眠ネムだろう。

この名前から声優が分かる人は、（一般的にいうと）アイドル通だろう。正解はでんぱ組．incの「永遠の魔法少女未満」こと夢眠ねむである。楽曲「あるいは夢眠ねむという概念へのサクシード」や「あのね…実はわたし、夢眠ねむなんだ…」の動画を視聴すれば分かるが、中の人（声の人）への言及を挿入《そうにゅう》した歌詞がライティングされており、「器」としてのボーカロイドという新たな次元を獲得している。

またキャラクターデザインは、『けいおん！』の堀口悠紀子《ほりぐちゆきこ》が手掛けており、大きめのスタジャンにショートパンツ、ヘッドフォンを装着した黒髪のかわいい少女に造形されている。
③の「ボカロPの世代交代」とは、一七年の初音ミクの生誕一〇周年、あるいは〇四年の「ＭＥＩＫＯ」の発売から数えると一〇数年、ボーカロイドの歴史はあるわけだから、初期から活躍しているボカロPに対して、新世代のボカロPが近年注目を浴びているのも自然なことだろう。ボカロシーン全体を俯瞰《ふかん》すると、新旧の世代交代というのはいい過ぎだとしても、楽曲をアップロードする顔ぶれが代わったなという印

象がある。

またヒッキーPがいうように、この傾向は初音ミクの生誕一〇周年を祝う際にも表れており、旧世代は祝い、新世代は無視をするような態度がみられた。これはいわゆる「ボカロネイティヴ」の問題と関係するが、生まれ育ったときからボカロ音楽は当たり前のジャンルであるとの世代が育っていることの証左であると思われる。
④の「同人音楽の流れでは収まらない音楽の進化」とは、③の世代交代とも関連するが、近年テクノ、ヘビーメタルやケルトといった同人音楽の音楽傾向を継承したようなジャンルだけではなく、たとえばヒップホップ、ジャズやアングラ音楽（ノイズ、インダストリアルのようなカルト的音楽）といった従来のボカロ曲にはなかったようなジャンルから名曲が生まれていることを指す。
ニコ動の便利なところは「タグ」の存在であり、「ボカロラップ」はヒップホップ、「VOCALJAZZ」はジャズ、「電子ドラッグ」はアングラ音楽といった具合にタグが付いており、速攻でその手のジャンルのボカロ曲にアクセスできる。

「電子ドラッグ」→アングラ音楽で例をあげると、きくおによるボカロ曲二二作目「MAWARU」が人気の上位にあるはずで、視聴すると（ゼロ年代にネットで話題となったぴろぴとや野山映《のやまあきら》のウェブアニメーションではないが）耽美《たんび》でシュールな世界が広がる。

以上の新しい傾向を含めた初音ミクに関する議論が、今後は全国の大学でも展開されると思われるが、そのような潮流の中で一八年に突如《とつじょ》ブレイクしたのが、キズナアイをはじめとしたバーチャルＹｏｕＴｕｂｅｒ（ＶＴｕｂｅｒ）である。

※付言：一六年に発売された『VOCALOID4 Library Fukase』は、若者を中心に人気の高い四人組バンド「SEKAI NO OWARI」のボーカリスト「Ｆｕｋａｓｅ」の声で自由に歌声の制作が楽しめる。興味深いのは、二種類の日本語ライブラリと、英語ライブラリの全三種類のライブラリ構成となっており、海外のユーザーをも意識しているところだと思う。たしかに近年、海外の意外なアーティストがボカロをフィーチャーしている。たとえば一七年、ヒップホップ界で有名なアウトキャストのビッグ・ボーイが、楽曲「Kill Jill」で初音ミクをサンプリングしたが、これが思いの外、名曲で驚かされた。

VTuberの歴史

ここからはＶＴｕｂｅｒの議論にうつるが、本書はさまざまな読者、つまりコアなオタクから、オタクではないが現代の「教養」として学問的にアニメやその周辺文化にアクセスしたい方、一般の学生やビジネスの中核にいる人、さらにはネット文化にまったく関心を寄せない大学教員までいると想定している。したがって、初音ミクは知っているけれどＶＴｕｂｅｒとはなにか、まだ分かってない読者も多いと思うので、まずは基本的な事実関係からスタートしよう。

ＹｏｕＴｕｂｅに動画を投稿するなどしてお金を稼いでる人のことを、「ユーチューバー」（ＹｏｕＴｕｂｅｒ）という。日本でも一〇年頃から注目され、一五年前後にはメディアへの露出も増え、一七年のソニー生命の調べで「男子中学生がなりたい将来の職業」の第三位にランクインするなど、憧れの職業となった（ちなみに第一位はＩＴエンジニア・プログラマー、第二位はゲームクリエイター。また女子中学生の場合は第一〇位にあげられている）。

周知のように、ＹｏｕＴｕｂｅでは動画を再生する際、広告が流れたりバナーが表示されたりするが、ユーザーがその広告を再生したりクリックすると、グーグルから投稿者へ報酬が払われる。これをアフィリエイト（Affiliate）またはアソシエイト（Associate）という。もちろん稼いでいるのはごく一部の人気ユーチューバーだけであるが、彼らの動画をみるにつけコミュニケーションスキルの高さ、ネタの質や編集の巧みさがいかに重要かが分かる。なぜなら最後まで再生してもらうためには、スキル・ネタ・映像の魅力でユーザーの心を摑まなければならないからだ（試しに、一世を風靡《ふうび》した瀬戸弘司《せとこうじ》やペインダンテ将之介《しょうのすけ》の動画を視聴してみてください）。

その「ユーチューバー」界隈で、２Ｄや３ＤＣＧのキャラクターと音声をマッチングした動画が投稿されるようになり、その配信者は今日「バーチャルＹｏｕＴｕｂｅｒ」と総称されている。とはいえこの「バーチャルＹｏｕＴｕｂｅｒ」を最初に自称したのは一六年、六月三〇日を誕生日とするキズナアイであり、狭義では「バーチャルＹｏｕＴｕｂｅｒ」（以下、ＶＴｕｂｅｒ）＝キズナアイである。キズナアイはいわばボーカロイドの初音ミクのポジションにいるといってよく、彼女を中心にみていくと歴史がよく分かる。

まず従来の「ユーチューバー」との違いは、オタク文化と親近性があるキャラクターであることだ。デザインを整理すると三点に整理できる。
①髪は茶色、衣装は白が基調で、襟《えり》・胸元・スカートのポケット部分にピンクのライン。

②髪型はロングのストレート、ピンクのカチューシャ。
③衣装は襟付きのノースリーブの上着で、下はショートパンツにニーソックス（いわゆる「絶対領域」）。

また丸い目に、血色がよさそうな頰、表情も豊かなので、全体的に生き生きとした女の子に造形されている。デザインの点から考えて、（「性的」に強調されていると批判する人もいるが）計算し尽くされた完璧なキャラクターであると私は思う。なお彼女はバーチャルな世界のＡＩ（人工知能）で、人間と仲良くするために活動しているというコンセプトを基に作られている。私が意識し出したのは一六年末頃で、ＹｏｕＴｕｂｅの登録チャンネルに彼女のＡ．Ｉ．Ｃｈａｎｎｅｌを登録したのはちょうどその頃である。

一七年に入り、本格的な活動を行うＶＴｕｂｅｒが相次いで誕生し、その年の一二月、四天王と呼ばれる一群に人気が集まった。キズナアイを筆頭に、電脳少女《でんのうしょうじょ》シロ、ミライアカリ、バーチャルのじゃロリ狐娘《きつねむすめ》Ｙｏｕｔｕｂｅｒおじさん（以下、ねこます）、輝夜月《かぐやるな》の五人（五人で四天王）である。

このうちとりわけ興味深いのがねこますで、狐耳の幼女でありながらおじさん声というキャラクターである。外見と中の人のギャップ（異化効果）で人気を集めている。美学などでは悪趣味な文化的イコンのことを「キッチュ」（Kitsch）というが、これは「ひどいけど、逆にそれがよい」という価値観に支えられている。そうした文脈でも語りうるだろう。

現在進行形で数多くのVTuberが相次いでデビューしており、専門のマネジメント会社も立ち上がっている。歴史としては短いが、今熱いシーンであることがお分かりいただけたと思う。

VTuberの論じ方1

VTuberという「行為媒体」に関しては、いろいろな観点から論じうる。

たとえば雑誌『ユリイカ』の特集に掲載された論文を例にすると、美学が専門の難《なん》波優輝《ばゆき》は、VTuberが「顔と顔とを合わせた対人における社会関係とは異なった、独特なコミュニケーション関係を取り結んでいる」ことに注目し「メディアペルソナ」（Media Persona）の概念で斬り込んでいる。

あるいは技術哲学やメディア論が専門の谷島貫太《たにしまかんた》は、ＶＴｕｂｅｒとは、「ニコニコ動画的人格＝キャラがニコニコ動画において果たしていた機能を、ＹｏｕＴｕｂｅというプラットフォームにおいて多元的に展開していっている存在」としている。

このように若手評論家・研究者を中心にＶＴｕｂｅｒという新しい虚構存在に関する興味深い議論が戦わせられているが、「教養」あるいは大学教育の題材として扱う際にはおおむね四つのポイントがあると思う。

①既存のユーチューバーとの比較
②ＹｏｕＴｕｂｅ・ニコ動・生放送文化の文脈
③虚構アイドル文化の文脈
④ＶＲ文化の文脈

まず①の「既存のユーチューバー」との比較であるが、アフィリエイトで報酬を得る点では同様である。またコミュニケーションスキルの高さ、ネタの質や編集の巧みさが重要な要素である点も共通するが、２Ｄや３ＤＣＧのキャラクターを使うことで、中の人が後景に退いている点が異なる。つまり、（俳優と声優との違いと同じように）視聴者の前に現前《げんぜん》するのではなく、虚構のキャラクターの背後から声をあてるわけである。

しかも3Dゲームで使われているモーションキャプチャ（Motion Capture）技術を使い、中の人がキャラクターを演じる。それはVR（仮想現実）というよりAR（拡張現実）といった方が的確だと思われる。なぜなら現実の上に情報が付加・上書きされているからだ。

②の「YouTube・ニコ動・生放送文化の文脈」とは、VTuberはYouTubeのみを活動の場にしているのではないということである。YouTubeでアップロードされた動画は、ニコ動にも投稿される。またリアルタイムで動画を「YouTube Live」や「ニコ生」に配信する場合も多いが、その際ツイッターで告知がなされる。

つまり中の人はツイッターでキャラクターのアカウントをとり、日々ツイートすることでユーザーを特定の方向に誘導しているわけである。まさにデジタル時代の「水路づけ」（Canalization）であり、私はこのSNSの使い方が興味深いと思っている

（「水路づけ」はアメリカの社会学者ポール・ラザースフェルドの概念、広告での誘導といった意味）。

VTuberの論じ方2、そして……

③の「虚構アイドル文化の文脈」では、キズナアイがニコニコ超会議の超音楽祭二〇一八で初音ミクのオリジナル曲「メルト」を歌ったことに注目したい。

つまり透過《とうか》スクリーンに投影されたキズナアイは、初音ミクのライブのごとき形でオーディエンスの前で歌を披露《ひろう》した。ただしその声はＤＴＭソフトウェアで合成されたものではなく、行為媒体である中の人の生の声であるので、この違いは大きい。

また初音ミクが「消費者生成メディア」の産物で、ユーザーによって「キャラ」が作られ、それに沿う形でＮ次創作的に演出を施される存在であるのに対して、キズナアイは基本的に中の人によって演出・コントロールされる存在である（もちろんキズナアイを題材とした二次創作は存在する、**図2参考**）。このような違いはあるものの、ボーカロイドとＶＴｕｂｅｒというルーツの異なる虚構アイドルの本格的なコラボもありうるのではないか、という認識をえた。

④の「ＶＲ文化の文脈」に着目すれば、先述したモーションキャプチャ技術の導入がこのブームを牽引している。

モーションキャプチャとは、現実の人物や物体の動きをデジタル的に記録する技術のことであるが、この機材はこれまで高価だったので私たちの手に届かなかった。ところがＶＲ元年と呼ばれた一六年、主なヘッドマウントディスプレイ（Head Mounted Display、ＨＭＤ）の三つ、すなわちオキュラスＶＲ社のオキュラス・リフト、ソニーのＰＳ ＶＲ、台湾のＨＴＣ Ｖｉｖｅ《ヴァイヴ》が出揃ったことを背景に、装着している人の体の部位を認識するトラッキング機能を用いてモーションキャプチャを行えるようになった。

たとえばＨＴＣ Ｖｉｖｅの場合、Ｖｉｖｅトラッカーというトラッキング箇所を増やすデバイスを足や腰に着けると動きの完成度が高まるという。しかも七万円以下と比較的安価に揃えることができ、結果として私たちはＶｔｕｂｅｒがあたかもそこにいるかのごとく感じるのである。この点、視聴者が中の人をしばしば「魂」と呼ぶのはあながち間違った形容ではないだろう。

以上、一六年末頃から注目されだしたＶＴｕｂｅｒの論じ方を（暫定的《ざんていてき》ながら）整理した。

最後にＶＴｕｂｅｒの今後はどうなるであろうか。

これはある程度初音ミクを中心としたボーカロイドの歴史を念頭におけば、楽曲の配信、ＣＦの起用、他業種とのコラボ、ゲーム・小説・マンガ化、画集のリリースなど多角的な展開がなされると思われる（すでに一部は実現）。

またアイドル文化の文脈でいえば、ボーカロイドの夢眠ネムが参考になるが、現実のアイドルを中の人としたＶＴｕｂｅｒが出現し、「器」としてのＶＴｕｂｅｒという新たな次元を獲得し、現実と虚構両方の世界で活躍するアイドルも出現しそうである（中の人が笑いがとれる場合、お笑いタレントでデビューするかもしれない）。

さらに一〇年後くらいには「ＶＴｕｂｅｒネイティヴ」（筆者の造語）、つまり生まれ育ったときからＶＴｕｂｅｒは当たり前という世代が育ち、作り手・受け手ともに顔ぶれが代わるとともに、都市の大型スクリーンにはＶＴｕｂｅｒが常時映し出される、映画『ブレードランナー』（八二、一七）のような光景が当たり前と化すことも想像できる。

ともあれ私たちの近未来はデジタルなアバターの微笑みの中にある。

あとがき——教テンアニメ、そして二〇年代へ

教テンフレンズ（読者）の皆さん。

初めましての方はこんにちは、前々著および前著からの方はお久しぶりです。筆者の町口哲生《まちぐちてつお》です。ここでは、本文とはモードを変えて、ライトノベルのあとがきのような文章で書くことをお許しください。ちなみに、このシリーズのタイトルが「教養としての10年代アニメ」なので、「教養」から「教」、「10年代」から「テン」、そして某アニメ（ヒント、本書第4章）から「フレンズ」をもらい受けるという形で合成して読者の皆さんのことを「教テンフレンズ」と呼ばせていただいてます。教テンは「アニメ論の教典」になるようにという意味を兼ねてます。ちょっとした洒落《しゃれ》です。

全三冊からなる本シリーズにおいて、これまで章立てで論じてきたアニメは、二一作品です。一覧表に整理してみたので、**図1**を参考にしてください。

さて編集サイドから「『ポスト平成』あるいは『20年代アニメ論』に向けて今、なにを語っておくべきか、これからのアニメになにを期待したいかなど、未来志向のメッセージがあってもよい」のでは、とのお題を頂戴《ちょうだい》しました。

これに答えるのは非常に難しく、正直私の手にあまります。

というのは、はじめにの特筆事項の第一に、私は以下のように明記しました。すなわち本シリーズは「印象を語ることはできるだけ慎《つつし》み、教養（学問）を参照しつつ今一度作品（≒文化）を組み立て直すことに主眼を置く。アニメ論を執筆するということは、その作品に内在する可能性に着目し、そのアニメを生き直すことだからである」と。これは要するに、作品を内在的に読み解きますよという意味です。

しかし同時に、続けて第三では、以下のように記してます。「新書というメディアなので、一般読者の存在を考える。したがってジャンル批評を適宜《てきぎ》導入しつつ分かりやすく作品を論じていく」と。

しまった新書じゃん。読者の存在を考えて、なんでも柔軟に論じないとあかんやん。逃げ場がないやん。

オルタヒーローもの	**『TIGER & BUNNY』** 『ワンパンマン』など	日本独自のヒーローもの。アメコミとは異なる正義感。
新海誠《しんかいまこと》	『秒速５センチメートル』 『言の葉の庭』 **『君の名は。』**	ポスト宮崎駿《みやざきはやお》。前2作と『君の名は。』とを比較すると、コミュニケーションの描き方に相違がみられる。
鬼、ゾンビ、グール	**『鬼灯《ほおずき》の冷徹』** 『東京喰種 トーキョーグール』	作風は異なるが、基層には共通するイメージがある。
冒険ファンタジー	**『メイドインアビス』**	デフォルメされたかわいいキャラクターと相反する怖い世界。
終末もの	**『けものフレンズ』** 『少女終末旅行』など	同じくデフォルメされたキャラクターが終末をさまよい歩く。
大戦間もの	**『幼女戦記』** 『終末のイゼッタ』など	世界大戦時のヨーロッパに似た世界が舞台。末期戦ものともいうが……。
10年代ガンダム	**『機動戦士ガンダム 鉄血のオルフェンズ』**など	9.11テロの影響という意味でゼロ年代の『00《ダブルオー》』と比較できる。
ポストハードSF	**『シドニアの騎士』**	「超科学」を未来学で読み解くと……。ハードサヴァイブ系の要素も。
ハードサヴァイブ系	『進撃の巨人』	巨人たちの圧倒的な力に抵抗する人間たちの戦い。
外史《がいし》もの	『ゴールデンカムイ』 『アンゴルモア 元寇合戦《げんこうかっせん》記《き》』	前者はアイヌ文化、後者は元寇がモチーフ。

❶本シリーズでは、主に**太字**の21作品を１章立てで論じた。

❷『文豪ストレイドッグス』は、論じる予定だったものの、文豪の逸話に終始する論考になりがちだと判断し断念した。

❸『進撃の巨人』は、原作の核心部分にアニメ化が追いついていないので、外部の世界を論じることがネタバレになる。そのため見送った。

❹最後の「外史もの」(造語)は、フィクションを交えつつ、正史にはほとんど語られない歴史をテーマとしている。この手の作品が増えていくことに期待を込めて、表に挿入した。

図1　教テンアニメ一覧表

ジャンル	主な作品	備考
絶望少女系（もの）	**『魔法少女まどか☆マギカ』**（まどマギ） 「WIXOSS《ウィクロス》」シリーズなど	『まどマギ』は、ゼロ年代アニメの総決算にして、このジャンルの源流。
京アニの新時代	**『中二病でも恋がしたい！』** 『響け！ ユーフォニアム』 『バイオレット・エバーガーデン』など	「中二病」は10年代のキーワード。後2作品は、ゼロ年代にセカイ系や空気系といったブームを作った京アニのイメージを刷新。
残念系	『僕は友達が少ない』 **『やはり俺の青春ラブコメはまちがっている。』**（俺ガイル）など	「残念」もまた10年代のキーワード。『俺ガイル』の基本はスクールカースト。
ゲームの世界	**『ノーゲーム・ノーライフ』** **『ソードアート・オンライン』** など	前者は「異世界召喚もの」でもある。対する後者はオンラインゲームが舞台の人気シリーズもの。
なろう系	『Re: ゼロから始める異世界生活』 『オーバーロード』など	「小説家になろう」のネット小説が原作。主に「異世界召喚もの」。
近未来もの	**『とある科学の超電磁砲《レールガン》』** **『COPPELION』** **『PSYCHO-PASS サイコパス』**	このうち『COPPELION』の原作は「3.11予言の書」と呼称された。「ハードサヴァイブ系」の要素。
独自の美意識	**『STAR DRIVER 輝きのタクト』** 『文豪ストレイドッグス』（文スト） **『輪《まわ》るピングドラム』** **『ユリ熊嵐《くまあらし》！』**	全2作は五十嵐卓哉《いがらしたくや》＋榎戸洋《えのきどよう》司《じ》のコンビ、残り2つは幾原邦《いくはらくに》彦《ひこ》の作品。『文スト』は文豪の擬人化や、関係性消費の観点で論じうる。
グループアイドルもの	**『ラブライブ！』** 『THE IDOLM@STER』など	現実のグループアイドルの設計思想が反映。関係性消費。
チーム男子もの	『Free!』 『黒子《くろこ》のバスケ』など	女性に人気。このジャンル以外に『おそ松さん』が目立った。関係性消費。
群像劇	**『デュラララ!!』**	上記2つのジャンルも群像劇。

ということで、図1を参考にしながら、ちょっと考えてみましょうか。いわゆる書き手の応答責任です。

まず絶望少女系（もの）は、たとえば『魔法少女サイト』（一八）のように、過酷《かこく》なシステムや物語の理《ことわり》よりむしろ、「内なる他者」との戦いがメインとなる作品が現れてくる予感がします。なんといっても、あの『魔法少女まどか☆マギカ』（一一）を超えるのは至難《しなん》の業《わざ》ですから、外へ向かうのではなく、個人の心にある「力への意志」（ニーチェ、より強いものとなろうとする意志）が強調される感じでしょう。

京都アニメーションは底力がある会社なので、これからも良作を作り続けてくれると思いますけれど、残念系は、「残念」という言葉自体が死語になりつつあるので、『やはり俺の青春ラブコメはまちがっている。』（一三、一五）の続きのアニメ化で終《しゅう》焉《えん》（？）する感じでしょう。ゲームの世界と近未来ものは、これまでも数々の作品において描かれてきたので、なくなることはないはずですし、五十嵐卓哉《いがらしたくや》＋榎戸洋司《えのきどようじ》コンビや幾原邦彦《いくはらくにひこ》監督の作品は、今後も出し続けてほしいです（後者の新作『さらざんまい』が楽しみ）。問題はなろう系で、正直「異世界召喚《しょうかん》もの」は飽きてきた気がしませんか。このジャンルは出来不出来が激しい印象があり、淘汰《とうた》される作品もありそうです。

あれれ、わりと面白いな、このお題に答えるのって。続けましょうか。

グループアイドルもの、チーム男子ものや群像劇は、関係性に「萌《も》え」を感じる私たちがいる限り、熱烈に支持されると思います。だってカップリングって楽しいじゃあないですか（そこ引くな）。オルタヒーローものは、わりと『TIGER & BUNNY』（一一）が偉大すぎてなんだかなと思いつつ、往年のヒーローのリメイクが最近多くありませんか。ヒーローは忘れた頃にやってくるから、ヒーローなんだよ。なんてセリフはないか。新海《しんかい》さんは次作『天気の子』が楽しみですね。鬼、ゾンビものは組み合わせ次第でなんとでもなる気がします。

さてここからが本番。少し気合を入れて語ってみます。

①終末もの
②大戦間もの
③ガンダム
④ハードサヴァイヴ系

⑤外史もの

じつは私が二〇年代に注目すべきだと考えているのが、この五つです。

まず①の終末ものですが、『メイドインアビス』（一七）、『けものフレンズ』（一七、第二期も要注目）や『少女終末旅行』（一七）が該当します。

これらにプラスして『宝石の国』（一七）と『クジラの子らは砂上に歌う』（一七）を入れても構わないと思いますが、どちらの作品も世界観が独特で、深いテーマを有しています。たとえば『宝石の国』は、人類滅亡後の地球を舞台に、二八人からなる永遠の命を宿す宝石（人型生物）と、月から寄せ来る謎の月人《つきじん》との戦いを描いたファンタジーですが、人間は地球が六度欠けた後、海に入り、魂・肉・骨の三つに分離し、月人が襲来するのは、肉と骨を取り戻すため……と、すごく独特な世界観です。終末ものは、今後も注目すべきジャンルだと思います。

つぎに②の大戦間ものは、『幼女戦記』（一七）の続きが早くみたいですし、③の「ガンダム」は制作会社のサンライズが破産しない限り、これからも人気コンテンツとして消費されることでしょう。もっとも二〇年代にどのような世界の政治状況になっているか予断は許せません。だってアメリカがトランプ政権ですので。しかしながら、そうした外部の状況を反映しつつ、『機動戦士ガンダムNT《ナラティブ》』（一八）のように、登場人物は戦い続け、私たちはその勇姿《ゆうし》を応援していくことでしょう。

④のハードサヴァイヴ系は、やはりアニメ版の『進撃の巨人』（一三、一七、一八）が早く原作に追いついてもらわないと論として語れないですが、核心部分（外部の話）にきたら私は速攻で書けるので、どこかで書かせてもらう予定です。

さあいよいよ最後。

ということで今、私がとくに注目しているのが、⑤の外史ものです。これは私が命名し、新しいジャンルとして提示したものですが、正史ではほとんど語られてこなかった歴史を、フィクションを巧みに絡めつつ描いたものを意味します。今のところ、『ゴールデンカムイ』（一八）と『アンゴルモア 元寇合戦記《げんこうかっせんき》』（一八）が該当すると思います。

まず前者は、日露戦争後の北海道や樺太《からふと》を舞台とした、金塊《きんかい》の謎をめぐるサスペンスなのですが、新撰組《しんせんぐみ》の土方歳三《ひじかたとしぞう》やパルチザン（一九〇五年のロシア第一革命後における赤軍の別動隊）が登場するという偽史《ぎし》を交えつつ、アイヌ文化の豊富な知識に裏打ちされた物語を展開しています。

他方後者は、対馬《つしま》を舞台に鎌倉時代後期に起こった元寇がテーマですが、土着した防人《さきもり》たちの末裔《まつえい》である刀伊祓《といばらい》（刀伊《とい》の入寇《にゅうこう》由来か）や、壇ノ浦《だんのうら》で亡くなったはず安徳《あんとく》天皇が登場するという偽史を交えてます。『男衾三郎絵詞《おぶすまさぶろうえことば》』（絵巻物）で有名な男衾三郎が出てきたとき、思わずニヤリとしました。なぜなら実際の絵巻物の後半が欠けているため後半生が分からないから、この登場の仕方もありだなと思ったのです。

地図を拡げるまでもなく、北海道や樺太、対馬は、日本の周縁に位置しています。したがって、日本がいかに多様な文化に支えられているかがよく分かります。

そうですね。たとえば、五島《ごとう》列島の潜伏《せんぷく》キリシタンは世界遺産登録（一八）により有名になりましたが、八丈島《はちじょうじま》の最後の流人《るにん》である近藤富蔵《こんどうとみぞう》（重蔵《じゅうぞう》の子）や、太平洋戦争中のアジア解放運動にコミットした日本人などなど、まだまだ知られてない歴史が数多くあります。そうした外史ものがアニメになったとしたら、「教養」で考えるさまざまなヒントを提供するでしょう。

これからのアニメへの期待はこんな感じでいかがでしょうか。もちろん百合《ゆり》アニメ、学園もの、空気系、ギャグもの、萌えミリタリーものなどなど、日本のアニメはインフォテインメント（情報娯楽）の宝庫です。しかも恐ろしいことに外れが少なく、どこかで必ず釣られてしまう。これってほんとすごいことです。

二〇年代のアニメの名作に早くお会いしたいですね。もちろん機会があれば、私、アニメ論を書かせていただきます。

なお本書の位置づけですが、前々著は一年生向けの映像・芸術基礎1（前期）の講義内容の書籍化、前著は二年生向けの（「深夜枠を中心に週二〇本以上アニメを視聴すること」というシラバスの注意事項でネットを中心に話題となった）映像・芸術論1（前期）の講義内容の書籍化、そして本書はそれらの延長線で、二年生向けの映像・芸術論2（後期）の講義内容の書籍化です。つまり「ホップ、ステップ、ジャンプ」でいえば、ジャンプの部分、つまり総仕上げですね。

また近畿大学文芸学部というところは、日本文学、歴史学、民俗学などを学ぶ学生さんが多いので、前二冊と比較すると、それらにリンクした教養（学問）がやや多めになっています。もちろん本論をお読みになった方はお分かりいただけると思いますが、脱領域化、つまりさまざまな興味深い教養（学問）が、「満天の星空」の星たちのように輝いてますので、読者の皆さんにとってお気に入りの「星」をみつけて、より教養を深めていただけたらと思います。

さて、本シリーズの担当編集者の天野《あまの》潤平《じゅんぺい》氏、ありがとうございました。天野氏はたまに上記のようなむちゃぶり（笑）がありますが、若手の優秀な編集者なので、気持ちよくお仕事ができました。

また的確なアドバイスをいただいた近畿大学のフレンズの皆さん、清眞人《きよしまひと》先生、清《きよ》島秀樹《しまひでき》先生、小森健太朗《こもりけんたろう》先生、また総務部広報室の皆さんにも感謝します。とくにアニメ論の大著『神、さもなくば残念。』（作品社）や、本格ミステリの奇書といわれる『大相撲《おおずもう》殺人事件』（文春文庫）などで有名な小森先生は、年二回ほどアニメ対談をさせていただいており、大変お世話になっています。これからもどうぞよろしくお付き合いください。とりあえず対談集！

そして前著と同じくカバーイラストを描いていただいた『ＣＯＰＰＥＬＩＯＮ』で有名であるだけでなく、『ヤングマガジン サード』誌にて『ＣＡＮＤＹ＆ＣＩＧＡＲＥＴＴＥＳ』を連載中の井上智徳《いのうえとものり》先生。今回の「特異点《シンギュラリティ》後」の世界を生きる「双子の新アンドロイド」は、とてもミステリアスで素敵すぎます。本シリーズ三冊とも装画を描いていただき、深く御礼を申し上げます。

あとは友人、在校生や卒業生、身内のサークル関係の皆さん、いつも応援ありがとうございます。私のなかなか癒やせない（詳細は語りませんが）九六年問題。それにめげず、日々励まされてます。

さて最後になりますが、教テンフレンズ（読者）の皆さんにも感謝を捧げたいと思います。最後まで読んでいただきありがとうございました。少々難解な議論もあったとは思いますが、巻末の参考文献を手にしてより教養（学問）を深めていただけたらと思います。

ふだんの私に関してはツイッターの方でツイートしてますので、フォローしてみてください（相互フォローの希望はその旨をリプライしてください）。本名の町口哲生（@tetuomachiguchi）で運営してます。※字数の問題でtetsuoはS抜きでtetuoです。

ではまたの機会にお会いしましょう。これにて失礼いたします。

二〇一九年一月三日

主な参考・引用文献、補足

はじめに

・野田洋次郎『ラリルレ論』／文藝春秋／2015年
・竹倉史人『輪廻転生――〈私〉をつなぐ生まれ変わりの物語』／講談社現代新書／2015年
・J・L・ホイットン 他『輪廻転生――驚くべき現代の神話』／片桐すみ子＝訳／人文書院／1989年
・ブライアン・L・ワイス『前世療法――米国精神科医が体験した輪廻転生の神秘』／山川紘矢＋亜希子＝訳／PHP文庫／1996年
・エマニュエル・ローゼン『クチコミはこうしてつくられる』／濱岡豊＝訳／日本経済新聞社／2002年
・マーク・ヒューズ『バズ・マーケティング』／依田卓巳＝訳／ダイヤモンド社／2006年
・マルコム・グラッドウェル『急に売れ始めるにはワケがある』／高橋啓＝訳／ソフトバンク文庫／2007年
・アレックス・ウィッパーファース『ブランド・ハイジャック』／酒井泰介＝訳／日経BP社／2005年
・セス・ゴーディン『バイラルマーケティング』／大橋禅太郎＝訳／翔泳社／2001年
・アダム・ペネンバーグ『バイラル・ループ』／中山宥＝訳／講談社／2010年

・大塚英志『定本 物語消費論』／角川文庫／２００１年
・東浩紀『動物化するポストモダン』／講談社現代新書／２００１年
・東浩紀『ゲーム的リアリズムの誕生』／講談社現代新書／２００７年
・都留泰作『〈面白さ〉の研究――世界観エンタメはなぜブームを生むのか』／角川新書／２０１５年
・ディルタイ『世界観の研究』／山本英一＝訳／岩波文庫／１９３５年
・町口哲生『帝国の形而上学――三木清の歴史哲学』／作品社／２００４年
※ＮＨＫおよびぴあ映画生活の情報に関しては、各々の公式ウェブサイトを参考にした。

第1章

・『フロイト著作集２ 夢診断』／高橋義孝＝訳／人文書院／１９６８年
・『「新」映画理論集成２ 知覚／表象／読解』／岩本憲児＋武田潔＋斉藤綾子＝編／フィルムアート社／１９９９年
・シド・フィールド『映画を書くためにあなたがしなくてはならないこと――シド・フィールドの脚本術』／安藤紘平＋加藤正人＋小林美也子＋山本俊亮＝訳／フィルムアート社／２００９年
・シド・フィールド『素晴らしい映画を書くためにあなたに必要なワークブック――シド・フィールドの脚本術２』／安藤紘平＋加藤正人＋小林美也子＝監／菊池淳子＝訳／フィルムアート社／２０１２年
・Robert McKee, *Story: Substance, Structure, Style and the Principles of Screenwriting*, IT Books, 1997

・クリフォード・A・ピックオーバー『メビウスの帯』／吉田三知世＝訳／日経BP社／2007年
・戸谷洋志『Jポップで考える哲学――自分を問い直すための15曲』／講談社文庫／2016年
・『ユリイカ』2016年9月号／青土社
・古川哲史『夢――日本人の精神史』／有信堂叢書／1967年
・泉鏡花『春昼・春昼後刻』／岩波文庫／1987年
・『国宝と歴史の旅2』／朝日新聞社／1999年
・西郷信綱『古代人と夢』／平凡社ライブラリー／1993年
・酒井紀美『夢語り・夢解きの中世』／朝日選書／2001年
・酒井紀美『夢から探る中世』／角川選書／2005年
・新宮一成＝編『メディアと無意識――「夢語りの場」の探求』／弘文堂／2007年
・酒井紀美『夢の日本史』／勉誠出版／2017年
・ジャック・ルゴフ『中世の夢』／池上俊一＝訳／名古屋大学出版会／1992年
・前島賢『セカイ系とは何か』／星海社文庫／2014年
・マテュー・グネル『隕石――迷信と驚嘆から宇宙化学へ』／米田成一＝監／斎藤かぐみ＝訳／文庫クセジュ／2017年
・松井孝典『巨大隕石の衝突――地球大異変の歴史を読み解く』／PHP新書／1998年
・松井孝典『天体衝突』／ブルーバックス／2014年
・NHK取材班『NHK地球大紀行1　水の惑星・奇跡の旅立ち　引き裂かれる大地（アフリカ

大地溝帯)』/日本放送出版協会/1987年
・古部族研究会=編『日本原初考3　諏訪信仰の発生と展開』/人間社文庫/2017年
※日本の古典からの引用等は、すべて岩波書店刊行の「日本古典文學体系」を参考。

第2章

・赤坂憲雄『境界の発生』/講談社学術文庫/2002年
・ジョン・ホワイト『死と友になる』/石井朝子=訳/春秋社/1990年
・山崎章郎『病院で死ぬということ』/文春文庫/1996年
・菅野久美子『孤独死大国――予備軍1000万人時代のリアル』/双葉社/2017年
・モリス・バーマン『デカルトからベイトソンへ――世界の再魔術化』/柴田元幸=訳/国文社/1989年
・マルティン・ハイデッガー『存在と時間(上・下)』/細谷貞雄=訳/ちくま学芸文庫/1994年
・草野巧『図解 天国と地獄』/新紀元社/2007年
・辰巳和弘『「黄泉の国」の考古学』/講談社現代新書/1996年
・岡田明憲『死後の世界』/講談社現代新書/1992年
・源信『往生要集(上・下)』/石田瑞麿=訳注/岩波文庫/2003年
・中村元『往生要集を読む』/講談社学術文庫/2013年
・大角修『日本人の死者の書――往生要集の〈あの世〉と〈この世〉』/生活人新書/2007年
・梅原猛『地獄の思想――日本精神の一系譜』/中公新書/1967年

・川村邦光『地獄めぐり』／ちくま新書／２０００年
・『地獄ものがたり――日本人が畏怖した〝死後・罪苦〟の世界』／徳間書店／２０１２年
・トレイシー・シュヴァリエ『貴婦人と一角獣』／木下哲夫＝訳／白水社／２００５年
・杉橋陽一『一角獣の変容』／エピステーメー叢書／１９８０年
・田中吉六『史的唯物論の成立』／渡辺啓＝編／こぶし文庫／２００５年
・馬場あき子『鬼の研究』／ちくま文庫／１９８８年
・近藤喜博『日本の鬼――日本文化探求の視角』／講談社学術文庫／２０１０年
・小松和彦『鬼と日本人』／角川ソフィア文庫／２０１８年
・小松和彦＋内藤正敏『鬼がつくった国・日本――歴史を動かしてきた「闇」の力とは』／光文社文庫／１９９１年
・五来重『鬼むかし――昔話の世界』／角川選書／１９９１年
・萩原秀三郎『鬼の復権』／歴史文化ライブラリー／２００４年
・大和岩雄『鬼と天皇（新装版）』／白水社／２０１２年
・稲雄次『ナマハゲ』／秋田文化出版社／１９８５年
・柳田国男『桃太郎の誕生』／角川ソフィア文庫／２０１３年
・王秀文『桃の民俗誌』／朋友書店／２００３年
・吉野裕子『陰陽五行と日本の民俗』／人文書院／１９８３年
・古川のり子『昔ばなしの謎――あの世とこの世の神話学』／角川ソフィア文庫／２０１６年

・前田晴人『桃太郎と邪馬台国』／講談社現代新書／2004年
・鳥越信『桃太郎の運命』／NHKブックス／1983年
・小松和彦『憑霊信仰論――妖怪研究への試み』／講談社学術文庫／1994年
・桜井徳太郎『昔話の民俗学』／講談社学術文庫／1996年
・岡本健『ゾンビ学』／人文書院／2017年
※日本の古典からの引用等は、すべて岩波書店刊行の「日本古典文學体系」を参考。

第3章

・戸田山和久『恐怖の哲学――ホラーで人間を読む』／NHK出版新書／2016年
・アーサー・コナン・ドイル『失われた世界』／伏見威蕃＝訳／光文社古典新訳文庫／2016年
・小谷真理『ファンタジーの冒険』／ちくま新書／1998年
・ジョーゼフ・キャンベル『千の顔をもつ英雄〔新訳版〕（上・下）』／倉田真木＋斎藤静代＋関根光宏＝訳／ハヤカワ・ノンフィクション文庫／2015年
・ジョーゼフ・キャンベル、ビル・モイヤーズ『神話の力』／飛田茂雄＝訳／ハヤカワ・ノンフィクション文庫／2010年
・小松和彦『呪いと日本人』／角川ソフィア文庫／2014年
・松井孝典『巨大隕石の衝突――地球大異変の歴史を読み解く』／PHP新書／1998年
・松井孝典『天体衝突』／ブルーバックス／2014年
・レイモンド・バーナード『地球空洞説』／小泉源太郎＝訳／ボーダーランド文庫／1997年

・ツルティム・ケサン＋正木晃『増補 チベット密教』／ちくま学芸文庫／2008年
・ジェームズ・レッドフィールド『第十一の予言――シャンバラの秘密』／山川紘矢＋山川亜希子＝訳／角川文庫／2006年
・エドワード・ブルワー＝リットン『来るべき種族』／小澤正人＝訳／月曜社／2018年
・ジュール・ヴェルヌ『地底旅行』／窪田般弥＝訳／創元SF文庫／1968年
・ジェームズ・ロリンズ『地底世界　サブテラニアン（上・下）』／遠藤宏昭＝訳／扶桑社／2015年
・増田義郎『黄金郷に憑かれた人々』／NHKブックス／1989年
・大貫良夫『黄金郷伝説――エル・ドラードの幻』／講談社現代新書／1992年
・山田篤美『黄金郷《エルドラド》伝説――スペインとイギリスの探険帝国主義』／中公新書／2008年
・ジュリア・クリステヴァ『恐怖の権力――〈アブジェクシオン〉試論〉』／枝川昌雄＝訳／法政大学出版局／1984年
・伊藤剛『テヅカ・イズ・デッド――ひらかれたマンガ表現論へ』／星海社新書／2014年
※日本の古典からの引用等は、すべて岩波書店刊行の「日本古典文學体系」を参考。

第4章

・ブライアン・サイクス『アダムの呪い』／大野晶子＝訳／ソニー・マガジンズ／2004年
・スペンサー・ウェルズ『アダムの旅――Y染色体がたどった大いなる旅路』／和泉裕子＝訳／バジリコ／2007年
・黒岩麻里『消えゆくY染色体と男たちの運命――オトコの生物学』／学研メディカル秀潤社／2

０１４年
・黒岩麻里『男の弱まり——消えゆくY染色体の運命』／ポプラ新書／２０１６年
・福岡伸一『できそこないの男たち』／光文社新書／２００８年
・稲垣栄洋『オスとメスはどちらが得か？』／祥伝社新書／２０１６年
・ユヴァル・ノア・ハラリ『サピエンス全史——文明の構造と人類の幸福（上・下）』／柴田裕之＝訳／河出書房新社／２０１６年
・馬場悠男『ホモ・サピエンスはどこから来たか——ヒトの進化と日本人のルーツが見えてきた！』／ＫＡＷＡＤＥ夢新書／２０００年
・三井誠『人類進化の７００万年』／講談社現代新書／２００５年
・篠田謙一『日本人になった祖先たち——ＤＮＡから解明するその多元的構造』／ＮＨＫブックス／２００７年
・篠田謙一『ホモ・サピエンスの誕生と拡散』／歴史新書／２０１７年
・溝口優司『アフリカで誕生した人類が日本人になるまで』／ＳＢ新書／２０１１年
・鈴木光太郎『ヒトの心はどう進化したのか——狩猟採集生活が生んだもの』／ちくま新書／２０１３年
・ハンナ・アレント『人間の条件』／志水速雄＝訳／ちくま学芸文庫／１９９４年
・谷川渥『廃墟の美学』／集英社新書／２００３年
・木村政昭『太平洋に沈んだ大陸——沖縄海底遺跡の謎を追う』／第三文明社／１９９７年

・木村政昭『海底宮殿――沈んだ琉球古陸と〝失われたムー大陸〟』／実業之日本社／2002年
・佐野貴司『海に沈んだ大陸の謎――最新科学が解き明かす激動の地球史』／ブルーバックス／2017年
・ジャレド・ダイアモンド『文明崩壊――滅亡と存続の命運を分けるもの（上・下）』／楡井浩一＝訳／草思社文庫／2012年
・須田桃子『合成生物学の衝撃』／文藝春秋／2018年
・小林雅一『ゲノム編集とは何か――「DNAのメス」クリスパーの衝撃』／講談社現代新書／2016年

※ジェニファー・グレイヴスの発言に関しては、以下のニュースを参考にした。https://www.telegraph.co.uk/news/science/science-news/5360172/Men-on-road-to-extinction.html
『けものフレンズ』のように、「ヒト亜族」のオスが滅亡後の世界で、生殖活動はどうなるのだろうか。本文では展開しなかったが、興味深いと思うので、この巻末において、生物学の知見を援用し説明しておこう。

※メスの単為生殖
まず生物の世界では、オスがいなくても子どもは作ることができる。たとえば、①元来オスとメスの区別がない生物（細菌、アメーバやゾウリムシといった原生生物）、②オスとメスの区別はあるが、メスだけで繁殖可能な生物（ミジンコ、アブラムシ、コモドオオトカゲ）がそうだ。このうち②を「単為生殖」（Parthenogenesis）というが、〇七年、これが可能なサメが発

見された話題となった。

『ＷＩＲＥＤ』の記事を参考にすると、従来、サメは「有性生殖」によってのみ繁殖すると考えられてきたが、ネブラスカ州オマハにある水族館で生まれたシュモクザメの子どものＤＮＡを検査したところ、「オス起源のＤＮＡ」がないことが判明した。ただし「単為生殖」による繁殖は、結果的に、遺伝的多様性が減少し、病気などによって種が滅ぶリスクが高まる。そのためサメが「単為生殖」を行うのは稀なケースで、オスがみつかりづらい環境にいるときだけだろうと、アメリカなどの研究者は推察している。そして今のところ、脊柱動物のなかで「単為生殖」が確認されていないのは「哺乳類」だけになった、と報告している。

では「哺乳類」に属する「ヒト亜族」の私たちは「単為生殖」が不可能なのだろうか。

じつは科学技術を利用すれば、理論上は可能といわれている。

前々著の第６章の『とある科学の超電磁砲《レールガン》』における「ヒトクローン個体」（クローン人間）のパートで説明したように、ｉＰＳ細胞はわざわざ受精卵を作らずとも、皮膚などを使って精子や卵子を作ることができるが、興味深いのはメスの皮膚から精子が作れることである（逆にオスの皮膚から卵子を生成できる）。したがって理論上は、メスのｉＰＳ細胞から精子と卵子を作り、それを培養して子宮、もしくは人工子宮に埋め込んで子どもを作ることは可能である。

したがって、「ヒト亜族」のメスの「単為生殖」は可能という結論になる。この事実を考慮すると、『けものフレンズ』においても、優秀な科学者と医療施設があれば、かばんだけ、もしくはかばんとサーバルとの間で子どもを設けることもできるわけである。

私が本作を究極の「終末もの」と評する理由は、人類の文明が終わった世界ということではない。それよりむしろ、「ヒト亜族」のオスが絶滅した後の世界だという点にある。

※『WIRED』の記事に関しては、以下を参考にした。https://wired.jp/2007/05/25/

※もうひとつの可能性

「ヒト亜族」の胎児は、染色体の型がXXやXYに関係なく、受精後七週目くらいまではメスである。その基本仕様からメス（XX）はすんなり生殖器を作り上げていく。対するオス（XY）は、メスの基本仕様から変更しないとオスにはならない。そこでまず割れ目を閉じ合わせてから、陰嚢《いんのう》やペニスを作り上げていく（いわゆる「蟻の門渡り」はその名残）。したがって「ヒト亜族」はみな「元始、メス」だったわけである。これらの観点で『けものフレンズ』を再々考するなら、太古の滅んだ文明（たとえばムー大陸の文明）の後の話である可能性もある。

第5章

・ロラン・バルト『テクストの快楽』／沢崎浩平＝訳／みすず書房／1977年
・アンリ・アルヴォン『無神論』／竹内良知＋垣田宏治＝訳／文庫クセジュ／1970年
・ジョン・ロック『キリスト教の合理性・奇跡論』／服部知文＝訳／国文社／1980年
・ジョン・トーランド『秘義なきキリスト教』／三井礼子＝訳／法政大学出版局／2011年
・デイヴィド・ヒューム『人性論（1〜4）』／大槻春彦＝訳／岩波文庫／1951・52・95年
・『ニーチェ全集8 悦ばしき知識』／信太正三＝訳／ちくま学芸文庫／1993年
・『ニーチェ全集9 ツァラトゥストラ 上』／吉沢伝三郎＝訳／ちくま学芸文庫／1993年

・『ニーチェ全集10 ツァラトゥストラ 下』／吉沢伝三郎＝訳／ちくま学芸文庫／1993年
・『ニーチェ全集12 権力への意志 上』／原佑＝訳／ちくま学芸文庫／1993年
・『ニーチェ全集13 権力への意志 下』／原佑＝訳／ちくま学芸文庫／1993年
・リチャード・ドーキンス『神は妄想である――宗教との決別』／垂水雄二＝訳／早川書房／2007年
・ミルトン・フリードマン＋ローズ・フリードマン『選択の自由――自立社会への挑戦（新装版）』／西山千明＝訳／日本経済新聞出版社／2012年
・ミルトン・フリードマン『資本主義と自由』／村井章子＝訳／日経BP社／2008年
・根井雅弘『経済学再入門』／講談社学術文庫／2014年
・ラニー・エーベンシュタイン『最強の経済学者 ミルトン・フリードマン』／大野一＝訳／日経BP社／2008年
・ジョン・ロールズ『正義論』／矢島鈞次＝監訳／紀伊國屋書店／1979年
・アダム・スミス『国富論（1〜3）』／水田洋＝監訳／杉山忠平＝訳／岩波文庫／2000〜01年
・市田良彦＋丹生谷貴志 他『戦争――思想・歴史・想像力』／新曜社／1989年
・クラウゼヴィッツ『戦争論（上・中・下）』／篠田英雄＝訳／岩波文庫／1968年
・ポール・ヴィリリオ『戦争と映画――知覚の兵站術』／石井直志＋千葉文夫＝訳／平凡社ライブラリー／1999年

・ポール・ヴィリリオ『速度と政治――地政学から時政学へ』／市田良彦＝訳／平凡社ライブラリー／2001年
・エルンスト・ユンガー『労働者――支配と形態』／川合全弘＝訳／月曜社／2013年
・クリスティアン・グラーフ・フォン・クロコウ『決断――ユンガー、シュミット、ハイデガー』／高田珠樹＝訳／柏書房／1999年
・山之内靖＋酒井直樹＝編『グローバリゼーション・スタディーズ1　総力戦体制からグローバリゼーションへ』／平凡社／2003年
・ジョン・ダワー『敗北を抱きしめて――第二次大戦後の日本人（上・下）』／三浦陽一＋高杉忠明＝訳／2001年

第6章

・礫川全次『アウトローの近代史――博徒・ヤクザ・暴力団』／平凡社新書／2008年
・岡本正明『20世紀文学と時間』／近代文藝社／2007年
・H. マイヤーホフ『現代文学と時間』／志賀謙＋行吉邦輔＝訳／研究社出版／1974年
・『ユリイカ』2018年3月臨時増刊号／青土社
・限界小説研究会＝編『サブカルチャー戦争――「セカイ系」から「世界内戦」へ』／南雲堂／2010年
・ヘーゲル『歴史哲学講義（上・下）』／長谷川宏＝訳／岩波文庫／1994年
・加藤尚武＋高山守＋久保陽一＋滝口清栄＋幸津國生＋山口誠一＝編『ヘーゲル事典』／弘文堂／

1992年
※NHKの番組『発表！全ガンダム大投票』の情報に関しては、公式ウェブサイトを参考にした。
第7章
・小森長生『火星の驚異——赤い惑星の謎にせまる』／平凡社新書／2001年
・竹内薫『2035年　火星地球化計画』／角川ソフィア文庫／2011年
・バズ・オルドリン『ミッション・トゥ・マーズ——火星移住大作戦』／吉田三知世＝訳／エクスナレッジ／2014年
・竹内薫＋矢沢サイエンスオフィス『人類が火星に移住する日——夢が現実に！有人宇宙飛行とテラフォーミング』／技術評論社／2015年
・スティーブン・ペトラネック『火星で生きる』／石塚政行＝訳／朝日出版社／2018年
・アシュリー・バンス『イーロン・マスク——未来を創る男』／斎藤栄一郎＝訳／講談社／2015年
・竹内一正＝監『イーロン・マスクの挑戦——人類を火星に移住させる』／別冊宝島／2014年
・竹内一正『史上最強のCEO——イーロン・マスクの戦い』／PHPビジネス新書／2015年
・竹内一正『イーロン・マスク——破壊者か創造神か』／朝日文庫／2016年
・竹内一正『イーロン・マスク——世界をつくり変える男』／ダイヤモンド社／2018年
・兼松雄一郎『イーロン・マスクの世紀』／日本経済新聞出版社／2018年
・『CGWORLD』2014年5月号／ワークスコーポレーション
・マーク・カウフマン『地球外生命を求めて』／奥田祐士＝訳／ディスカヴァー・トゥエンティワ

ン／2011年
・縣秀彦『地球外生命は存在する！――宇宙と生命誕生の謎』／幻冬舎新書／2017年
・松井孝典『銀河系惑星学の挑戦――地球外生命の可能性をさぐる』／NHK出版新書／2015年
・井田茂『スーパーアース』／PHPサイエンス・ワールド新書／2011年
・長沼毅＋井田茂『地球外生命――われわれは孤独か』／岩波新書／2014年
・井田茂『系外惑星と太陽系』／岩波新書／2017年
・井田茂『地球外生命体――実はここまできている探査技術』／マイナビ新書／2017年
・スヴァンテ・ペーボ『ネアンデルタール人は私たちと交配した』／野中香方子＝訳／文藝春秋／2015年
・桑村哲生『性転換する魚たち サンゴ礁の海から』／岩波文庫／2004年
・岡瑞起＋池上高志＋ドミニク・チェン＋青木竜太＋丸山典宏『作って動かす Alife――実装を通した人工生命モデル理論入門』／オライリージャパン／2018年
・松尾豊『人工知能は人間を超えるか――ディープラーニングの先にあるもの』／角川EPUB選書／2015年
・松尾豊＋塩野誠『人工知能はなぜ未来を変えるのか』／角川書店（中経の文庫）／2016年
・小林雅一『AIが人間を殺す日――車、医療、兵器に組み込まれる人工知能』／集英社新書、2017年

おわりに

・ローレンス・レッシグ『コモンズ――ネット上の所有権強化は技術革新を殺す』／山形浩生＝訳／翔泳社／2002年
・ローレンス・レッシグ『FREE CULTURE』／山形浩生・守岡桜＝訳／翔泳社／2004年
・ドミニク・チェン『フリーカルチャーをつくるためのガイドブック――クリエイティブ・コモンズによる創造の循環』／フィルムアート社／2012年
・濱野智史『アーキテクチャの生態系――情報環境はいかに設計されてきたか』／ちくま文庫／2015年
・『同人音楽を聴こう！』／三才ブックス／2007年
・井手口彰典『同人音楽とその周辺――新世紀の振源をめぐる技術・制度・概念』／青弓社／2012年
・『ユリイカ』2008年12月臨時増刊号／青土社
・スタジオ・ハードデラックス＝編『ボーカロイド現象』／PHP研究所／2011年
・『美術手帖』2013年6月号／美術出版社
・柴那典『初音ミクはなぜ世界を変えたのか？』／太田出版／2014年
・剣持秀紀＋藤本健『ボーカロイド技術論――歌声合成の基礎とその仕組み』／ヤマハミュージックメディア／2014年
・仁平淳宏『ネット時代のボカロP秘伝の書』／シンコーミュージック／2017年
・佐々木渉＋しま＝監『別冊 ele-king 初音ミク10周年』／Pヴァイン、2017年

・しま＝監『ボーカロイド音楽の世界 2017』／Pヴァイン／2018年
・クリプトンフューチャーメディア＝編『初音ミク 10th Anniversary Book』／KADOKAWA／2017年
・40mP 原作『ボカロPで生きていく――40mP のボーカロイド活動日誌』／KADOKAWA／2018年
・ゾーイ・フラード＝ブラナー／アーロン・M・グレイザー『ファンダム・レボリューション――SNS時代の新たな熱狂』／関美和＝訳／早川書房／2017年
・『ユリイカ』2018年7月号／青土社
・スタジオ・ハードデラックス＝編『バーチャルYouTuberはじめてみる』／河出書房新社／2018年
・にゃるら＝監『バーチャルYouTuber名鑑2018』／三才ブックス／2018年
・『コンプティーク』2018年9月号増刊／KADOKAWA
・GOROman『ミライのつくり方2020―2045――僕がVRに賭けるわけ』／星海社新書／2018年

全体

・『月刊ニュータイプ』2011年1月号～2019年2月号、角川書店
※各作品のデータ、ガイドブック、ビジュアルブック、ファンブック、パンフレットなども適宜参照した。発言・インタビュー等はこれらから引用した。

本書で取り扱ったジャケット画像クレジット一覧

P42―新海誠監督『君の名は。』
発売・販売元：東宝／DVD／好評発売中
©2016「君の名は。」製作委員会

P74―鏑木ひろ監督『鬼灯の冷徹』
販売元：キングレコード／Blu-ray 第1巻
© 江口夏実・講談社／鬼灯の冷徹製作委員会

P199―上村泰監督『幼女戦記』
販売元：KADOKAWA／Blu-ray 第1巻
© カルロ・ゼン・KADOKAWA 刊／幼女戦記製作委員会

P233―長井龍雪監督『機動戦士ガンダム 鉄血のオルフェンズ』
発売・販売元：バンダイナムコアーツ／Blu-ray 第1巻（特装限定版）
Blu-ray & DVD 好評発売中！
© 創通・サンライズ・MBS

P270―瀬下寛之監督『シドニアの騎士 第九惑星戦役』
販売元：キングレコード／Blu-ray 第1巻
© 弐瓶勉・講談社／東亜重工動画制作局

※ 本書に掲載されている DVD・Blu-ray の情報は本書発売日現在のものです。
予告なしに変更される可能性がありますので、あらかじめご了承ください。

町口哲生
まちぐち・てつお
文芸評論家。専門は哲学・現代思想。近畿大学では映像・芸術基礎、映像・芸術論、現代の社会論を教えている。著書に『帝国の形而上学——三木清の歴史哲学』（作品社）、『教養としての10年代アニメ』『教養としての10年代アニメ 反逆編』（ポプラ新書）。共著に『知識人の宗教観』（三一書房）、『現代文化スタディーズ』（晃洋書房）、『現代文化テクスチュア』（晃洋書房）、『声優論』（河出書房新社）など。翻訳書にヴァネッサ・ベアード『性的マイノリティの基礎知識』（作品社）、ジャウディン・サルダー他『Introducing メディア・スタディーズ』（作品社）。他、論文・書評など多数。愛犬家で、バセンジーと暮らしている。
Twitter：@tetuomachiguchi

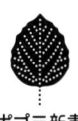

ポプラ新書
167
平成最後のアニメ論
教養としての10年代アニメ
2019年2月7日 第1刷発行

著者
町口哲生
発行者
長谷川 均
編集
天野潤平
発行所
株式会社 ポプラ社
〒102-8519 東京都千代田区麹町 4-2-6
電話 03-5877-8109（営業） 03-5877-8112（編集）
一般書事業局ホームページ：www.webasta.jp
ブックデザイン
鈴木成一デザイン室
印刷・製本
図書印刷株式会社

N.D.C.778/358P/18cm ISBN978-4-591-16239-2
日本音楽著作権協会（出）許諾第 1814686-801 号

P8201167

生きるとは共に未来を語ること　共に希望を語ること

昭和二十二年、ポプラ社は、戦後の荒廃した東京の焼け跡を目のあたりにし、次の世代の日本を創るべき子どもたちが、ポプラ（白楊）の樹のように、まっすぐにすくすくと成長することを願って、児童図書専門出版社として創業いたしました。

創業以来、すでに六十六年の歳月が経ち、何人たりとも予測できない不透明な世界が出現してしまいました。

この未曾有の混迷と閉塞感におおいつくされた日本の現状を鑑みるにつけ、私どもは出版人としていかなる国家像、いかなる日本人像、そしてグローバル化しボーダレス化した世界的状況の裡で、いかなる人類像を創造しなければならないかという、大命題に応えるべく、強靭な志をもち、共に未来を語り共に希望を語りあえる状況を創ることこそ、私どもに課せられた最大の使命だと考えます。

ポプラ社は創業の原点にもどり、人々がすこやかにすくすくと、生きる喜びを感じられる世界を実現させることに希いと祈りをこめて、ここにポプラ新書を創刊するものです。

未来への挑戦！

平成二十五年　九月吉日

株式会社ポプラ社